国家社会科学基金资助项目成果（项目编号13BFX043）

本书受广西高校人文社会科学重点研究基地『广西地方法治与地方治理研究中心』资助出版

杨建生　廖明岚　著

政府信息公开诉讼的原理与技术研究

广西师范大学法学院"地方法治与地方治理"研究丛书

主编　陈宗波

知识产权出版社

全国百佳图书出版单位

——北京——

图书在版编目（CIP）数据

政府信息公开诉讼的原理与技术研究/杨建生，廖明岚著. —北京：知识产权出版社，2019.12（2020.4 重印）

（广西师范大学法学院"地方法治与地方治理"研究丛书/陈宗波主编）

ISBN 978 - 7 - 5130 - 6642 - 6

Ⅰ.①政… Ⅱ.①杨… ②廖… Ⅲ.①国家行政机关—信息管理—行政诉讼—研究—中国 Ⅳ.①D922.104

中国版本图书馆 CIP 数据核字（2019）第 283294 号

责任编辑：龚　卫　　　　　　　　　　责任印制：孙婷婷

封面设计：博华创意·张冀

广西师范大学法学院"地方法治与地方治理"研究丛书

陈宗波　主编

政府信息公开诉讼的原理与技术研究

ZHENGFU XINXI GONGKAI SUSONG DE YUANLI YU JISHU YANJIU

杨建生　廖明岚　著

出版发行：知识产权出版社有限责任公司	网　　址：http://www.ipph.cn		
电　　话：010 - 82004826	http://www.laichushu.com		
社　　址：北京市海淀区气象路 50 号院	邮　　编：100081		
责编电话：010 - 82000860 转 8120	责编邮箱：gongwei@ cnipr.com		
发行电话：010 - 82000860 转 8101	发行传真：010 - 82000893		
印　　刷：三河市国英印务有限公司	经　　销：各大网上书店、新华书店及相关专业书店		
开　　本：720mm × 1000mm　1/16	印　　张：24.25		
版　　次：2019 年 12 月第 1 版	印　　次：2020 年 4 月第 2 次印刷		
字　　数：325 千字	定　　价：89.00 元		

ISBN 978 -7 -5130 -6642 -6

"地方法治与地方治理"研究丛书总序

陈宗波

"地方"本来只是一个地理空间概念，自从出现了国家这一政治组织形式之后，"地方"一词又增添了新的含义，从政治地理学的角度理解，指的是中央治下的行政区划。既然有了"地方"，就必然有"地方治理"。地方治理既是国家行使权力的重要标志，也是行政治理科学化的重要措施，古今中外，概不例外。

法治，已然成为现代国家治理的重要特征和必备工具。有学者指出，现代国家治理必备两个系统，即动力系统和稳定系统。动力系统主要来自地方及其个体的利益追求，并付诸行动，推动国家的发展变化；稳定系统由规则体系构成，主要载体是宪法、法律和制度，它们为动力系统提供稳定的运行轨道和程序。法治是一个由国家整体法治与地方法治构成的具有内在联系的严密整体。所谓地方法治，一般认为是地方在国家法制统一的前提下，落实依法治国方略、执行国家法律并在宪法、法律规定的权限内创制和实施地方性法规和规章的法治建设活动和达到的法治状态。地方治理法治化就是将地方治理各方主体的地位职能、行动规则、相互关系逐步规范化，并在治理过程中予以严格贯彻实施的动态过程。地方法治建设是国家整体法治建设的重要组成部分，是我国全面落实依法治国基本方略、建设社会主义法治国家的有效路径，是自下而上推进法治建设的重要切入点。

在世界多元化的发展格局中，各国治理模式的选择自有其现实依据和发展需要。当下的中国，不管"地方法治"作为一个学术话语还是一个实践命题，其兴起的根本原因还是对经济社会快速发展的现实回应。从经济社会发展需要看，经济越发达，市场主体之间的竞争越激烈，民事主体的纠纷越频繁，财产保护的愿望越强烈，治理法治化的要求越迫切。当国家平均法治化水平无法达到某一先进地区社会关系所要求的调整水平的时候，这些区域就可能率先在法律的框架内寻求适合自身发展的治理规范。在我国，一个有力的证据就是东部发达省市，如江苏、浙江、上海、广东较早探索地方法治与地方治理路径。它们根据经济社会发展的现状，率先提出了"建成全国法治建设先导区"，意指在其经济与社会"先发"的基础上，在国家法制统一的原则下率先推进区域治理法治化，即地方法治。

完善和发展中国特色社会主义制度，推进国家治理体系和治理能力现代化是我国全面深化改革的总目标。应该说，上述这些有益的实践探索契合了我国国家治理的现实需要和理想追求。实践探索往往能够引领理论的创新，时至今日，地方法治早已跨越发达地区的尝试时空并已成为全域性的法治理念。党的十八届三中全会提出，直接面向基层、量大面广、由地方管理更方便有效的经济社会事项，一律下放地方和基层管理。加强地方政府公共服务、市场监管、社会管理、环境保护等职责。法治是国家治理体系和治理能力现代化的重要体现和保障。党的十八届四中全会提出，"推进各级政府事权规范化、法律化，完善不同层级政府特别是中央和地方政府事权法律制度，强化中央政府宏观管理、制度设定职责和必要的执法权，强化省级政府统筹推进区域内基本公共服务均等化职责，强化市县政府执行职责"，"明确地方立法权限和范围，依法赋予设区的市地方立法权"。随后《立法法》对此及时作出了回应，在原有相关规定的基础上，地方立法权扩至所有设区的市。党的十九届四中全会《中共中央关于坚持和完善中国特色社会主义制度 推进国家治理体系和治理能力现代化若干重大问题的决定》提出，要健全充分发挥中央和地方两个积极性的体制机制，理顺中央和地方权责关系，赋予地方更多自主权，支持地方创造性开展工作，"构建从中央到地方权责清晰、运行顺畅、充满活力的工作体系"。这些目标和举措彰显了中国在国家治理体系和治理能力方面的灵活、务实态度和改革、创新精神。

这意味着地方法治在中国地方社会秩序的建立和维护过程中将发挥越来越重要的作用，并且深刻地影响着国家法的实际运行。我国属于单一制国家，有统一的法律体系，在国家治理结构中，各地方的自治单位或行政单位受中央统一领导。但是我国幅员辽阔，不同地方区域的现实状况差别较大。正如孟德斯鸠所说的，法律和地质、气候、人种、风俗、习惯、宗教信仰、人口、商业等因素都有关系。因此，法治建设需要因地制宜，体现地方治理的个性要求，政治、经济、文化和社会发展的不同特点。地方在社会经济发展中形成的法律制度，也应针对实际情况、体现地方特色。可见，地方法治建设要体现地方特色也是法治中国的应有内涵。因此，根据目前我国地方法律制度的特点，着力解决法治中国建设在地方法治建设中所遇到的独特问题，对于推进法治中国建设具有重要现实意义。

广西是少数民族地区，边疆地区，"一带一路"重要门户，华南经济圈、西南经济圈与东盟经济圈的结合部，社会关系敏感而复杂，在社会主义法治国家建设实践中有其自身的特点和情况。在这样的背景下，2013年4月，广西师范大学以法学院为主体单位，依托广西重点学科——法学理论学科，整合区内外专家学者力量，联合自治区立法、司法和政府法制部门，组建"广西地方法制建设协同创新中心"。2014年7月，根据广西地方法治与地方治理理论和实践需要，在"广西地方法制建设协同创新中心"的基础上，进一步加强力量，组建"广西地方法治与地方治理研究中心"（以下简称"中心"），申报广西高校人文社会科学重点研究基地并被确认。2019 年，在前一阶段工作成绩获得自治区教育厅优秀等次考评结果的基础上，又跻身广西高校人文社会科学研究中心 A 类。

中心致力于建设地方法治与地方治理高端研究平台，在较短的时间内，加强软硬环境建设，创新管理体制机制，汇聚学者队伍，构筑学术高地，服务地方社会经济，经过五年多的建设，初见成效。

大力汇聚专家学者。中心积极建立健全专家库，在加强校内多学科专家集聚的同时，拓宽人才引进模式，利用灵活、开放的政策，吸引学术影响大的学者和学术潜力强的中青年人才加盟团队。目前中心研究人员近 60 名，其中主体单位广西师范大学主要学术骨干 42 人，绝大部分具有高级职称和博士学位，多人具有省级以上人才称号。目前，形成了地方法治基础理论、广西民族法治与社会治理、广西地方立法、广西地方经济法治、广西地方政府法治、广西地方生态法治等 6 个研究团队。

深入开展地方法治与地方治理学术研究。科研成果是衡量科研人员社会贡献大小的重要标志。中心精心策划，合理配置研究资源，开展了一系列科研活动。一是冲击高端研究课题。自中心成立以来获省部级以上科研项目 36 项，研究经费突破 600 万元，其中包括国家社科基金一般项目 17 项及国家社科基金重大项目 1 项。该重大项目"全面推进依法治国与促进西南民族地区治理体系和治理能力现代化研究"准确回应了中央精神，是西部地区法学领域为数不多的国家社科基金重大项目之一。二是设立研究课题。中心每年安排 30 万元左右，吸收广西内外学者积极开展地方法治与地方治理研究，年资助课题 10 余项，包括重点课题。三是资助出版理论研究成果。中心已资助《民族法治论》《民族习惯法在西南民族地区司法审判中的适用研究》等近 20 部专著出版发行，本系列丛书就属于中心资助出版理论研究成果的一部分。同时中心不限数量资助研究人员发表高水平学术论文。四是组织申报高级别科研奖。2014 年以来，中心研究人员获得省部级成果奖 20 多项，其中广西社科优秀成果奖一等奖 2 项。

当好"智囊"，服务经济社会实践。中心在培育高端服务平台、提供政策咨询服务、参与地方立法等方面已初见成效。目前已经孵化出多个省市级法律服务平台，如"广西地方立法研究评估与咨询服务基地""广西法治政府研究基地"和"广西知识产权教育与培训基地"等，并成为广西特色新型智库联盟成员，从而为地方经济社会发展发挥出更大的整体效用。中心应要求组织专家参与了《中华人民共和国民法总则（草案)》《中华人民共和国国家安全法（草案)》《中华人民共和国境外非政府组织管理法（草案)》修改意见征求工作，以及《广西壮族自治区环境保护条例（修订草案)》《广西壮族自治区饮用水源保护条例（草案)》等 80 余部国家法律和地方性法规、规章的起草、修改、评估和论证工作。上级有关领导和专家到立法基地视察和调研后，对中心在地方立法工作所做的努力和取得的成绩给予了充分肯定。

可以说，短短五年多时间，广西地方法治与地方治理研究中心的建设取得了可喜的进步，也为广西师范大学法学院法学专业 2019 年年底获评国家法学类一流本科专业作出了贡献。目前，中央和地方高度重视地方法治建设，我们的工作迎来了非常有利的机遇，同时也面临着更高的要求。广西地方法治与地方治理研究中心将坚持围绕广西地方法治基础理论与民族法治建设经验、广西地方经济法治理论与实践、东盟的法律和政策等方面的理论与实践重大问题开展深入、系统的研究，推出一批在区域有一定影响的成果，并以此大力推动广西法学及相关学科的发展，培育本土学术人才和实务专家，为区域社会经济发展和地方治理现代化目标的实现发挥更多的积极作用。

目录

绪　论

一、研究的背景和意义

《中华人民共和国行政诉讼法》（以下简称《行政诉讼法》）第 12 条第 2 款规定："除前款规定外，人民法院受理法律、法规规定可以提起诉讼的其他行政案件。"该规定为行政诉讼受案范围的扩展留下了余地和空间。新颁布的《中华人民共和国政府信息公开条例》①（以下简称《信息公开条例》）第 51 条规定："公民、法人或者其他组织认为行政机关在政府信息公开工作中侵犯其合法权益的，可以向上一级行政机关或者政府信息公开工作主管部门投诉、举报，也可以依法申请行政复议或者提起行政诉讼。"将政府信息公开行为纳入行政诉讼的受案范围，并确立了一种新型的行政诉讼类型，即政府信息公开诉讼，为公民、法人和其他组织的知情权救济提供了司法途径。特别是《行政诉讼法》第 82 条把政府信息公开案件纳入可以适用简易程序的范围，使政府信息公开诉讼的法律地位得到进一步确定。但是，我国现行的行政诉讼制度不能完全适应这种新型的诉讼，这给各级人民法院审理政府信息公开案件带来极大的困扰。为了正确审理政府信息公开案件，统一法律适用标准，在广泛研究和征求意见的基础上，2011 年最高人民法院颁布实施了《关于审理政府信息公开行政案件若干问题的规定》（以下简称《信息公开案件规定》）。该司法解释对我国政府信息公开诉讼作了初步的制度安排，为人

---

① 《中华人民共和国政府信息公开条例》于 2007 年 4 月 5 日由中华人民共和国国务院令第 492 号公布实施；2019 年 4 月 3 日中华人民共和国国务院令第 711 号修订。为了表述的方便，本书将 2007 年 4 月 5 日颁布的《中华人民共和国政府信息公开条例》称为原《信息公开条例》，将 2019 年 4 月 3 日修订的《中华人民共和国政府信息公开条例》称为《信息公开条例》。

民法院审理政府信息公开案件提供了初步的程序规则。但是，从总体上看，我国政府信息公开诉讼制度还处于起步阶段，这些制度安排只是框架性的，还存在不少缺漏，可以说，政府信息公开诉讼的整体制度构建还没有最终完成，特别是政府信息公开诉讼中的一些诉讼原理和审判技术问题，既需要实务界诉讼实践经验的长期积累，也需要行政法学界丰富理论成果的强力支撑。《信息公开条例》颁布后，政府信息公开诉讼成为法学界和实务界探讨和研究的热点问题。目前国内相关研究主要从两个角度展开：一是从理论和实践上研究我国政府信息公开诉讼制度的完善。《信息公开案件规定》颁布实施后，学术界发表了大量论文、出版了不少专著，对政府信息公开诉讼进行研究，这些研究对于完善我国政府信息公开诉讼制度发挥了重要作用。但是，这些研究往往受到《信息公开案件规定》的限制，多为解释性和补充性研究，对现行制度提出质疑的较少，创新性成果不多。二是通过比较研究的方法，研究介绍国外政府信息公开诉讼制度和理论，以期完善我国的政府信息公开诉讼制度。但是，这些成果使用第一手外文资料的不多，研究还不够深入，特别是有关政府信息公开诉讼的原理与技术的专门研究在国内还非常缺乏。

国外在政府信息公开及其诉讼的立法和实践方面最成熟、最有影响的当属美国。1946 年，美国颁布的联邦《行政程序法》就把政府信息公开制度作为行政程序法典的重要内容予以确立。1966 年美国颁布《信息自由法》，对政府信息公开制度进行全面规范。接着又先后在 1974 年、1976 年、1986 年、1996 年、2002 年、2007 年六次对美国《信息自由法》进行修订和补充，形成了完整的政府信息公开及其诉讼法律制度体系。美国不但在政府信息公开及其诉讼立法方面成为世界各国的典范，而且在政府信息公开及其诉讼研究方面取得了丰硕成果。这些研究主要围绕两个方面进行：一是改革和完善政府信息公开立法。美国《信息自由法》的颁布及其后的每次大的修订，都引起实务界和法学界的激烈争论和研究，出版和发表了大量著作和论文。研究内容主要集中在政府信息公开的主体、内容、方式、监督以及收费等方面，特别是政府信息公开的监督始终是其研究的重点和热点问题。二是政府信息公开诉讼原理和技术研究。美国司法界不断通过判例对政府信息公开诉讼的条件、审查标准、证明责任和方法、审判方式、律师费制度等进行阐释和补充，法学界也围绕立法和判例不断展开研究，形成较为成熟、完善的政府信息公开诉讼原理和技术，这些研究成果对于我国刚刚建立的政府信息公开诉讼制度及其实践具有参考和借鉴意义。

正如美国政府信息公开专家詹姆斯·奥赖利（James T. O'Reilly）所言："政府信息公开司法审查的原理和技术是政府信息公开诉讼制度不可或缺的构成部分。"从美国政府信息公开司法审查理论和实践来看，甚至可以断言同法审查的原理和技术是其中最为核心和最为丰富的构成部分。政府信息公开诉讼制度一旦建立，就需要把它落实到具体原理的运用和技术的操作层面。有鉴于此，本书的研究虽然没有完全撇开有关政府信息公开制度的研究，但有意识地将研究的焦点集中投向政府信息公开诉讼的原理与技术方面，并作出系统化的研究，以期强化和推动我国行政法学界在这一领域的研究，丰富和发展我国行政诉讼相关理论，改革和完善我国政府信息公开诉讼制度，为我国政府信息公开诉讼司法实践提供参考和借鉴。

二、研究的主要内容和结构

关于课题的研究内容首先说明两点。一是课题的名称。立项时，课题项目名称为，"政府信息公开司法审查的原理与技术研究"。在研究过程中，课题组发现，在公法领域，美国常用"司法审查"一词，意为司法权对公权力的审查，包括宪政领域的司法权对立法权的审查即违宪审查，以及在行政领域司法权对行政权的审查，相当于我国的行政诉讼。美国联邦法院对政府信息公开的审查是司法权对行政权审查的内容之一，在我国，法院对政府信息公开案件的审查就是政府信息公开诉讼。因此，考虑到我国读者的阅读习惯，为了表述的方便，课题组申请将项目名称变更为"政府信息公开诉讼的原理与技术研究"。二是课题的成果形式。立项时，考虑到研究的难度和资料的有限性，课题成果形式选择为论文集。但是，在开题专家论证会上，评议专家提出中肯的建议，认为，"如果成果形式是论文集，内容有点松散。建议研究成果写成专著，用一条主线贯穿其中，形成体系，形成高水平的研究成果，以扩大成果的影响"。经过权衡，结合研究需要，课题组决定采纳这一建议，提高研究难度，申请将成果形式变更为专著，使研究成果形成知识体系，以提升研究成果的分量和价值，本书即是课题研究成果的最终体现。

课题以我国政府信息公开诉讼相关法律、法规和司法解释为依据，以政府信息公开诉讼制度和实践为研究对象，通过对美国政府信息公开司法审查理论和案例以及我国相关立法和研究成果的梳理，挖掘政府信息公开诉讼的原理和技术，集中解决政府信息公开诉讼与一般行政诉讼不同的制度安排以及独特的运作原理和操作技术，为我国政府信息公开诉讼制度完善和司法实践提供可资借鉴的理论和技术支持。

课题于2013年获准立项，5年来，课题组尽了最大努力，对研究成果进行反复修改，力求把最完美的研究成果呈现给读者。课题研究采取重点突破、专题研究的方法，取得一系列较高水平的阶段性研究成果，先后发表学术论文9篇。其中，法律类CSSCI期刊2篇，综合类CSSCI期刊1篇，法律类中文核心期刊3篇，中文核心期刊2篇。课题研究成果专著就是在这些专题研究成果的基础上整理、扩充而成。全书以政府信息公开诉讼的条件、证据制度、审理和裁判制度等诉讼程序和诉讼制度为主线，以相关诉讼制度具体运作原理和操作技术为主要内容，力求形成一个完整的知识体系。全书共八章，可分为三大部分。

第一部分，关于政府信息公开诉讼的条件，主要是第一章，本章重点研究探讨政府信息公开诉讼的受案范围、政府信息公开诉讼的管辖、政府信息公开诉讼的当事人、政府信息公开诉讼的其他诉讼条件。

第二部分，关于政府信息公开诉讼基本原理，包括第二章、第三章、第四章。本部分重点研究探讨政府信息公开诉讼的分割原理与镶嵌理论，政府信息公开诉讼的司法审查标准，政府信息公开诉讼中利益权衡原理等三个基本原理。

第三部分，政府信息公开诉讼的审理与裁判，包括第五章、第六章、第七章、第八章。本部分重点研究探讨政府信息公开诉讼证明责任和证明方法，政府信息公开诉讼的审查和判决，政府信息公开诉讼的律师费制度，以及与政府信息公开诉讼相对应的反信息公开诉讼制度等。

三、研究的基本方法

本书主要采用规范研究与实证研究相结合的研究方法，具体研究方法有比较研究法。重点考察美国政府信息公开司法审查的理论与实践，探讨总结美国政府信息公开司法审查的做法和经验，并把它与我国的政府信息公开诉讼进行横向比较，探讨政府信息公开诉讼的原理与技术。我们之所以选择美国作为比较考察对象，是因为美国政府信息公开立法始于 1946 年制定的联邦《行政程序法》，1966 年制定《信息自由法》之后，又经过六次大的修订，已形成完整的法律制度体系。同时联邦法院经过 40 多年审查处理了大量的政府信息公开案件，编撰了大量的政府信息公开案例，积累了丰富的政府信息公开司法审查实践经验，形成了一系列成熟的司法审查原理与技术，这已经成为世界各国学习的典范。正如王名扬先生在其《美国行政法》中所说："美国行政法制度中，行政公开制度远远优于其他国家，今后民主政治的深入发展，行政改革的下一课题必然是趋向行政公开，美国在这方面的制度值得其他国家参考"。①

本书较为全面、系统、详细地归纳、整理了有关美国政府信息公开诉讼制度的一手外文历史文献资料，如专著、论文、法律、案例、国会报告等，对于一些重点问题进行了专题研究，目的就是通过这些资料的梳理研究，深入挖掘其中所蕴含的政府信息公开诉讼原理与技术，这也是本书的一大特色。在对资料的梳理过程中，笔者秉承系统、准确的原则，尽可能呈现完整、翔实的一手资料。为学术研究提供有价值的研究资料，本身就是对学术的贡献。笔者希望本书所提供的这些资料，能够为学界进一步研究政府信息公开诉讼制度提供有益的帮助。

四、研究的创新之处

本书除了资料独特新颖外，还专题探讨研究了政府信息公开诉讼的一些新的理论，提出了一些新的观点，对我国政府信息公开诉讼制度的完善和司法实践具有启示意义。

政府信息公开镶嵌理论。本书首次对政府信息公开镶嵌理论进行系统性专题研究，梳理了镶嵌理论产生、发展、成熟的过程，探讨了该理论对政府信息公开的负面作用：政府可以以政府信息可能被申请人镶嵌为由拒绝公开信息，以及对保护国家机密信息的重要性；敌对分子通过信息镶嵌获取国家安全信息情报。同时进一步探讨法院对政府以镶嵌为由拒绝公开信息的审查原理和技术。特别是9·11恐怖袭击后，镶嵌理论的再次复兴充分说明，各国包括我国在内应该对政府信息镶嵌理论给予足够的重视。

---

① 王名扬. 美国行政法 [M]. 北京：中国法制出版社，2005：69.

政府信息公开诉讼司法审查标准。本书首次对美国重新审查标准（一种最严格的司法审查标准：司法机关可以用自己对问题的判断取代行政机关的判断）进行系统深入研究，并把美国的重新审查标准与我国的合法性审查标准、合理性审查标准进行比较研究，探讨了重新审查标准的适用原理和适应领域的特殊性，提出应该在我国政府信息公开诉讼中确立重新审查标准的观点。理由是由于政府担心政府信息公开对自己带来负面影响和不必要的麻烦，对自己掌握的信息总是本能地倾向于不公开，需要司法权强有力的监督。

政府信息公开诉讼利益权衡原理。政府信息是否应该公开，往往涉及公共利益、隐私利益、商业秘密利益大小的权衡。本书首次对公共利益、隐私利益、商业秘密利益的考量要素进行系统全面的研究，提出权衡公共利益、隐私利益、商业秘密利益的具体要素，并明确提出在司法审查中决定政府信息是否应该公开的个人隐私利益、商业秘密利益与公共利益的权衡标准：个人隐私利益或者商业秘密利益明显大于公共利益政府信息才不予公开。这对我国司法实践有重要参考意义。

政府信息公开诉讼证明方法和审查方法。本书对美国政府信息公开诉讼的"宣誓书""沃恩索引"的证明方法进行系统介绍，探讨其特殊的证明原理和方法；对美国政府信息公开诉讼的"简易判决动议""秘密审查"司法审查方法进行系统介绍，提出我国的"简易程序"不同于美国的"简易判决动议"，我国把政府信息公开诉讼纳入简易程序是对美国"简易判决动议"的误读的观点。提出美国的"秘密审查"不同于我国的"不公开审理"即不公开开庭审理，相当于我国二审程序中的书面审理的观点。我国政府信息公开诉讼审理方法不是"不公开审理"，而应该是"书面审理"或者说"秘密审查"。

政府信息公开诉讼律师费制度。本书系统地介绍美国律师费制度的目的、获得律师费的条件和计算方法等，美国律师费制度只在一些特殊的诉讼中适用，包括政府信息公开诉讼。我国对政府信息公开诉讼和反信息公开诉讼不作区分，因而在政府信息公开诉讼中确立国家赔偿制度。通过对美国政府信息公开诉讼的研究，本书首次提出在政府信息公开诉讼中不存在国家赔偿，在反信息公开诉讼中才存在国家赔偿的观点，理由是在政府信息公开诉讼中行政机关拒绝公开信息侵犯的是知情权、监督权，不是人身权、财产权。如果政府信息公开诉讼没有国家赔偿，原告就可能缺乏起诉的动因和动力，解决的办法是建立律师费制度，对于原告实质上胜诉的，裁决由被告承担律师费和其他诉讼费用。

第一章　政府信息公开诉讼的条件

我国《行政诉讼法》第49条[①]对行政诉讼原告的起诉条件进行了规定，主要包括：原告是行政管理相对人或者与行政行为有利害关系、有明确的被告、有具体的诉讼请求和事实根据、属于行政诉讼的受案范围、属于受诉的人民法院管辖。本书所研究的政府信息公开诉讼不同于一般的行政诉讼，是一种新型的行政诉讼类型，政府信息公开诉讼的诉讼条件在遵循一般行政诉讼的诉讼条件基础上，有着自己的特殊性和不同的内容要求，探讨政府信息公开诉讼的诉讼条件对准确把握诉讼要求、丰富和发展行政诉讼理论有重要意义。

第一节　我国行政诉讼的条件

我国《行政诉讼法》第2条[②]对原告提起行政诉讼的总体要求和条件作了规定，其核心内容包括：一是原告主观上"认为"侵权；二是诉讼的客体是"行政行为"；三是受侵犯的权益是"合法权益"。原告向人民法院起诉是启动行政诉讼的前提和基础，我国《行政诉讼法》第44条至第52条对提起行政诉讼必须具备的程序条件和实体条件作了具体规定。

---

① 《行政诉讼法》第49条规定："提起诉讼应当符合下列条件：（一）原告是符合本法第二十五条规定的公民、法人或者其他组织；（二）有明确的被告；（三）有具体的诉讼请求和事实根据；（四）属于人民法院受案范围和受诉人民法院管辖。"

② 《行政诉讼法》第2条规定："公民、法人或者其他组织认为行政机关和行政机关工作人员的行政行为侵犯其合法权益，有权依照本法向人民法院提起诉讼。前款所称行政行为，包括法律、法规、规章授权的组织作出的行政行为。"

一、属于人民法院的受案范围

原告提起行政诉讼，必须符合行政诉讼法有关受案范围的规定，属于人民法院主管的范围，是人民法院行使审判权的对象。目前我国行政诉讼的受案范围主要受我国《行政诉讼法》第13条和相关司法解释明确列举的不可诉行政行为的限制，这些不可诉的"行政行为"包括：国防、外交等国家行为、抽象行政行为、内部行政行为、行政终局行为、刑事司法行为、行政调解和仲裁行为、行政指导行为、重复处理行为、不产生实际影响的行为等。同时行政诉讼受案范围还受我国《行政诉讼法》第12条第1款第（十二）项所规定的"人身权和财产权"的限制，即只有行政行为侵犯原告的人身权或者财产权等合法权益时，才能向人民法院提起行政诉讼。也就是说，侵犯其他合法权益时，原告不能提起行政诉讼。另外，行政诉讼受案范围还受该条第2款规定的"除前款规定外，人民法院受理法律、法规规定可以提起诉讼的其他行政案件"的影响。也就是说，即便根据行政诉讼法的规定不属于行政诉讼受案范围的行政行为，如果其他法律、法规规定可以提起行政诉讼的，原告也可以提起行政诉讼。

二、属于受诉人民法院管辖

原告提起行政诉讼，不仅必须符合行政诉讼的受案范围，而且还必须符合行政诉讼法有关管辖的规定，否则，也不符合行政诉讼的起诉条件。我国行政诉讼的法定管辖分为级别管辖和地域管辖。级别管辖以"基层人民法院管辖第一审行政案件"为一般原则。也就是说，基层人民法院管辖绝大部分行政案件，中级人民法院只管辖对国务院部门或者县级以上地方人民政府提起诉讼的案件、海关处理的案件、本辖区内重大复杂的案件和其他法律规定由中级人民法院管辖的案件等少数案件。这种制度安排主要体现方便原告和考虑法院力量的配置。地域管辖的一般原则是"由最初作出行政行为的行政机关所在地人民法院管辖",体现原告就被告的原则。同时对限制人身自由的行政行为以及涉及不动产的行政行为作了特殊规定,即对限制人身自由的行政行为不服提起的诉讼,由被告所在地或者原告所在地人民法院管辖,体现被告就原告原则,对涉及不动产的行政行为提起的行政诉讼,由不动产所在地人民法院管辖,体现方便法院工作的原则。

三、行政诉讼当事人适格

行政诉讼的当事人包括原告、被告和第三人。原告适格是指向人民法院提起行政诉讼的公民、法人或者其他组织必须符合我国《行政诉讼法》第 25 条的规定。在行政诉讼中,提起诉讼的原告必须是认为自己的合法权益受到行政主体的行政行为侵犯或者是不服行政主体的行政处理决定,与行政主体出现行政争议,才可以向人民法院提起行政诉讼。也就是说,行政诉讼的原告必须是与"被诉行政行为有利害关系"的行政相对人。被告适格是指行政诉讼的被告首先必须具有行政主体资格,即属于行政机关或者法律法规授权的组织,同时还应该是作出行政行为侵犯原告合法权益的行政主体。没有法律法规授权的行政机关内部机构、企事业单位、社会组织以及公民个人是不能成为行政诉讼被告的。提起行政诉讼时要求有明确的被告,即原告必须明确指出被告是谁,是谁侵犯了自己的合法权益,或者说与谁发生了行政争议。第三人是指同提起诉讼的行政行为有利害关系,为了维护自己的合法权益而参加诉讼的个人或者组织。也就是说,原告起诉后,其他没有提起诉讼的公民、法人或者其他组织,认为其与被诉行政行为有利害关系或者与案件处理结果有利害关系的,可以作为第三人申请参加诉讼，或者由人民法院通知参加诉讼。第三人包括与原告利益一致的第三人或与被告利益一致的第三人。

四、符合行政诉讼的其他条件

除了上述条件外，提起行政诉讼还必须具备一些其他的条件，主要包括程序性条件和诉讼时效性条件，即是否符合复议前置规定、是否重复起诉、是否符合诉讼时效要求、起诉状是否符合要求等。复议前置是指法律规定复议前置的案件必须先经过行政复议以后再向法院起诉，也就是通常所说的"穷尽行政救济"。重复起诉是指对人民法院已经处理过的行政诉讼案件或者正在审理的行政诉讼案件，当事人不能就同一诉讼标的以同一理由再向人民法院起诉，也就是通常所说的"一事不再理"原则。诉讼时效是指公民、法人或者其他组织直接向人民法院提起诉讼的，应当在法律规定期限内提出，否则，过期就不能提起诉讼。我国《行政诉讼法》第 45 条、第 46 条①对行政诉讼的期限作了具体规定。经行政复议后提起行政诉讼的一般期限为 15 日；直接提起行政诉讼的一般期限为 6 个月。因行政行为涉及不动产而提起行政诉讼的不超过 20 年，对其他行为提起行政诉讼的不超过 5 年。起诉状应该符合法律的规定，内容要明确具体，如原告的基本情况、证据等情况要清楚，特别是要有具体的诉讼请求和事实根据。诉讼请求是指原告请求人民法院通过司法程序保护自己合法权益的具体内容，不同类型的行政诉讼案件，诉讼请求的内容也

---

① 《行政诉讼法》第 45 条规定："公民、法人或者其他组织不服复议决定的，可以在收到复议决定书之日起十五日内向人民法院提起诉讼。复议机关逾期不作决定的，申请人可以在复议期满之日起十五日内向人民法院提起诉讼。法律另有规定的除外。"第 46 条规定："公民、法人或者其他组织直接向人民法院提起诉讼的，应当自知道或者应当知道作出行政行为之日起六个月内提出。法律另有规定的除外。因不动产提起诉讼的案件自行政行为作出之日起超过二十年，其他案件自行政行为作出之日起超过五年提起诉讼的，人民法院不予受理。"

不相同，但是必须要明确具体。事实根据是指原告向法院起诉提出诉讼请求所依据的事实和理由，包括争议事实发生的全部过程，以及能够证明案件事实存在的必要证据。

第二节　我国政府信息公开诉讼的条件规定及不足

《信息公开案件规定》第 1 条至第 4 条，对政府信息公开诉讼的受案范围和政府信息公开诉讼当事人进行了具体规范，但对政府信息公开诉讼的管辖和其他条件没有作出明确具体的规定。

一、政府信息公开诉讼的受案范围规定及不足

我国行政诉讼法在行政诉讼受案范围的有关规定内容中没有涉及政府信息公开诉讼的受案范围问题。我国《行政诉讼法》第12 条第 2 款①的规定，可以作为将政府信息公开诉讼纳入行政诉讼受案范围的法律依据。该条款规定，除了行政诉讼法规定的行政诉讼的受案范围外，如果其他法律、法规规定某种行政行为可以提起行政诉讼，那么，人民法院也可以受理。根据《信息公开条例》第 51 条②的规定，政府信息公开行为侵犯公民、法人或者其他组织合法权益的，原告可以依法提起行政诉讼。基于该行政法规的规定，政府信息公开诉讼正式纳入行政诉讼的受案范围。

---

① 《行政诉讼法》第 12 条第 2 款规定："除前款规定外，人民法院受理法律、法规规定可以提起诉讼的其他行政案件。"

② 《信息公开条例》第 51 条规定："公民、法人或者其他组织认为行政机关在政府信息公开工作中侵犯其合法权益的，可以向上一级行政机关或者政府信息公开工作主管部门投诉、举报，也可以依法申请行政复议或者提起行政诉讼。"

（一）正面列举可受理的案件

《信息公开案件规定》对政府信息公开诉讼受案范围既作了正面列举，也作了反面列举。其正面列举主要包括以下 5 个方面。

1. 不作为之诉的受理

《信息公开案件规定》第 1 条第 1 款第（一）项对申请人向行政机关获取政府信息，行政机关拒绝提供或者逾期不予答复行为不服向人民法院提起诉讼的，人民法院应当受理。《信息公开条例》规定了行政机关对公民、法人或者其他组织的信息公开或者答复义务。同时还对行政机关提供信息的形式、答复的要求作了具体规定。所谓拒绝提供，是指行政机关以明示的作为形式不予提供的行为。所谓不予答复，是指行政机关在法定的答复期限内从形式上和实质上都没有给予答复的不作为行为。值得注意的是，行政机关不能提供信息的，应该作出答复。只要行政机关作出答复，行政机关就已经履行了应尽的义务，公民、法人或者其他组织不能以怠于履行答复义务为由提起政府信息公开诉讼。

2. 给付之诉的受理

《信息公开案件规定》第 1 条第 1 款第（二）项规定，申请人对行政机关提供的政府信息不符合其要求的内容或者形式不服向人民法院提起诉讼的，人民法院应当受理。《信息公开条例》对申请人向行政机关申请信息公开的内容和形式要求作了具体规定。这些规定一方面体现了对申请人主观意愿的尊重，另一方面也方便行政机关查找申请人申请的信息，提高服务效率和服务质量，也是对行政机关作出行政行为在内容和形式上的规范和约束。申请人提出政府信息公开申请后，行政机关原则上要按照申请人申请书中要求的形式提供，除非其他法律、法规对行政机关提供政府信息的适当形式有其他规定；行政机关原则上要按照申请人申请书中要求的内容提供，一般情况下不作删除或者其他处理。否则，申请人可以以行政机关提供的政府信息在内容或者形式上不符合其申请要求为由向人民法院提起诉讼，人民法院应该受理。

3. 反信息公开诉讼的受理

《信息公开案件规定》第 1 条第 1 款第（三）项对第三人对政府信息公开中侵犯其商业秘密或者个人隐私提起反信息公开诉讼，人民法院应当受理的情况进行了规定。关于反信息公开诉讼的问题，我们在第八章中将作专题讨论，这里不作赘述。

4. 个人信息保护之诉的受理

《信息公开案件规定》第 1 条第 1 款第（四）项对行政机关没有尽到个人信息保护义务，对信息记录不准确、不更正、不处理向人民法院提起诉讼的，人民法院应当受理。《信息公开条例》对公民、法人或者其他组织要求提供与其自身相关的信息，以及其要求更正自身信息的权利请求作了明确规定。行政机关履行行政管理职能时，收集和保存了大量与公民、法人或者其他组织密切相关的个人信息。这些信息如果不准确、不正确，将会给公民、法人或者其他组织的正常生产生活带来不利影响，行政机关应该按照法定程序进行审查后及时更正。否则，该个人信息所有人可以以行政机关拒绝更正、逾期不予答复或者不予转送有权机关处理为由向人民法院提起诉讼，人民法院应当受理。

5. 行政赔偿之诉的受理

《信息公开案件规定》第 1 条第 2 款对政府信息公开的行政赔偿诉讼的受理进行了规定，如果认为行政机关的政府信息公开行为侵犯其合法权益并造成实际损害的，原告可以一并或单独向人民法院提起行政赔偿诉讼，人民法院应当受理。

从上述规定看，正面列举可受理的政府信息公开诉讼受案范围存在以下不足。

一是对于不作为之诉的受理，关键取决于对"拒绝公开"和"不予答复"两个概念的理解，实践中存在理解不统一的情况。

二是对于给付之诉的受理，在司法实践中存在这样一个问题。如果申请人认为政府提供的信息在内容或者方式不符合其要求的，是否需要穷尽行政救济，即是否需要先向提供信息的行政机关提出，要求其改正，还是可以直接向人民法院提起政府信息公开诉讼。

三是对于个人信息保护之诉的受理，政府信息公开与个人信息保护密切相关。在一般情况下，公开政府信息当然包括公开个人信息。但是，个人信息除了涉及知情权外，还涉及个人隐私权。因此，在涉及个人隐私信息的公开时，要进行个人隐私信息公开的知情权公共利益与隐私权的个人利益的权衡。如果在政府信息公开中不加区分地公开个人隐私信息，将有违政府信息公开立法的初衷。我国目前制定了政府信息公开方面的行政法规，对公众的知情权提供了法律保障，但是尚未出台个人信息保护法方面的法律法规，这个立法上的空白急需填补。

四是《信息公开案件规定》第 1 条第 1 款中的兜底条款"认为行政机关在政府信息公开工作中的其他具体行政行为侵犯其合法权益的"规定，虽然该条款对政府信息公开其他可诉性行为进行了概括性规定，但对于有些与政府信息公开相关的行为，如迟延答复行为、公开虚假信息行为、违法收费行为、任意删除处理行为等，既没有在正面列举中明确属于受案范围，也没有在第 2 条反面列举中明确予以排除。政府信息公开中的这些行为是否属于政府信息公开诉讼的受案范围，值得深入讨论。

五是对于行政赔偿之诉的受理，没有明确可以一并或单独提起行政赔偿诉讼的具体情形。在非反信息公开诉讼中，即通常所说的政府信息公开诉讼中，是不能一并或单独提起行政赔偿诉讼的，因为，政府信息公开行为不可能直接侵犯政府信息公开申请人的人身权和财产权的合法权益；只有在反信息公开诉讼中，才有可能直接侵犯公民、法人或者其他组织的人身权和财产权的合法权益，才可以一并或单独提起行政赔偿诉讼。

（二）反面列举不予受理的案件

《信息公开案件规定》从 4 个方面对不予受理的案件进行了

反面列举。

1. 告知行为不受理

根据《信息公开案件规定》第 2 条第 1 款第（一）项的规定，对于行政机关告知申请人申请内容不明确并要求其更改、补充不服向人民法院起诉的，人民法院不予受理。《信息公开条例》第 29 条对政府信息公开的申请人向行政机关申请获取信息时，对申请书的内容和形式提出明确要求，当申请人的申请书内容不明确、形式不符合要求的时候，收到政府信息公开申请的行政机关应当告知申请人应当更改、补充的事项，不应该一退了之，更不应该让申请人多次提交材料，反复跑路。告知行为最本质的特征是对申请人权利义务不产生实际影响。如果对行政相对人权利义务产生实际影响，无论是要求申请人作出更改、补充还是任何其他行为，都应该可以提起诉讼。

2. 拒绝提供已公开的信息不受理

《信息公开案件规定》第 2 条第 1 款第（二）项的规定，对于行政机关拒绝提供在政府公报、报纸、杂志、书籍等已经公开的政府信息不服向人民法院起诉的，人民法院不予受理。申请政府信息公开的前提条件是申请的信息掌握在行政机关手中，申请人无法通过其他途径获得。如果申请信息已经公开，为公众所知悉，申请人可以通过其他途径获得，那么就没有必要向行政机关申请，行政机关对于这种申请可以予以拒绝。这里的"公开出版物"不受政府公报、报纸、杂志、书籍的限制，不受政府主动公开信息内容的限制，也不受何种出版物等渠道的限制。只要申请的政府信息已经为公众所知悉，已经进入公共领域，申请人可以通过其他途径获得，行政机关就可以拒绝提供。

3. 拒绝制作、收集政府信息不受理

《信息公开案件规定》第 2 条第 1 款第（三）项的规定，如果申请人对行政机关拒绝为其制作、收集政府信息不服向人民法

院起诉,人民法院不予受理。《信息公开条例》第 2 条①对政府信息公开中的"政府信息"作了明确界定。对于申请人向政府申请公开的政府信息,包括 3 个方面基本要求。第一,从政府信息的性质看,其必须与行政机关履行行政管理职能密切相关;第二,从政府信息的来源看,其主要来源于两个渠道,即行政机关在行政管理过程中自己制作或者由于行政管理需要其他组织或者个人向行政机关提供;第三,从政府信息的存在形式看,其必须以一定形式被行政机关记录或者保存。因此,申请人申请公开的政府信息,应该是行政机关在行政管理过程中已经形成的信息,行政机关不可能根据申请人的申请制作或者收集信息。如果申请人要求行政机关为其制作或者收集申请信息,行政机关可以拒绝。

4. 拒绝查阅案卷材料不受理

《信息公开案件规定》第 2 条第 1 款第(四)项的规定,如果申请人向行政机关申请查阅执法案卷材料,对行政机关告知其按照相关规定办理不服向人民法院起诉的,人民法院不予受理。查阅执法档案,对保障行政相对人的陈述申辩权、程序参与权具有重要意义。但是,查阅执法档案,也有可能妨碍执法,还有可能侵犯相关个人的隐私权,所以,对于查阅执法档案应该有所限制。美国《信息自由法》第 7 条免除公开条款把执法档案专门纳入免除公开事项②,并对其中的 6 项免除公开事项作了明确列举。

---

① 《信息公开条例》第 2 条规定:"本条例所称政府信息,是指行政机关在履行行政管理职能过程中制作或者获取的,以一定形式记录、保存的信息。"

② 5 U.S.C.A. §552(b)(7)条款规定:为执法目的而编制的档案和信息,但只有在下述情形之下才能免除公开该类执法档案和信息:(A)可以合理预期会妨碍执法程序;(B)有可能剥夺一个人获得公正审判或公平裁决的权利;(C)可以合理预期构成不当侵犯个人隐私权;(D)可以合理预期会暴露秘密信息提供者的身份,包括以保密为条件提供信息的州、地方政府、外国行政机关或机构、任何私人组织;由秘密信息提供者提供的、由刑事执法机关在刑事侦查过程中或者由国家安全情报调查机关编制的档案和信息;(E)有可能泄露执法调查和追诉的技术和方法,或有可能泄露执法调查和追诉的指导方针,如果可以合理预期这种泄露会导致规避法律的风险;(F)可以合理预期会危及个人的生命或人身安全。

从上述规定看，反面列举不予受理的政府信息公开诉讼的范围存在以下不足。

一是对于告知行为，在一般情况下，如前文所述，如果是纯粹的告知行为，就不会对当事人的实体权利义务产生影响。但是，在政府信息公开中情况又有其特殊性，行政机关可能以行政告知为借口，拖延信息公开的时间，也可能对申请书的内容或格式有意提出苛刻要求，以此拒绝向申请人提供政府信息，从而间接影响申请人的实体权利。对于更改、补充等告知行为，如果不将其纳入政府信息公开诉讼的受案范围，申请人知情权受到侵犯后可能得不到法律救济。

二是对于拒绝查阅案卷材料，人民法院不予受理的规定也值得商榷。申请查阅案卷材料，类似于美国《信息自由法》的第7条免除公开条款，即免除公开"为执法目的而编制的档案和信息"。申请查阅执法档案，不应只告知申请人按照相关法律、法规规定办理就算完事，关键是有关行政机关是否办理和公开，如果没有办理或者无理由拒绝公开的，应该纳入诉讼范围，由法院裁决行政机关拒绝公开的合法性或者合理性，不应该直接规定不予受理。

（三）关于行政机关主动公开信息的受理

根据政府信息公开的方式，可以将政府信息公开分为两大类：一类是行政机关依职权主动公开政府信息，另一类是行政机关依申请公开政府信息。《信息公开案件规定》第3条规定，对行政机关不主动公开政府信息的，受该行为不利影响的公民、法人或者其他组织不能直接向人民法院起诉，而应该向行政机关要求进行先行处理。对于行政机关依职权主动公开政府信息的情形，理论界存在一些争议。如果行政机关不依法履行主动公开政府信息的义务，受该行为不利影响的公民、法人或者其他组织能否像依申请公开政府信息那样，可以直接向法院提起政府信息公开诉讼?《信息公开案件规定》在征求意见过程中的征求意见稿曾对此规定:"认为行政机关主动公开或者应当主动公开而未公开政府信息侵犯其合法权益的",属于行政诉讼的受案范围。该规定也曾被学者称为"该规定是该司法解释的最大亮点",认为在我国还没有确立行政公益诉讼的情况下,该规定有客观诉讼或者行政公益诉讼的意味,摆脱了行政诉讼原告必须与起诉行政行为"存在法律上的利害关系"的要求。《信息公开条例》第20、第21、第22条对行政机关应当主动公开的政府信息作了全面列举,从总体上说主要包括:涉及公民、法人或者其他组织利益调整的政府信息,需要社会公众广泛知晓或者参与的政府信息,反映行政机关机构设置、职能、办事程序等情况的政府信息,等等。从以上政府信息看,虽然这些信息与一般公众日常生活息息相关,但是,其并不直接涉及特定对象的权利义务,所以,有的学者就认为,对于行政机关依职权主动公开政府信息的,应当告知申请人首先向行政机关申请公开该信息,只有当行政机关对申请予以拒绝或者不作为时,申请人才能向人民法院起诉。依据行政法基本理论,在行政机关不作为行为的构成上,依职权的行政行为与依申请的行政行为是不同的。对于依职权的行为,不需要当事人申请,只要行政机关不作为即构成行政不作为;而对于依申请的行政行为,需要经过当事人向行政机关申请后,行政机关不作为才构成行政不作为。该规定把行政机关主动依职权公开信息的行为转变成了依申请公开信息的行为,这种规定混淆了依职权的行政行为与依申请的行政行为不作为的构成要件。其原因可能是行政机关应该主动公开的信息不主动公开的,损害的是不特定多数人的利益,因此,无法确定原告。如果所有利益受到不利影响的不特定多数人都可以提起诉讼,相当于确立了政府信息公开的公益诉讼,可能导致诉讼泛滥。其实,关于这个问题,美国的做法值得借鉴。

二、政府信息公开诉讼管辖的规定及不足

对于政府信息公开诉讼的管辖问题，《信息公开案件规定》没有对其作出专门规定。对此，只能按照行政诉讼法有关管辖的规定执行，即级别管辖以"基层人民法院管辖第一审行政案件"为一般原则；地域管辖以"由最初作出行政行为的行政机关所在地人民法院管辖"为一般原则。我国行政诉讼的地域管辖基本原则是原告就被告，方便行政机关；政府信息公开是一种服务性、给付性行政行为，不是一种管制性行政行为，因此，应该更多地考虑方便原告，是否可以建立一种被告就原告的管辖制度？另外，在司法实践中，行政机关干预政府信息公开案件司法审判的现象比较普遍；某些案件（如与住房管理、规划和土地管理相关的政府信息公开案件）数量多、专业性强，普通法院审理有一定困难；对于跨行政区域的政府信息公开案件应当由哪个行政地区管辖等都存在问题，是否可以考虑建立专门的政府信息公开法院与普通法院一起管辖政府信息公开诉讼案件？

三、政府信息公开诉讼当事人的规定及不足

1. 政府信息公开诉讼原告的确定

对于政府信息公开诉讼的原告问题，《信息公开案件规定》没有对其作出专门规定，对此，只能按照行政诉讼法原告的有关规定执行。根据行政诉讼法的规定，提起诉讼的原告必须是认为行政机关或者行政机关工作人员的行政行为侵犯其合法权益的公民、法人或者其他组织。该规定明确了行政诉讼原告的资格问题。包括几个要点：一是"认为"行政机关侵权。这里的"认为"体现的是主观标准，而不是客观标准，即自己认为其受到了行政机关的侵权，不需要客观上存在实实在在的侵权。二是行政

机关侵犯"其"合法权益。即行政机关侵犯了自己的合法权益，也就是说，行政机关侵犯了他人的合法权益的，不能帮助别人起诉。三是行政机关侵犯的是其"合法权益"。对于"合法权益"，有的把其理解为"人身权、财产权"，有的把其理解为"法律上的利害关系"，笔者认为应该理解为"法律上的利害关系"，原告资格不受"人身权、财产权"的限制。也就是说，原告资格除了受不可诉行政行为以及"法律上的利害关系"的限制以外，应该没有其他限制。但是，在司法实践中，在政府信息公开诉讼原告资格的立案审查方面，对于申请人与政府信息是否存在"法律上的利害关系"存在两种标准：实质审查标准和形式审查标准。有的法院采用实质审查标准，裁定驳回诉讼请求。例如，在吴某某诉徐闻县人民政府一案①中，原告要求法院判决被告公开两年来县处级领导在规定接访日的工作内容和工作成果；公开县处级领导两年来的工作日程和工作成果；公开徐闻县辖区内两年以上没解决的上访案件总数；公开吴某某的维权事实清楚，适用政策、法律，但又不执行的理由。法院裁定认为，原告起诉要求判决徐闻县政府履行政府行政信息公开职责的诉求，既不符合《信息公开条例》中规定的主动公开的政府信息的范围，也不符合第 13 条规定的申请获取相关政府信息的范围，且未向徐闻县政府提出申请，裁定驳回原告的起诉。也有的法院采用形式审查标准，对起诉予以受理，然后在审判阶段裁定驳回起诉或判决驳回诉讼请求。例如，在关某某、李某某诉佛山市顺德区人民政府一案②中，原告申请被告公开对"水利工程管理体制改革"前的退休人员（含区直、镇街）依据"老人老办法"执行至今，对"退休费和各种补贴"进行调整的相关文件的政府信息，法院经审查后认为，原告申请公开的信息，被告经审查后认为不符合"三需要"的条件，继而作出该案被诉 7 号《答复》决定，不予提供

---

① （2017）最高法行申 2592 号。
② （2017）粤行终 1278 号。

符合法律规定。原告的主张没有法律依据，判决驳回原告的诉讼请求。

还有一个重要问题就是，原《信息公开条例》第13条①对信息申请人条件有所限制。即公民、法人或者其他组织申请获取政府信息需要符合"三需要"的条件。因此，在《信息公开条例》修订前，我国政府信息公开诉讼的原告资格有"三需要"的限制，即原告提起政府信息公开诉讼，如果其申请的信息不符合"三需要"的要求，法院可能不予受理。这一规定极大压缩和限制了原告的起诉权。上述吴某某诉徐闻县人民政府案和关某某、李某某诉佛山市顺德区人民政府案都存在这种情况，所以，新修订的《信息公开条例》删除了"三需要"的规定。另外，关于人身权、财产权的合法权益的限制问题。由于新《信息公开条例》第51条专门规定了对于行政机关在政府信息公开工作中侵犯其合法权益的，公民、法人或者其他组织可以依法提起行政诉讼。因此，无论行政机关的政府信息公开行为侵犯的是人身权、财产权，还是知情权等其他权利，原告都可以起诉。

2. 政府信息公开诉讼被告的确定

对于政府信息公开诉讼的被告，《信息公开案件规定》分4种情形对其作了规定：第一，依申请行为的被告。《信息公开案件规定》第4条第1款②对政府信息公开诉讼中依申请行为的被告作了具体规定，对行政机关拒绝公开行为不服起诉的，谁作出拒绝公开答复，谁是被告；对逾期未作出答复不服起诉的，谁受理政府信息公开申请，谁是被告。第二，依职权主动公开的被

---

① 原《信息公开条例》第13条规定："公民、法人或者其他组织还可以根据自身生产、生活、科研等特殊需要，向国务院部门、地方各级人民政府及县级以上地方人民政府部门申请获取相关政府信息。"

② 《信息公开案件规定》第4条第1款规定："公民、法人或者其他组织对国务院部门、地方各级人民政府及县级以上地方人民政府部门依申请公开政府信息行政行为不服提起诉讼的，以作出答复的机关为被告；逾期未作出答复的，以受理申请的机关为被告。"

告。《信息公开案件规定》第 4 条第 2 款对政府信息公开诉讼中依职权主动公开的被告作了具体规定。即对主动公开政府信息行政行为不服起诉的，以公开信息的机关为被告，即谁公开，谁是被告。第三，授权组织的被告。《信息公开案件规定》第 4 条第 3 款对政府信息公开诉讼授权组织的被告作了具体规定。不但行政机关手中掌握有大量政府信息，法律法规授权的组织，由于其也承担某些管理公共事务职能，其手中也掌握有大量的政府信息，这些信息也应该依法公开，无论是依职权主动公开还是依申请公开。如果法律法规授权的组织拒绝公开这些信息，申请人不服提起诉讼的，当然以该组织为被告。我国行政主体分两大类，一类是行政机关，一类是法律法规授权的组织。由于法律法规授权的组织也是行政主体，其当然符合行政诉讼被告主体资格。第四，特殊情形下的被告。《信息公开案件规定》第 4 条第 4 款对政府信息公开诉讼特殊情形下的被告作了具体规定。其确定政府信息公开诉讼被告的基本原则是谁在对外发生法律效力的文书上署名，谁就是被告。该规定对政府信息公开诉讼被告的规定是比较明确周全的，应该能够适应政府信息公开诉讼的需要。但是，以下方面政府信息公开诉讼的被告问题仍然值得探讨：一是临时机构和新组建机构的被告。一是临时机构和新组建机构手中也掌握大量政府信息，其拒绝公开政府信息时是否可以成为独立的被告？二是多阶段政府信息公开行为的被告。有些政府信息公开先后由多个部门完成，究竟哪个阶段的行政主体才是适格的被告，是否要等到"成熟"阶段以最终决定的行政机关为被告？三是公共企事业单位的被告。首先，从主体上其是否是行政主体，是否有被告资格；其次，从信息的内容上，公共企事业单位手中的信息既有与公共管理有关的信息，也有这些企事业单位或者社会组织自己有关的信息，涉及哪些信息公开才能成为政府信息公开诉讼的被告？例如，在雷某某诉广东省卫生和计划生育委员会、广东省职业病防治院一案①中就存在这种争议。原告向被告提交申

---

① （2017）最高法行申 7768 号。

请书，请求省卫计委就粤职防办〔2008〕77 号函及〔2015〕10 号回复要求省职防院公开如下信息：（1）粤职防办〔2008〕77 号函和粤职防办〔2015〕10 号回复作出的依据是什么？是否有相关的研究报告？是否有相关的数据和样本？是多大范围的数据？如有，请提供。（2）省职防院在作出复函之前是否测量过雷某某当时的工作场地的灰尘浓度？如有，请提供检测报告。（3）省职防院是否对雷某某当时的防护措施进行过调查？如有，请提供调查报告。省职防院是否对雷某某当时的体质做过检测？如有，请提供检测报告。被告在法定期限内作出回复，原告不服，向法院提起行政诉讼。二审法院裁定认为，根据《信息公开条例》第 2 条的规定，原告申请公开的政府信息不是广东省职业病防治院在履行行政职能时所形成的信息，不属于《信息公开条例》所规定的应该公开的政府信息的范围，裁定驳回上诉，维持原裁定。

对于政府信息公开诉讼第三人问题，《信息公开案件规定》没有作出专门规定，对此，只能按照行政诉讼法有关规定执行。与提起诉讼的政府信息公开行为有利害关系的第三人在政府信息公开诉讼中还是常见的，如对申请信息有隐私权利益的个人和与申请信息有商业秘密利益的政府信息提供者，这些主体可以作为原告提起反信息公开诉讼，也可以以第三人的身份参加诉讼。

四、政府信息公开诉讼其他条件规定及不足

对于诉讼时效、重复处理、复议前置、成熟原则，《信息公开案件规定》都没有专门作出规定，其实关于诉讼时效、重复处理问题无需特别规定，按照行政诉讼法有关规定处理即可，只是复议前置和成熟原则问题值得讨论。首先是复议前置问题。行政复议与行政诉讼都是我国解决行政纠纷的重要法定方式，复议的优势是程序简单、时间短、成本低；我国设计行政复议制度的目的是意图使一些简单的、属于行政机关专长的行政纠纷消除在行

政领域内部，然后那些剩余的、疑难的重大纠纷才进入司法领域。所以，我国在一些领域设置了复议前置，但是绝大部分领域是行政复议、行政诉讼自由选择，也就是说，我国只在一些特殊领域才设置复议前置。那么，政府信息公开领域就非常特别，应该设置复议前置，具体理由在完善部分详细论述。

其次是成熟原则问题。行政诉讼的成熟原则源自英美法系，其基本要求是法院对行政行为进行司法审查的前提是行政行为的发展必须达到适宜于法院审查的程度。一般情况下，只有行政程序发展到最后作出决定阶段，即对行政相对人合法权益造成实际影响时行政行为才发展到成熟。但是，也有学者认为，成熟原则不应仅仅考虑行政程序的发展进程或者说发展阶段，还应该考虑行政行为过程中对行政相对人合法权益的实际影响。成熟原则与行政诉讼原告的起诉资格相互关联，行政诉讼的当事人之所以不具有行政诉讼的起诉资格，可能是因为行政行为还没有发展成熟因而不适宜于司法审查。但是，成熟原则与行政诉讼的起诉资格各有侧重。起诉资格侧重于当事人与行政诉讼案件的关联性，成熟原则着重于行政行为发展的程度，行政程序是否进行到最终阶段。政府信息公开问题既涉及不作为问题，也涉及行政机关的部分答复、延迟答复、审批或处理后答复等各种阶段性问题，并不像一般行政行为有一个明确的行政决定程序。因此，在政府信息公开诉讼中，有必要引入行政诉讼的成熟原则。

第三节　美国政府信息公开诉讼的条件

美国《信息自由法》所设计的是一般申请人针对行政机关的便捷诉讼，绝大部分政府信息公开诉讼不存在先决条件，因此，美国政府信息公开诉讼的门槛极低。但是，在美国提起政府信息公开诉讼还要符合一些最基本的条件，包括属于司法机关主管事项、属于受诉法院管辖、当事人适格，以及遵守成熟原则、一事不再理原则、穷尽行政救济原则和诉讼时效等。

一、属于司法主管事项

根据《信息自由法》（a）（4）（B）条款规定，国会授予联邦地区法院或哥伦比亚特区的地区法院"制止行政机关拒绝公开文件或责令行政机关向原告提供其不当拒绝公开的文件"的司法管辖权。从上述规定来看，美国司法主管政府信息公开诉讼事项的范围是非常宽泛的，几乎没有什么条件限制。只要原告对"行政机关""不当拒绝公开政府信息""存在争议"，原告就可以根据《信息自由法》向法院提起诉讼。[①] 如果不符合这 3 个条件，联邦地区法院就没有强制要求行政机关履行《信息自由法》公开政府信息要求的司法管辖权。如果上述三个先决条件都得以满足，原告就可以向法院提起诉讼，对任何涉嫌违反《信息自由法》的政府行为提出质疑。原告不仅可以要求行政机关公开可识别身份的政府信息，也可以对行政机关未能提供政府信息对其产生不利影响争议提起诉讼，寻求法院对争议的最终解决。虽然行政机关对其拒绝公开申请政府信息的行为的正当性承担证明责任，但是，原告必须对司法管辖权事实的存在承担证明责任。

首先，政府信息公开诉讼只能针对行政机关提出，不能针对不是行政机关的组织和个人提起诉讼，因为《信息自由法》的司法管辖权只针对行政机关。对于以行政机关工作人员作为被告的诉讼，法院将会根据被告只能是行政机关的要求，以缺乏司法管辖权为由而驳回诉讼。特别要求法院对行政机关官员实施制裁的

---

① U.S. Dept. of Justice v. Tax Analysts, 492 U.S. 136, 109 S. Ct. 2841, 106 L. Ed. 2d 112 (1989).

案件除外，对这些官员存在个人司法管辖权。

其次，政府信息公开诉讼只能针对"不当拒绝公开政府信息"提出。除非行政机关拒绝公开政府信息，否则申请人不可能提起政府信息公开诉讼。如果行政机关实际上没有掌握和控制申请的政府文件，申请人对此提起的政府信息公开诉讼，联邦法院是没有司法管辖权的。虽然《信息自由法》没有定义"不当"和"拒绝公开"这些术语，但是联邦最高法院已经对这些术语进行解释。联邦最高法院认为，如果行政机关没有"掌握"或拥有该文件，行政机关不能因为其没有公开这些文件而遭到起诉，并且，如果行政机关受到有管辖权的法院的限制而不能公开这些文件，那么，行政机关不是"不当"地拒绝公开这些文件。如果行政机关拒绝申请人的有效申请，指示申请人到本行政机关以外的其他行政机关申请该文件，无论在其他行政机关是否可以获得该文件，都属于行政机关"不当"拒绝公开文件。此外，即使行政机关只是部分拒绝申请，不是完全拒绝申请，申请人仍然可以通过主张行政机关使用"不当"的方式答复，以主张行政机关"不当"地拒绝公开。①

最后，政府信息公开诉讼的提出应该以"存在争议"为前提。联邦地区法院行使政府信息公开诉讼司法管辖权的前提是，案件或争议必须属于《美国宪法》第 3 条的调整范围。由于《信息自由法》赋予个人可以获得政府信息的权利，且极力保障宪法第一修正案所规定的公民的重要权利，只要行政机关拒绝公开政府信息，一般就有案件或争议的存在，而且通常假定行政机关拒绝公开政府信息的行为给原告造成了损害。如果行政机关愿意公开这些文件，但是由于其他公民提起反信息公开诉讼，法院的制止令裁决禁止公开这些文件，如果对禁止令的适用范围和作用存在争议，那么案件或者争议也有可能存在。

---

① Wagar v. U. S. Dept. of Justice, 846 F. 2d 1040 (6th Cir. 1988).

与司法管辖权密切相关的另一问题是诉由消失问题。所谓诉由消失可以定义为：案件是否失去了其继续作为应受法院审理争议的性质。① 在根据《信息自由法》提起的政府信息公开诉讼中，一旦所有申请的政府信息都公开了，那么，在绝大多数情况下，由于诉讼所追求的政府信息公开目的已经实现，争议的实质性问题就会消失或者变得毫无实际意义。只要行政机关提供了所有申请的政府信息，无论行政机关的公开是间断性的还是延迟的，联邦法院都没有必要继续依据《信息自由法》对被申请的信息进行审查，除非行政机关的违法行为持续存在。在行政机关公开政府信息后，法院应该宣布行政机关最初拒绝公开申请信息的行为是违法的。对于已经获得申请文件的申请人，以及文件在向公众公开之前已经允许删除有关信息的申请人，如果已经放弃诉讼，那么该事项的诉由消失。即使这样，对于实质上胜诉的原告，仍然可以为解决要求裁决获得律师费和其他诉讼费而提起诉讼。

如果行政机关只是部分公开申请的政府信息，此时的政府信息公开诉讼是否变得没有实际意义？这要根据具体情况而定。例如，在一起政府信息公开案件中，尽管特定的被编辑过的报告已经向公众公开，由于行政机关没有申请向申请人公开信息，在行政机关拒绝向报社公开信息后，报社向法院提起政府信息公开诉讼就不会变得没有实际意义。而且，被申请的信息是否已经向公众公开并不清楚。② 在另一个案件中，服刑人员在监狱工作人员的监督下被允许查看并复制有关政府文件，但是，由于该文件的部分内容与监狱的位置有关，公开将危害监狱的安全，所以被删除而不予公开，这种删除是适当的。服刑人员根据《信息自由法》提起诉讼，要求查询该文件被删除的部分将变得没有实际意义。③

---

① Nixon v. Sampson, 437 F. Supp. 654, 655（D. D. C. 1977）.

② Evening News Ass'n v. City of Troy, 417 Mich. 481, 339 N. W. 2d 421（1983）.

③ Fournier v. Fish, 83 A. D. 2d 979, 442 N. Y. S. 2d 823（3d Dep't 1981）.

如果行政机关已经对信息进行处理，并通知原告与行政机关办理政府信息公开的办公室协商，并通知原告提交书面申请以查询相关信息，这时，提起政府信息公开诉讼也没有实际意义。在行政诉讼中，如果申请人与行政机关已经达成协议，行政机关免费向申请人提供信息，这时根据有关法律提起政府信息公开诉讼同样没有实际意义。如果行政机关未能遵守协议，申请人可能提起另一个行政诉讼。如果行政机关要求收费的政策仍然有效，且申请人支付了费用，那么，针对行政机关公开信息收费的政策提起的诉讼是有实际意义的。

如果缺乏证据证明受到政府信息公开诉讼的行政机关代替其他行政机关向申请人提供了文件，那么这种政府信息公开诉讼是有实际意义的。如果按照行政机关的习惯做法，申请的文件被销毁，致使行政机关不能提供申请人要求的信息，则该情况下的政府信息公开诉讼是没有意义的，应该被拒绝。

确定政府信息公开诉讼的诉由消失程序与美国一般民事诉讼的诉由消失程序是类似的，被告应该通过宣誓书证明诉由消失事实的存在。如果行政机关答复申请的文件不存在，而原告表示怀疑，这种情况下，诉由并没有消失，在申请被驳回之前，问题有待进一步探讨。行政机关不能通过长时间拖延、附条件的方式或根据实际需要进行适当操作，提供部分申请信息或所有信息，以单方面宣布政府信息公开案件诉由消失。行政机关可以用来解决该类案件的一种有效方式是，在6个月缓冲期过后承诺公开文件。

二、符合法院管辖要求

（一）政府信息公开诉讼的级别管辖

根据《信息自由法》（a）（4）（B）条款规定："起诉时，原告居住地、其主要营业地或行政机关文件所在地的联邦地区法院或哥伦比亚特区的地区法院有管辖权，有权制止行政机关拒绝公开政府信息以及责令行政机关向原告提供不当拒绝公开的政府信息。"该条款既是规定关于法院地域管辖权的条款，也是规定法院级别管辖权的条款。根据该条款，一般情况下，有关政府信息公开案件的司法管辖权属于联邦地区法院，联邦上诉法院没有实施《信息自由法》的初审管辖权。但是，根据霍布斯法案，联邦上诉法院拥有审查美国联邦通信委员会执行《信息自由法》费用减免的最终裁定的司法管辖权；① 相似地，虽然《信息自由法》中规定公开有关行政机关组织的文件以及公开有关行政机关宗旨和程序规则的文件，但是，退伍军人事务部对《信息自由法》这些条款的处理决定，只有美国联邦巡回上诉法院拥有司法审查的管辖权。② 索赔法院没有《信息自由法》规定的索赔管辖权，该法索赔管辖权被赋予联邦地区法院。③

美国州法律可以授予各种不同的司法审查方式，或者州法律规定司法审查不属于政府信息公开救济方式。例如，与一般的司法审查程序相对，某个州的政府信息公开法律可能允许公众提出执行令或禁止令的申请。④ 但在另一些州，申请人可以利用的救济方式是申请执行令或者提起执行令性质的民事诉讼。⑤ 在其他州，根据该州的行政程序法可能允许司法审查。其他州有关公众知情权的法律规定了这种排他性的救济方式。

（二）政府信息公开诉讼的地域管辖

根据《信息自由法》（a）（4）（B）条款的规定，美国政府信息公开诉讼的地域管辖划分规则是：政府信息公开案件由原告

---

① Media Access Project v. F. C. C. , 883 F. 2d 1063（D. C. Cir. 1989）.

② 38 U. S. C. A. § 502.

③ Bernard v. U. S. , 59 Fed. Cl. 497（2004）.

④ Bruner v. Varley, 411 N. W. 2d 150（Iowa 1987）.

⑤ Board of Pardons v. Freedom of Information Com'n, 19 Conn. App. 539, 563 A. 2d 314（1989）.

居住地、其主要营业地或行政机关文件所在地的联邦地区法院或哥伦比亚特区的地区法院管辖。这是联邦政府信息公开诉讼的地域管辖，各州的法律对地域管辖规定各有不同。外国人的住所地或主营业地所在地的联邦地区法院有受理政府信息公开诉讼的管辖权。几个联邦法院可能对政府信息公开诉讼拥有共同的管辖权，在其中某个法院最终裁决作出一事不再理的辩护之前，有共同管辖权的法院都可以进行诉讼。

为什么专门授予哥伦比亚特区地区法院司法管辖权呢？最初的《信息自由法》并没有授予哥伦比亚特区地区法院管辖权，1974年《信息自由法》的修订特殊规定增加了哥伦比亚特区地区法院作为政府信息公开诉讼的审判地点。美国《信息自由法》地域管辖权条款反映了一种明确的国会意图：授予哥伦比亚特区地区法院全国各地政府信息公开诉讼的司法管辖权，即全国各地政府信息公开争议都可以向哥伦比亚特区地区法院提起政府信息公开诉讼。这样做的理由有两个：（1）为原告提供向在政府信息公开诉讼中有丰富专业知识的法院提起诉讼的机会。哥伦比亚特区是行政机关、政府信息申请人、公共利益团体诉讼者住所集中的地区，也是具有政府信息公开专业知识的法官集中的地区。（2）为被告提供一个便捷的诉讼地，因为司法部的律师在行政层面会参与最初的政府信息公开决定。在政府信息公开诉讼中，原告和被告都在寻求能够满足自己需要的审判地点，行政机关抗辩认为，根据该法，他们不得不飞往全国各地应诉，然而，在哥伦比亚特区地区法院他们就可以更好地应对诉讼，这种抗辩往往不能成功。国会应该考虑方便行政机关，但在哥伦比亚特区设立审判地点时，这点不是国会非常关注的事项。因为《信息自由法》现在允许申请人的原告在哥伦比亚特区选择审判地点，法院不情愿行政机关将政府信息公开案件的审判地点转移到其他的联邦地区法院。在政府信息公开案件中，哥伦比亚特区地区法院法官的专业技术性工作通常有利于信息公开，因为，该地区法院法官有丰富的经验应对各种最好或者最坏的诉讼抗辩，并且熟悉该法的问题所在。

哥伦比亚特区地区法院可以管辖全国各地的政府信息公开案件，那么，是否允许将其他地区的案件转移到哥伦比亚特区地区法院？虽然原告没有权利坚持他们的诉讼必须留在哥伦比亚特区地区法院，但是，根据国会的政策，对于已经向其他地区法院提起诉讼的案件，为了拒绝原告诉讼地选择以及规避《信息自由法》地域管辖条款，必须依靠更充分的理由，而不是自我辩护联邦地区法院不愿意审理该案件。如果所有先前的行政程序都在哥伦比亚特区进行，文件和了解案情的人都在哥伦比亚特区，并且如果进行诉讼的地区法院只与诉讼有暂时的联系，并且该地区法院陷入严重的积案压力，那么，该诉讼也可以转移到哥伦比亚特区地区法院。

三、当事人适格

（一）原告当事人适格

根据美国《信息自由法》，原告提起政府信息公开诉讼与起诉资格无关。这是因为对于一个合理的政府信息公开申请，行政机关必须向提出申请的"任何人"提供文件。媒体和公众都拥有普通法上的权利，即查阅和复制司法记录以及公共文件的权利。因此，任何人可以根据《信息自由法》提起政府信息公开诉讼，即使是一位非法居住在美国的外国人。因此，缺乏起诉资格不能被认为是行政机关抗辩的一种理由。一般认为，申请人根据《信息自由法》申请政府信息跟其身份没有什么关系。给予原告获取普通法上政府信息权利所体现的利益可能是公共利益，也可能是合法的私人利益。然而，如果普通法上政府信息的保密性不存在公共利益，就没有必要强制性地要求信息公开的申请人证明存在私人利益。

获取普通法上政府信息的权利应具备两个条件：（1）申请公开文件的申请人与文件记录的内容必须存在利益关系；（2）获取普通法上政府信息的申请人普通法利益必须与国家阻止信息公开的利益相平衡。① 如果原告死亡，考虑到政府信息公开目的是方便公众监督，以及防止政府保密而导致腐败，根据美国《信息自由法》，提起政府信息公开的诉讼不以原告的死亡而结束。中央情报局有关保密法律规定，对于中央情报局拨款和支出方面的保密规定，任何人不能提起政府信息公开诉讼，以质疑中央情报局对这些信息进行保密的合宪性，因为，《信息自由法》的规定并没有取代联邦最高法院先前的裁决：联邦纳税人没有起诉权，以质疑中央情报局保密法违反了美国宪法的有关规定。② 政府信息公开诉讼一般由申请人提出，行政机关无权代表纳税人或其他类似的行政相对人提起政府信息公开诉讼。

在政府信息公开诉讼中，不但申请人可以对行政机关拒绝公开信息的行为提起政府信息公开诉讼，而且，对行政机关没有主动公开信息的行为，合法权益受到侵犯的当事人也可以提起政府信息公开诉讼。只要原告能够证明行政机关的信息公开行为对自己的合法权益造成不利影响存在相关性，就可以提起政府信息公开诉讼。③ 也就是说，在行政机关没有"主动公开"某些政府信息的情况下，原告的起诉资格是必须证明其与政府主动公开信息存在相关性。

（二）被告当事人适格

《信息自由法》授予联邦地区法院司法管辖权以制止行政机关拒绝公开政府信息以及责令行政机关向原告提供不当拒绝公开

---

① Board of Educ. of Newark v. New Jersey Dept. of Treasury, Div. of Pensions, 145 N. J. 269, 678 A. 2d 660, 110 Ed. Law Rep. 1153 (1996).

② Halperin v. Central Intelligence Agency, 629 F. 2d 144 (D. C. Cir. 1980).

③ Ramer v. Saxbe, 522 F. 2d 695 (D. C. Cir. 1975).

的政府信息。这意味着，应该对该行政机关提起政府信息公开诉讼，而不是对联邦职员个人或联邦本身提起诉讼。当然，对该问题也存在一些争议。一些法院认为，根据该法，行政机关的负责人也可以成为政府信息公开诉讼的被告。[1] 但是，另一些法院认为，政府信息公开诉讼只能针对行政机关提起，部门负责人个人不是政府信息公开诉讼适格的被告。[2]

即使政府信息公开诉讼主要是针对政府提起的，也不受主权豁免原则的限制，因为原告仅仅寻求法院制止联邦官员超越其法定权力的行为，制止令救济不会严重影响政府的财政状况和日常管理，并且，政府已经同意在某些案件中支付诉讼费和律师费。[3] 而且，政府信息公开诉讼仅仅针对拒绝公开政府信息的行政机关提起，不能针对没有被授权公开或限制政府信息的任何个人提起政府信息公开诉讼。相应的，一旦持有政府信息的行政机关被解散，该政府信息公开诉讼就宣告终结，除非有继续行使其职权的行政机关存在。

（三）其他诉讼参与人

如果申请的政府信息所涉及的个人可能受到政府信息公开诉讼裁决的不利影响，由于行政机关可能不代表该个人的利益，该个人必须参与政府信息公开诉讼，以保护自己的个人隐私或者商业利益不受非法侵犯，因此，有必要使该个人成为政府信息公开诉讼程序的当事人，以限制行政机关公开与其利益相关的政府信息。如果这些政府信息是关于行政机关公职人员的个人信息，那么该公职人员就成为该政府信息公开诉讼必不可少的当事人。在通常情况下，为了公开的公共利益，审判法院可以裁决公开参与诉讼的公职人员的个人信息，但是，如果该公职人员没有参加诉

---

[1] Gabrielli v. U. S. Dept. of Justice, 594 F. Supp. 309 (N. D. N. Y. 1984).

[2] Petrus v. Bowen, 833 F. 2d 581 (5th Cir. 1987).

[3] Burroughs Corp. v. Schlesinger, 403 F. Supp. 633 (E. D. Va. 1975).

讼，就不能裁定公开其个人信息。即使行政机关和申请人一致同意拒绝向公众公开特定信息，其他公民个人也可以参与诉讼。[1]

然而，在涉及要求审查有关政府招聘信息的诉讼中，如果作为被告的行政机关没有证明应聘申请人拥有或者主张法律规定的隐私权和保密权，那么，应聘申请人的利益将受到法院裁决的不利影响；或者，如果行政机关没有证明如何需要申请人提起联合诉讼以获取司法裁决，那么，就不需要申请人提起联合诉讼。另外，如果应聘申请人提起政府信息公开诉讼，法律规定被行政机关调查的对象不是必要的当事人。因为在这类案件中，原告只起诉要求执行令，以申请法院强制公开政府信息，不需要额外的调查对象作为当事人参与诉讼，原告也可以获取完整的司法救济。

如果公民提起政府信息公开诉讼，要求公开犯罪调查记录，那么，调查对象有权参与诉讼，通过主张调查记录的隐私权以保护其个人利益。如果被收养的孩子想从有关行政机关申请获得有关其兄弟姐妹的信息，由于有关信息的公开会影响这些兄弟姐妹的福利，于是，法院指定一位监护人参与诉讼以代表他们的利益，而不是以不公开信息对孩子们最有利为由，让行政机关扮演与申请人对立的角色。另外，也有观点认为，行政机关有权主张第三方的隐私利益，而不是第三方参与诉讼。[2]

四、符合其他诉讼条件

（一）符合成熟原则

成熟原则是行政法的基本原则。成熟原则是指案件已适宜通过司法手段加以回应，其涉及案件是否成熟到足以要求行使审判

---

[1] LaRouche v. Federal Bureau of Investigation, 677 F. 2d 256, 33 Fed. R. Serv. 2d 1547, 75 A. L. R. Fed. 139 (2d Cir. 1982).

[2] Boyle v. Division of Community Services, 592 A. 2d 489 (Me. 1991).

权的程度。即除非有直接证据证明行政决定存在正当性并存在足够的争议，法院不应该过早地审查行政机关的行为。如果行政机关根据《信息自由法》的法定时限拒绝公开或没有公开文件，寻求公开文件的原告就获得案件起诉成熟的条件，虽然可能存在行政机关寻找停止案件诉讼的理由：以减少司法案件积压为由让整个申请程序保持在行政程序过程之中。因为司法资源有限，发生延迟处理也许是无法避免的，对于行政机关延迟问题，法院也倾向于采取宽容的态度。

案件是否符合成熟原则的抗辩由行政机关一方提起，行政机关通常主张：（1）对申请人的公开申请，行政机关还没有作出最后的拒绝公开决定；（2）行政机关主张文件已经公开，法院不应该接受原告针对行政程序问题提出的救济要求。在第一种抗辩中，问题之一是关于行政机关受理申请的及时性以及延迟公开的合理性。更为常见的是第二种抗辩，虽然行政机关已经公开了文件，但是行政机关不管是在形式上延迟还是在实质上延迟都是被禁止的。然而，在行政机关主张其信息系统更新改造，信息公开被拖延的情形下，原告的诉讼请求极易受到诉讼条件不成熟的抗辩。针对行政机关的这种拒绝公开方式，原告可以寻求确认判决救济。一旦申请文件被公开，在这种情况下作为抗辩理由的不成熟原则就会出现，因为行政机关不希望把今后《信息自由法》申请程序明确地限制在一个特定的时间表上。就像1974年国会的意图一样，法定期限是非常短暂的，并且强迫行政机关遵守制止令，行政机关除了完成实质性的任务：如执行政府信息公开申请程序以外，需要重新分配资源。

（二）符合一事不再理原则

一事不再理原则是一项重要的司法原则，它是指在一个先前的案件已经作出最终判决之后，禁止相同的人针对相同的被告提起相同的诉讼。一事不再理原则适用于政府信息公开案件。[1] 如果两个或者几个案件中行政机关拒绝公开信息的理由是相同的，可以适用一事不再理原则。如果不同的申请人先后向行政机关提出相同的信息公开申请，即申请公开同一政府文件，法院应该对较早的申请进行裁定，同时附带地制止后面的申请人申请相同的信息。然而，如果法院根据之前的政府信息公开法律作出了判决，而新的法律实质上改变了当事人的权利，申请人根据新的法律提起的政府信息公开诉讼不属于一事不再理的范围。即使在之前的诉讼中争议的政府文件被认定为不属于免除公开的范围，在之后的案件中，不排除文件的保管者主张文件的免除公开，保管者认为，申请文件中所包含的特定内容是行政机关之间的共同意见表达，而在之前的诉讼中，初审法院没有提出该问题。

尽管行政命令授权特定的中央情报局文件到期自动解密，但是，原告对拒绝公开与自己有关的中央情报局文件不服再次提起政府信息公开诉讼，该诉讼被一事不再理原则所禁止。原告之前的政府信息公开申请，在提起诉讼后被法院认定为免除公开文件而拒绝公开。由于行政命令的有效期延长，自动解密的要求没有创造新的诉因，因此，自动解密不适用于该案件中的被申请文件，对于原告的再次起诉，法院可以适用一事不再理原则裁定不予受理。

（三）穷尽行政救济

尽管美国《信息自由法》没有明确规定，法院在给予申请人司法救济前，申请人必须依法穷尽行政救济。但是，政府信息公开诉讼需要穷尽行政救济。该法如此建构穷尽行政救济原则表明，在法院介入政府信息公开争议之前，行政机关应该首先作出决定，设法解决该争议。如果没有经过行政复议，在行政机关没

---

① Shaw v. U. S. Dept. of State, 559 F. Sopp. 1053, 1057 (D. D. C. 1983).

有最终达到拒绝提供信息的情况下，当事人直接起诉是不适当的。

在美国，原告提起政府信息公开诉讼的一个前提条件是，申请人申请公开政府信息被行政机关拒绝后，其必须首先穷尽行政救济：向信息自由委员会提起行政复议。如果申请人对行政机关拒绝公开信息的行为没有经过行政复议而直接提起诉讼，法院没有审理的司法管辖权。但是，如果行政机关明确答复拒绝公开信息，那么，申请人通过行政复议寻求行政救济是徒劳的，因此，在这种情况下，不需要申请人穷尽行政救济。另外，仅仅因为对行政机关公开的信息不满意而不穷尽行政救济是不符合法律要求的，因为，应给予行政机关足够的机会根据《信息自由法》确定政府信息是否应该免除公开。

根据美国《信息自由法》，行政机关未能在最后期限前给申请人作出答复，意味着申请人已穷尽行政救济，并且可以向法院提起政府信息公开诉讼以寻求司法救济。如果行政机关没有遵守政府信息公开的时间限制，申请人可以直接向法院提起政府信息公开诉讼。如果只有当行政机关拒绝公开信息才能向法院提出诉讼，那么，在行政机关拖延不予答复的情况下，要求公开政府信息的申请人将没有其他的救济途径。当然，在给予行政机关必要的时间对申请进行处理前，法院是不会考虑受理起诉的。如果行政机关没有在期限届满前作出答复，而是在申请人提起诉讼前作出答复的，法定的 10 日建设性的穷尽行政救济条款不再适用，而要求适用实际上穷尽行政救济的规定。然而，如果行政机关直到申请人提起诉讼后才作出回复，原告被视为已穷尽行政救济。

《信息自由法》允许行政机关处理行政复议的时间是 20 个工作日。该时间过后，可以在任何时间提起政府信息公开诉讼。行政机关没有满足该时间限制的，除非行政机关抗辩认为，申请人应该等待行政机关的复议答复以穷尽行政救济。行政机关要想法院支持其基于原告没有穷尽行政救济而驳回诉讼，行政机关应该通过宣誓书证明其满足了时限要求或者申请人没有提起行政复议。

另一个问题是，在行政机关拒绝公开信息的情况下，原告申请裁决给予律师费是否合理的问题。一旦申请的文件被拒绝公开，原告要求裁决给予律师费就不需要再穷尽行政救济。但是，原告没有支付行政机关因处理其申请文件而收取的费用，如果直接起诉，视为没有穷尽行政救济。

（四）符合诉讼时效规定

根据美国《信息自由法》，提起政府信息公开诉讼的时效为6年，6年的时效是指针对美国提起民事诉讼的时效。在美国，在诉讼程序上没有行政诉讼和民事诉讼之分，所以，提起政府信息公开诉讼的时效与提起民事诉讼的时效相同。根据法律规定，申请人只有穷尽了行政救济之后才能提起政府信息公开诉讼。行政机关没有在法定的时限内答复申请人被推定为穷尽了行政救济。

根据美国相关法律规定，申请政府信息公开的申请人在向行政机关提交申请后，仍然可以根据需要变更自己的申请内容，如果行政机关拒绝提供信息，申请人可以在法定期限内寻求司法审查。即使法院辩解认为，如果申请被行政机关拒绝，申请人还可以重新提出申请，并且可在法定期限内对申请的再一次被拒绝提起诉讼。但是，根据美国《信息自由法》，法院对不符合诉讼时效的诉讼没有司法管辖权。《信息自由法》本身规定了适用政府信息公开诉讼的时效，即必须在法律规定的时间内针对行政机关的决定寻求司法审查，法律规定应该优于法院内部的规则被适用。

（五）起诉状符合要求

根据《信息自由法》(a)(4)(B)条款的规定，只有在行政机关存在"不当""拒绝公开"政府信息时，才允许申请人提起政府信息公开诉讼。如果行政机关根据法定的免除公开条款拒绝公开文件，就不存在不当的问题，即行政机关既没有不当地引用免除公开条款，也不存在拒绝公开文件的故意，那么，法院对案件就没有司法管辖权。"不当"一词的意思是不合法地或者不正当地对政府文件进行隐匿或者拒绝公开。"拒绝公开"的意思是行政机关直接拒绝申请，或者严重损害申请人获得文件的能力，或者过度地增加原告等待获得文件的时间。①

为了确立行政机关为不当拒绝公开政府信息，起诉状必须包括以下要素：

第一，应该说明根据《信息自由法》（a）（3）和（a）（4）（B）条款法院对案件有司法管辖权。

第二，应该说明申请文件的日期。

第三，应该说明自己是基于《信息自由法》提出的申请。

第四，应该说明行政机关存在作为或不作为。例如，"在2001年1月15日，行政机关以书信形式拒绝了申请"或"在申请10个工作日后没有答复，提起申诉后，在收到申诉3个月后没有答复申诉"，拒绝的日期或法定答复时间结束的日期都应该列明。

第五，应该说明对行政机关拒绝公开文件存在争议，包括在事实上或者在诚信上存在争议。

第六，应该说明对自身权利或者行政机关不当行为的主张。即"被告违法拒绝公开文件"，或者"根据该法，被告对申请文件没有公开或者立即拒绝公开"。

第七，应该有明确的被告即拒绝公开政府信息的行政机关。

第八，诉讼请求。如"制止被告拒绝公开信息……"。

美国《信息自由法》要求被告应在收到原告起诉状后30日内提交答辩状和其他辩护，除非法院基于被告提出的正当理由而另有指示。其他辩护是指行政机关在提交答辩状时可以提出不予受理申请或简易判决申请。虽然行政机关提出的不予受理动议或

---

① McGehee v. C. I. A. , 697 F. 2d 1095, 1109 （D. C. Cir. 1983）.

简易程序判决申请是根据《信息自由法》提出的辩护，但是，根据《联邦民事诉讼规则》，这种辩护不是答复性辩护。因此，行政机关在不予受理申请或简易判决申请中，不必提出所有的积极抗辩的理由，并且未能在不予受理申请或简易判决申请中提出所有相关的政府信息概况的免除公开理由，不会导致行政机关放弃这种辩护主张。

行政机关在答辩中主张申请人申请公开的信息属于免除公开的范围是一种积极的抗辩。但是，行政机关可以不必在其答辩中具体指明其所依据的免除公开条款。虽然被告在法庭诉讼程序的最初阶段必须提出其打算使用的所有辩护理由，但是行政机关在初审法院的最初阶段提出免除公开的辩护不算太晚。然而，在政府信息公开诉讼中，如果行政机关最初提出拒绝公开执法记录，其理由是执法记录的公开将妨碍执法程序，那么，在之后的诉讼程序中，行政机关不能再提出其他政府信息免除公开条款的辩护理由。除了根据《信息自由法》的免除公开辩护外，行政机关也可能尝试引用其他行政特权，但是其必须明确而正式地引用这种特权，并且只有当国家安全或压倒性公共利益需要保密时才可以引用这种特权。

第四节　我国政府信息公开诉讼的条件完善

一、有关受案范围的完善建议

（一）正面列举可受理范围的完善

1. 对于不作为之诉的受理

关键取决于对"拒绝公开"和"不予答复"两个概念的理

解，实践中存在理解不统一的情况。我国对于"拒绝公开"的理解存在以下问题：一是什么情形下行政机关拒绝公开信息，法定拒绝公开情形之外，是否还存在其他的拒绝公开情形；二是法定拒绝公开情形是否具体明确；三是对于法定拒绝公开情形，行政机关是"应当拒绝提供"还是"可以拒绝提供"。首先，《信息公开条例》第15条①对行政机关拒绝公开情形作了具体规定。即申请的政府信息涉及国家秘密、商业秘密、个人隐私三种情形的行政机关拒绝公开。但是，实际工作中，行政机关又增加了两种拒绝公开情形，即原《信息公开条例》第8条的"三安全一稳定"和第13条规定的"三需要"。美国规定了9个免除公开条款，我国拒绝公开情形到底有哪些，立法中需要明确，如内部管理文件、决策信息、执法档案等是否应该纳入？其次，我国的5种拒绝公开情形或者不予公开情形，规定得简单、模糊。对于国家秘密、商业秘密、个人隐私、"三安全一稳定"等概念没有具体界定，只是一个词语，没有概念、适用范围和条件界定。美国的9项免除公开条款都进行了具体界定，有的还进行列举，便于行政机关和法院适用。我国今后的立法应该对拒绝公开情形进行明确具体地界定，越清楚、越详细越好。最后，如何理解拒绝公开情形，出现该种情形行政机关必须拒绝公开申请信息吗？美国的免除公开是指行政机关可以免除公开，也可以不免除公开，由行政机关自由裁量决定，行政机关在决定是否免除公开时往往要进行利益权衡。所以，原《信息公开条例》规定行政机关"不得"公开涉及国家秘密、商业秘密、个人隐私的政府信息的表述，就是指政府信息涉及国家秘密、商业秘密、个人隐私时，行政机关一律拒绝公开，虽然后面有例外规定，但是，一般情形就是"不得"公开，行政机关没有裁量权。所以，新《信息公开条

---

① 《信息公开条例》第15条规定："涉及商业秘密、个人隐私等公开会对第三方合法权益造成损害的政府信息，行政机关不得公开。但是，第三方同意公开或者行政机关认为不公开会对公共利益造成重大影响的，予以公开。"

例》作了全面修订。

对于不予答复的理解。对于不予答复，不应该只作字面上的理解，应该作全面深入的解读，应该从形式和实质两个方面对不予答复进行解读。不予答复从形式上理解就是行政机关对申请人的政府信息公开申请采取不作为的态度，即没有采取任何作为或者其他意思表示。不予答复从实质上理解就是虽然行政机关对申请人的政府信息公开申请采取了某种形式的作为，但是该作为行为对于公开申请信息不产生任何实际效果和法律约束力。不予答复的情形主要包括：一是对政府信息公开申请完全不答复。也就是说行政机关对申请人的申请行为采取不作为的态度，没有任何意思表示。二是对政府信息公开申请不完全答复。行政机关对申请人的政府信息公开申请没有完全准确的答复，有所遗漏或者保留。三是对政府信息公开申请迟延答复。行政机关有意拖延，对申请人的政府信息公开申请过了法定答复期限后才给予答复。这三种情况都是我们通常考虑到的"不予答复"情形。但是还有一种情形，推托答复。例如，答复申请信息暂时找不到，申请信息不存在，管理信息的工作人员不在，申请信息是否可以公开领导还在进一步研究，等等。关于"不予答复"要明确两点：一是答复时间点以答复期限为准，到了答复最后期限没有答复就是"不予答复"；二是答复的内容以申请信息的公开为准，到了法定最后期限答复内容没有达到申请公开信息的要求，就是"不予答复"。

2. 对于要求适当履行的给付之诉

对于政府信息公开内容方式不满意的，究竟是先向公开信息的行政机关提出先行处理，还是可以直接向法院提起诉讼？前者可以充分发挥行政职能解决纠纷，减少诉讼，而后者虽然很好地保障了公民诉讼权利，但是可能增加法院的案件数量。《信息公开条例》中对于这种情形是否应该经过行政先行处理不够明确。首先应该注意，这里的行政先行处理不等同于行政复议，即所谓的穷尽行政救济，行政先行处理是向答复机关提出处理，如同《信息公开案件规定》第3条规定的行政先行处理；行政复议是向上级行政机关提出处理。如果在立法中明确该情形下的行政先行处理，对发挥行政解决纠纷职能作用，减少政府信息公开诉讼案件数量很有意义。另外，还要明确法律、法规规定的适当"形式"的含义。这里的"形式"是指法律、法规规定的方式，如书面方式还是电子方式，原件还是复印件等，而不是申请人在申请书提出的任意其他方式。对于申请人要求的符合法律、法规规定的形式，行政机关应当满足申请人所提出的形式要求。申请人要求提供原件的，行政机关能够提供原件的应当提供原件，申请人要求提供电子版的，行政机关能够提供电子版的应当提供电子版。

3. 对于反信息公开诉讼和个人信息保护之诉

由于我国政府信息公开立法刚刚起步，所以将反信息公开诉讼与个人信息保护诉讼不加区分地规定在一起。其实，反信息公开诉讼、政府信息公开诉讼以及个人信息保护诉讼三者在诉讼制度上是不同的。美国对其进行分别立法。《信息自由法》的立法目的强调最大限度地公开政府信息，对应政府信息公开诉讼；《隐私权法》的立法目的强调保护个人隐私权，对应隐私权诉讼即个人信息保护诉讼；政府信息公开涉及信息提供者商业秘密、个人隐私保护的，对应反信息公开诉讼。三种诉讼各有侧重，当然也有交叉，但是诉讼程序和规则要求有些不一样，因此，美国分别建立了三种不同的诉讼制度。今后，随着我国政府信息公开制度的发展完善，三种不同情形的诉讼也应该进一步细化，将个人信息保护法从政府信息公开法中分离出去，同时建立相应的个人信息保护诉讼制度和反信息公开诉讼制度。

4. 对于兜底条款的规定

对于《信息公开案件规定》中有关受案范围的兜底条款的规定，关键是如何理解"其他具体行政行为"和"合法权益"。新

《行政诉讼法》已经将"具体行政行为"改为"行政行为"，那么，就变成了如何理解在政府信息公开工作中的其他行政行为。笔者认为，应该按照新《行政诉讼法》界定的行政行为来理解。包括行政协议，排除行政事实行为，排除国家行为、内部行政行为、抽象行政行为、行政终局行为，当然也排除那些不是行政行为的行为（如司法行为、民事行为、仲裁行为）和对行政相对人权利义务不产生实际影响的行为（如行政指导行为、重复处理行为）。可能更加要注意的是，在政府信息公开工作中，并不是行政机关的所有行为都可以提起政府信息公开诉讼。有些行为提起政府信息公开诉讼，有些行为提起行政诉讼，区分的标准是行为所侵害的利益。另一个问题是"合法权益"的问题。如前所述，虽然我国目前的法律、法规中没有明确规定公民的知情权，但是从《信息公开条例》基本精神看，政府信息公开诉讼所保护的就是公众的知情权。只有反信息公开诉讼和个人信息保护诉讼主要保护公众的人身权和财产权，除了反信息公开诉讼和个人信息保护诉讼，单纯的政府信息公开诉讼并不直接涉及公众的人身权和财产权。因此，笔者认为，如果政府信息公开工作中的行政行为侵犯的是知情权，提起政府信息公开诉讼，如迟延答复行为、公开虚假信息行为等；如果直接侵犯的是人身权、财产权或其他权利，提起一般的行政诉讼，如违法收费行为、对举报行为不予处理等。

5. 对于行政赔偿之诉

在行政赔偿之诉中，没有明确可以一并或单独提起行政赔偿诉讼的具体情形。也就是说，是在政府信息公开诉讼中可以一并或单独提起行政赔偿诉讼，还是在反信息公开诉讼中可以一并或单独提起行政赔偿诉讼没有明确。由于我国没有区分政府信息公开诉讼和反信息公开诉讼，所以也就没有区分行政赔偿的具体情形。所以，在政府信息公开诉讼（非反信息公开诉讼）司法实践中，如果当事人提起赔偿之诉，司法机关很难处理。例如，在赖某某诉浙江省公安厅、浙江省人民政府一案①中，原告向最高人民法院申请再审，请求：（1）撤销一审、二审判决并责令原审法院继续审理该案；（2）判令浙江省公安厅、浙江省政府公开赖某某申请公开的事项；（3）判令浙江省公安厅、浙江省政府赔偿赖某某诉讼请求中要求的各项费用……法院对于原告赔偿问题认为，原告如认为公安机关及其工作人员侵害其人身权、财产权，应依法另行主张，裁决驳回再审申请人的再审申请。又如，在陈某某诉如皋市人民政府一案②中也存在国家赔偿问题。在该案中，原告向丁堰镇政府邮寄提出政府信息公开申请，要求公开丁堰镇政府关于原娄庄饮服商店集体资产权属争议座谈会调查笔录。经延期后丁堰镇政府作出涉案信息答复，经如皋市人民政府复议后，原告不服提起行政诉讼。其中，原告提出了国家赔偿请求。法院审理后认为，无论是丁堰镇政府的政府信息公开行为，还是如皋市政府的行政复议行为，均不属于国家赔偿法规定的侵犯公民财产权的行为，原告为信息公开、行政复议所付出的成本，也不是行政行为造成的直接损失。因此，无论是原告向复议机关提出的有关政府信息公开行为的赔偿请求，还是向法院提出的有关行政复议行为的赔偿请求，均不属于国家赔偿的范围，依法不予支持。对此，美国作了区分，政府信息公开诉讼没有赔偿之诉，反信息公开诉讼中有赔偿之诉。因为政府信息公开行政行为侵犯的是知情权，不可能直接侵犯申请人的人身权和财产权的合法权益；只有反信息公开诉讼中，才有可能直接侵犯公民、法人或者其他组织的人身权和财产权（商业秘密利益和个人隐私利益）的合法权益。因此，今后我国立法应该进行这种区分。

---

① （2017）最高法行申 7985 号。
② （2018）最高法行申 264 号。

（二）反面列举不予受理的案件

1. 对于行政机关的告知行为，不能一概排除在受案范围之外，关键看这种行政告知行为是否对申请人的实体权利义务产生影响

如果行政机关只是要求申请人补正申请书中存在缺失的内容，其告知行为具有建议和指导性质，对于申请人的实体权利义务产生影响，则应当排除政府信息公开诉讼的受案范围；但是，如果行政机关以告知补正为借口，对申请人所申请的政府信息公开进行拒绝或者拖延的，这种"告知补正"行为与拒绝提供或者逾期不予答复行为没有根本差别，对申请人的知情权造成实际侵害，行政机关的这种"告知行为"应该纳入政府信息公开诉讼的受案范围。

2. 对于拒绝查阅执法档案行为不予受理值得讨论

假设申请人申请查阅行政机关有关执法案卷材料，如果行政机关只需告知申请人按照相关规定办理就可以的话，那么，行政机关的"告知"就太容易了，关键是相关行政机关是否按照相关法律、法规的规定允许查阅。这个问题如果不纳入司法监督，则相当于行政终局，行政机关说了算，这比免除公开条款的规定更不利于申请人。美国《信息自由法》之所以将"为执法目的而编制的档案和信息"纳入并作为第7免除公开条款，并对适用的6种情形进行具体明确列举，就是因为实践中行政机关会借口各种理由拒绝申请人查阅执法档案。因此，今后立法时有必要对执法档案免除公开条款进行具体规定。

3. 关于行政机关主动公开信息的受理，即行政机关把主动依职权的公开信息行为转变成依申请公开信息的行为问题

作出这种规定的原因可能是行政机关不主动公开政府信息，损害的是不特定多数人的知情权，如何确定原告就成了问题，如果不对原告加以限制，就可能造成滥诉。美国并没有要求把主动公开转化为依申请公开，美国对行政机关依职权主动公开诉讼的要求是：只要提起政府信息公开诉讼的原告证明，政府信息公开（包括不公开）对自己利益存在"不利影响"，这是原告提起政府信息公开诉讼的前提条件。[1] 也就是说，在行政机关没有"主动公开"某些政府信息的情况下，原告的起诉资格是必须证明其与政府信息公开存在相关性就可以了。这样是否会造成滥诉呢？我国目前已经在民事诉讼领域引入了公益诉讼，结果没有出现滥诉现象；目前我国正在一些地方探索试点行政公益诉讼，就很有积极意义。笔者认为，政府信息公开诉讼是最需要和最应该纳入行政公益诉讼的类型，特别是政府信息公开中的主动公开。其实，无论是主动公开还是依申请公开，政府信息公开行为侵犯的往往不只是申请人个人的利益，侵犯的往往是公众的知情权和监督权。即一旦行政机关拒绝公开申请信息，或者没有主动公开其应当公开的政府信息，那么行政行为所侵犯的就不只是特定申请人个人的利益，而是侵犯整个公众的知情权。据此，笔者认为，在政府信息公开诉讼领域，建立行政公益诉讼制度，像环境公益诉讼那样，对于那些涉及人民群众重大利益关系的，如国民经济、公共教育、医疗卫生、政策法规等方面的重要政府信息，如果行政机关不主动公开的，可以考虑让检察院或者公共利益团体代表公众提起政府信息公开诉讼。

二、有关诉讼管辖的完善建议

根据我国行政诉讼法的规定，行政诉讼地域管辖的基本原则是原告就被告，主要考虑到对于大量的管制性行政行为可以方便行政机关调查。但是，政府信息公开行为不一样，政府信息公开行为主要是服务性、给付性行政行为，因此，应该考虑建立被告

---

[1]　Ramer v. Saxbe, 522 F. 2d 695（D. C. Cir. 1975）.

就原告的管辖制度。美国政府信息公开诉讼的地域管辖规定为"原告居住地、其主要营业地或行政机关文件所在地",根据该规定,美国政府信息公开诉讼的地域管辖原则是被告就原告,而且,原告还可以根据方便原则进行选择。我国没有考虑到政府信息公开诉讼管辖的特殊性作出专门规定,可以说是一个很大的缺憾。另外,政府信息公开案件专业性很强,保密性要求高。过去,我国在铁路、森林、海事等领域设立专门法院处理专门纠纷。可以说,与之相比,政府信息公开诉讼比任何其他行政诉讼都特别,专业性最强。因此,可以考虑设立专门的政府信息公开法院专门审理政府信息公开诉讼案件。

在政府信息公开案件的级别管辖上,我们不能简单地将政府信息公开案件作为按照简易程序审理的案件由基层人民法院管辖,对于那些涉及国民经济、公共安全、住房医疗等重要政府信息的重大疑难案件,可以在司法解释中将这些政府信息界定为"其他重大、复杂案件"的范围,由中级人民法院管辖,适当提高政府信息公开诉讼的管辖级别,以减少行政机关对政府信息公开诉讼的干预和提高政府信息公开诉讼的专业水平。

三、有关当事人制度的完善建议

(一) 对于原告资格的认定及完善

对于原告资格的认定问题,关键是 3 个问题:一是对"人身权、财产权"的理解;二是对"法律上的利害关系"的理解;三是对"三需要"的理解。

首先,人身权、财产权与原告资格的关系。原告的合法权益受到侵犯,不能局限于"人身权、财产权"的合法权益,应该侵犯的是知情权。而知情权就不能局限于申请人自己的知情权,而应该是公众的知情权。

其次，法律上的利害关系与原告资格的关系。我国行政诉讼的原告资格经历了"行政相对人"到"法律上的利害关系人"到"利害关系人"到"无利害关系人"（行政公益诉讼）标准的认识深化过程。在政府信息公开诉讼中，部分领域可以适用"利害关系人"或者"无利害关系人"（行政公益诉讼）标准，如前述的政府主动公开领域。对于绝大部分领域应该适用"法律上的利害关系人"标准，关键是如何理解"法律上的利害关系人"标准。这里所说的法律上的利害关系不指直接的利害关系，而应该将其内涵扩大到合法权益受到政府信息公开行为实际影响的第三人。政府信息公开行为不同于其他行政行为的独到之处在于，申请人申请公开政府信息不一定是为了自己的权益，可能是为了公众的知情权和监督权，他只是行使法律所赋予的信息公开权，其诉讼不应该以维护自己的合法权益为前提。

最后，关于原告资格与"三需要"的关联问题。原告的资格是否应该与"三需要"挂钩，在《信息公开案件规定》中并没有明确规定，但是，由于原《信息公开条例》的规定，几乎所有行政机关和法院都将这两者挂钩，即若要具备原告资格，申请人申请的信息必须是为了满足自己的生产、生活、科研的特殊需要。"三需要"是否应该成为原告资格或者条件之一是一个值得认真研究的问题。从原《信息公开条例》第 1 条的规定可以看出，政府信息公开立法的目的有三个：一是为了保障公民的知情权；二是为了监督政府依法行政；三是为了对申请人有用。但是，原《信息公开条例》第 13 条规定使得该法的立法目的限于"对申请人有用"，即通常所说的"三需要"。换句话说，"三需要"条款的规定，使得原《信息公开条例》最终所体现的社会效果是政府信息公开的目的是对申请人自己需要或有用，而不是基于公众的知情权和监督权。即使申请的信息对公众知情和监督政府极为重要，如果与申请人自己无关，也不能申请公开。这就极大限制了政府信息公开的范围，严重影响和制约了公众的知情权和监督权。从应然的角度说，政府信息公开应该是为了满足和实现公众的知情权，知情权的核心内容是"知道政府在做什么"，知情权本身不是目的，只是手段，更重要的是以知情权为基础的监督权。因此，只要能反映政府在做什么的信息，即有关政府行为和绩效的信息，公众都有知情权，目的是监督政府依法行政，防止权力腐败。在这个问题的认识上，美国也有过一个逐步深化的过程。美国在1946年《行政程序法》中也有申请条件的限制，规定"被申请的信息与申请人存在适当的和直接的关系"。这一规定遭到公众的广泛批评，被认为是《行政程序法》中影响政府信息公开的三大障碍之一，成为《信息自由法》立法过程中需要突破和改革的重点。所以，后来美国在《信息自由法》立法中明确了"任何人可以依法申请任何政府信息公开"的制度。如果我国政府信息公开制度是基于知情权的理论基础，那么，我国就必须要确立"任何人"可以申请"任何政府信息"的制度，不应该规定申请政府信息与"三需要"有关。所以，新《信息公开条例》删除了公民申请政府信息"三需要"的规定。

（二）对于被告资格的认定及完善

首先，关于临时机构的被告。政府经常根据工作需要临时组建一些机构，这些新组建的机构行使一定的行政管理职能，但对外不独立承担法律责任，这些机构手中也掌握有大量的政府信息，其拒绝公开政府信息时是否可以成为独立的被告？理论界主张应当承认临时机构的被告资格。这种观点与现行行政诉讼法和司法解释规定不一致。笔者认为，在司法实践中这种观点有一定的价值。首先，按照我国现行行政诉讼法的规定，只有行政主体才能成为行政诉讼的适格被告，作为被告的行政机关应该能够以自己的名义对外行使职权并能够对外独立承担法律责任，而临时机构不属于严格意义上的行政主体。在实践工作中，一些政府或者政府部门往往为了完成某项特殊任务而临时组建一些机构处理某些行政事务，如拆迁办。因为这些临时机构手中掌握有大量的与老百姓利益密切相关的政府信息，申请人经常向这些临时机构要求公开这些重要信息。而类似于拆迁办这样的临时机构并不是组织法上的行政机关，往往是为了完成政府某项重大工程而临时组建的，一旦重大工程完成，拆迁办也就不复存在。当然，按照行政诉讼法的规定，对于临时机构采取谁组建谁被告的原则。但是，信息掌握在临时机构手中，而且又是临时机构决定拒绝公开的，在这种情况下，应该以临时机构为被告更为可行。

其次，关于多阶段行政行为的被告。实践中，有些行政行为分为不同阶段由不同的行政机关来完成，或者由多个行政机关联合作出，或者在多个行政机关的协调配合下完成。按照行政诉讼法的规定，行政行为由多个行政机关共同完成的，多个行政机关为共同被告。对于行政行为分为不同阶段由不同的行政机关来完成的，依照《信息公开条例》规定，以在对外发生法律效力的法律文书上署名的行政机关为被告。但是，参与行政过程某阶段的其他行政机关是否是行政诉讼适格的被告呢？方世荣教授认为，要探讨多阶段行政行为的被告，可以将多阶段的行政行为分为三种情形：即并重式、配合式和补充式。并重式就是多个行政机关共同完成某一行政行为，行政机关之间不分主次，但是需要行政机关之间配合行政行为才能完成。此时，根据行政诉讼法的规定，多个行政机关为共同被告。配合式就是某一个行政机关在行政行为中担任主角，其他行政机关在行政行为中起协助和配合作用。此时，由于各行政机关在行政行为的作用有主次之分，应该以主角为被告（当然以署名为准）。补充式就是某个行政机关完成某一阶段任务后，由另一行政机关接着处理，在补充式模式下，两个或者多个行政机关无主次之分，只有阶段和时间先后之别，以哪个行政机关为被告呢？如果行政相对人对第一阶段的行政处理不服，是否就以第一阶段行政处理的行政机关为被告？是否必须等到整个阶段处理完成之后才能起诉？以谁为被告，在政府信息公开工作中这种情况时有发生。由于行政诉讼法没有对多阶段行政行为的被告的确定专门作出规定，所以，笔者建议，对于补充式模式下的多阶段行政行为被告资格，应当按照在对外发生法律效力的法律文书上署名的规则来确定，只是其他参与的行政机关在一定情况下可以作为第三人参加到诉讼中来。至于是否要等到整个阶段处理完成后才能起诉，则属于"成熟原则"的问题，在下文中再具体讨论。

最后，关于公共企事业单位的被告。《信息公开条例》第55条①对那些提供公共服务的公共企事业单位的被告资格问题作了规定。该规定涉及两个问题：一是公共企事业单位是否有行政主体资格；二是公共企事业单位手中掌握的信息是否都是政府信息。提供公共服务的公共企事业单位是否是行政主体？根据行政法的行政主体理论，得到法律法规授权的组织就属于授权组织类行政主体。但是，现实社会中的公共企事业单位并非都有法律法规的授权，或者其所管理的公共事务，并非都是基于法律法规的授权。因此，其没有法律法规的授权时，或者其所管理的公共事务不是基于法律法规的授权时，其行政主体资格就成了问题，其被告资格也成了问题。我们认为应基于其实际管理的公共事务确定其行政主体资格和被告身份。对于其手中的信息是否都属于政府信息要具体分析。公共企事业单位既是公共管理组织，有时也是市场主体，其手中的信息当然有些是政府信息，有些是组织自身经营活动信息，其区分标准是：是否是公共管理活动过程中产生的信息，或者说是否是与公共管理活动有关的信息。否则，应该属于公

---

① 《信息公开条例》第55条规定："教育、卫生健康、供水、供电、供气、供热、环境保护、公共交通等与人民群众利益密切相关的公共企事业单位，公开在提供社会公共服务过程中制作、获取的信息，依照相关法律、法规和国务院有关主管部门或者机构的规定执行。全国政府信息公开工作主管部门根据实际需要可以制定专门的规定。前款规定的公共企事业单位未依照相关法律、法规和国务院有关主管部门或者机构的规定公开在提供社会公共服务过程中制作、获取的信息，公民、法人或者其他组织可以向有关主管部门或者机构申诉，接受申诉的部门或者机构应当及时调查处理并将处理结果告知申诉人。"

共企事业单位自身经营活动信息，申请人当然不能申请公开该信息。但是，从《信息公开条例》的规定看，对于公共企事业单位未依照相关法律、法规和国务院有关主管部门或者机构的规定公开在提供社会公共服务过程中制作、获取的信息的，公民、法人或者其他组织只能向有关主管部门或者机构申诉，不能提起行政诉讼。

四、有关其他诉讼条件的完善建议

对于政府信息公开诉讼其他的诉讼条件主要包括诉讼时效、重复处理、复议前置、成熟原则，等等。如前所述，对于诉讼时效、重复处理问题，政府信息公开诉讼没有特殊性，无须特别规定。但是复议前置和成熟原则问题值得商榷。

其一，关于复议前置问题。美国政府信息公开诉讼确立了穷尽行政救济原则，主要理由是应该给予行政机关足够的机会根据美国《信息自由法》确定政府信息是否应该免除公开。在我国穷尽行政救济就是复议前置。我国复议前置主要考虑复议事项的专业性，如自然资源的所有权或者使用权争议、纳税争议、商标争议、专利争议等都设置了复议前置。政府信息公开诉讼应该设置复议前置，理由有三：一是政府信息公开事项专业性极强，如是否涉及国家秘密、权衡公共利益与个人利益的大小、判断信息分割是否彻底，等等，都是专业性极强的问题。二是政府信息公开多数情况涉及事实问题的争议，解决法律问题是司法机关的特长，解决事实问题是行政机关的专业领域。三是政府信息公开诉讼涉及申请文件的保密问题，如果在行政内部能把问题解决，就可以更好地保障申请文件不至泄密。如果多经过一道司法程序，就会增加申请信息泄密的可能性。因此，设置复议前置，充分发挥行政机关的专业优势，先由行政机关对政府信息公开纠纷进行处理，更有利于纠纷的解决和申请文件的保密。

其二，关于成熟原则问题。美国在政府信息公开诉讼中确立了成熟原则，防止司法过早介入行政纠纷，浪费司法资源。政府信息公开的特殊性在于，行政机关经常出现延迟答复，有的甚至认为行政机关存在延迟处理是无法避免的。行政机关提出的认为原告不符合成熟原则的常见主张有：（1）对申请人的公开申请，行政机关还没有作出最后的拒绝公开决定；（2）行政机关主张文件已经公开，法院不应该接受原告针对行政程序问题提出的救济要求。由于我国《信息公开条例》只对申请人申请信息提出采用"书面形式"的要式要求，而对行政机关答复没有要求书面答复的要式要求，所以，行政机关经常出现没有书面作出"最后的拒绝公开决定"的情况，经常是口头答复，答复的决定也经常不是明确的拒绝公开决定，往往含糊其辞。这时，原告可否起诉很难判断。如果原告起诉后，行政机关公开了申请信息，这时诉讼是否还继续进行？这些问题都需要成熟原则予以规范和处理。因此，我国应该在政府信息公开领域确定成熟原则，明确处理政府信息公开纠纷司法权与行政权的界限。

第二章

政府信息公开诉讼
分割原理与镶嵌理论[*]

　　* 本章部分内容以《政府信息公开中镶嵌理论的适用与国家安全信息保护》为题，作为国家社科基金项目"政府信息公开诉讼的原理与技术研究"（项目编号：13BFX043）的阶段性成果之一，刊载于《社会科学家》2014 年第 1 期。

无论在理论界还是在实务界，对于政府信息公开都是一个存在激烈争议的问题，而且各方都在寻求理论支撑。支持政府信息公开的一方认为，政府信息公开对于满足公众的知情权，加强对政府的监督具有重要意义，因此主张最大限度地公开政府信息，政府信息的分割原理就是支持主张最大限度公开政府信息的重要理论；相反，反对过于强调政府信息公开的一方认为，政府信息的公开对国家安全、行政机关的执法和管理、商业秘密和个人隐私存在威胁，特别是国家安全，因此主张政府信息的公开要慎之又慎，政府信息公开的镶嵌理论就是其典型的支撑理论。

第一节　政府信息公开诉讼的分割原理

政府信息公开分割原理的含义是什么，政府信息公开为什么要对申请的信息进行分割，如何分割，行政机关在政府信息公开时是否按要求进行了分割处理，司法机关应该如何对行政机关的分割处理进行审查，等等，美国在长期的司法实践中形成了一系列理论，这些理论对我国政府信息公开有参考价值。

一、政府信息公开分割原理的来源

分割原理起源于 1974 年美国国会对《信息自由法》的修订。美国国会 1966 年制定的《信息自由法》中是没有规定政府信息公开的分割条款的。1963 年，美国国会提出制定美国联邦信息公开法的构想，其目的不是简单地修订《行政程序法》和《管家法》，而是对美国联邦政府信息公开进行彻底改革。《信息自由法》于 1965 年、1966 年先后得到了美国参议院、众议院的批准。尽管总统自己对法案心存疑虑并且受到行政机关强大的、持续的反对，但是，约翰逊总统还是于 1966 年 7 月 4 日签署了该法案。该法案克服了美国《行政程序法》中政府信息公开制度的漏洞和不足：一是允许行政机关基于正当理由对信息进行保密，但是法律没有界定"正当理由"的确切含义。二是允许行政机关为了公共利益可以拒绝公开任何信息，但是没有提供判断"公共利益"的标准。三是要求信息申请人与申请的信息之间存在"适当的和直接的关系"。如果信息申请人与申请的信息之间没有适当的和直接的关系，行政机关可以拒绝提供该信息。四是没有对行政机关拒绝公开信息提供司法救济途径。因此，《信息自由法》的颁布是美国政府信息公开制度的革命性变革。但是，《信息自由法》的颁布，也没有完全达到国会立法的预期目的，在法案颁布之后的最初几年里，绝大部分行政机关基本上没有严格遵守该法的规定。一个最重要的原因在于该法一些模糊或粗略的规定，特别是允许行政机关为证明其拒绝公开的正当性可以宽泛地解释免除公开条款。结果，行政机关使用各种手段极力阻止《信息自由法》的实施，国会对行政机关履行保护公众知情权法定义务的表现普遍不满，于是积极推动《信息自由法》的修订。《信息自由法》修订的契机源于 1973 年备受公众和新闻界关注的"水门事件"。

1974 年获得批准的《信息自由法》修正案，增加了许多规定。例如，明确了国家安全信息免除公开的判断标准；对为执法目的调查记录的免除公开规定了严格的限制条件；统一规定了行政机关收取检索和复制费用标准等。其中，还有一项重大的改革就是：要求行政机关在公开政府信息的时候，分割并公开包含在免除公开信息中的非免除公开部分信息。美国《信息自由法》552（b）条第 2 款规定："一份文件，在删除符合本条款规定的免除公开部分后，应当将其能够合理分割的部分提供给该文件的申请人。删除信息的数量和删除所依据的免除公开条款应当在提供的部分文件上标明，除非该标明将损害由删除所依据的本条款免除公开所保护的利益。如果技术上可行，删除信息的数量和删除所依据的免除公开条款应当在文件中删除的地方予以标明。"该规定确立了政府信息公开的分割原则。国会确立政府信息公开分割原则的目的是，在保证行政机关保密利益不受影响的前提下，尽量缩小政府信息免除公开的范围，扩大政府信息公开的范围，以最大限度地保障公众知情权的实现。政府信息公开的分割条款，对行政机关公开政府信息提出了更细致、更严格的要求，增加了行政机关的负担，也增加了行政机关泄露保密信息的危险性。所以，分割条款修订前后，遭到行政机关的强烈反对，也是当时尼克松总统否决修正案的主要原因之一。但是，政府信息公开的分割条款，通过要求行政机关在公开政府信息时从包含在免除公开的文件中分割并公开非免除公开的部分信息，极大地加强了公众获取政府信息的机会和程度，增强了公众的知情权，对推动和完善政府信息公开制度具有重要意义。

二、政府信息公开分割原理的含义和内容

所谓分割原理，就是行政机关在公开政府信息时，如果公开的文件中包含有免除公开的信息，行政机关应该对免除公开的信息进行分割，并对其进行删除或者其他技术处理后，公开其余应该公开的部分信息。也就是说，政府信息公开不是以申请文件"整体"为单位决定公开或者不公开，如果申请文件可以分割成"可公开部分"和"不可公开部分"，就应该对申请文件进行这种分割，并公开"可公开部分"。分割原理主要目的是最大限度地扩大政府信息公开的范围，压缩政府免除公开信息的空间。《信息公开条例》和《信息公开案件规定》中都规定了政府信息公开

的分割条款，我国立法中把之称为"区分处理"。《信息公开条例》第 37 条规定："申请公开的信息中含有不应当公开或者不属于政府信息的内容，但是能够作区分处理的，行政机关应当向申请人提供可以公开的政府信息内容，并对不予公开的内容说明理由。"《信息公开案件规定》第 9 条第 3 款中规定："人民法院经审理认为被告不予公开的政府信息内容可以作区分处理的，应当判决被告限期公开可以公开的内容。"其理论应源于美国的政府信息公开分割原理。

美国是最早确立政府信息公开分割原理的国家，其在 1974 年《信息自由法》的修订中确立了这一原则。从美国《信息自由法》（b）条第 2 款规定的内容看，该规定包含三个方面的内容：一是行政机关应当在删除免除公开的部分信息后将能够合理分割的可公开的部分信息公开；二是应当在公开的文件上注明删除信息的数量和所依据的免除公开条款；三是如果技术上可行，在公开的文件中删除的地方注明删除信息的数量和所依据的免除公开条款。

虽然美国《信息自由法》确定了较为宽泛的可申请公开的政府信息的范围，但是，政府信息的最终公开必须服从于 9 项具有自由裁量性质的免除公开条款。这里的自由裁量是指对于属于免除公开条款范围的信息，行政机关可以决定免除公开，也可以决定公开，也就是说，免除公开的信息不是绝对禁止公开的信息，但是，不属于免除公开条款范围的信息必须公开。美国《信息自由法》规定了 9 项免除公开条款，行政机关可以引用其中的一个或者几个免除公开条款拒绝公开申请人申请公开的信息。对于《信息自由法》的 9 项免除公开条款，一方面，国会在立法后反复修改和通过判例法不断完善，使免除公开条款的表述尽可能明确、具体，以防止界定模糊、宽泛而引起歧义，为行政机关拒绝公开信息、联邦法院审查拒绝公开的信息提供清晰的界限和明确标准；另一方面，要求行政机关和联邦法院在适用免除公开条款时应该尽可能对其作狭义解释，严格限制免除公开条款的范围，体现国会立法政府信息充分公开的一般原则。为了进一步体现政府信息充分公开的一般原则，《信息自由法》同时还特别规定政府信息公开分割原理，即政府信息中任何可合理分割的部分文件，行政机关在删除免除公开的部分信息后必须向申请人公开。所以，行政机关在适用免除公开条款拒绝公开信息时，必须向申请人提供不属于免除公开条款范围的部分信息。免除公开条款狭义解释原则和政府信息公开分割原理共同实现国会立法所确定的政府信息充分公开的一般原则。

三、分割原理在政府信息公开诉讼中的要求

我国《信息公开条例》和《信息公开案件规定》都没有规定分割原理在政府信息公开诉讼中的具体要求，美国判例法在司法实践中形成了一些有效规则，探讨这些规则，对我国政府信息公开诉讼实践有参考意义。

在政府信息公开诉讼中，美国政府信息公开司法实践表明，对可合理分割的免除公开的信息进行审查和处理是法院的职责所在，法院可以在原告的明确要求下行使这一职责，也可以在审查过程中发现可分割性问题后主动行使这一职责。联邦法院有责任审查和裁决原告申请的文件是否属于法定免除公开的范围，行政机关适用的免除公开条款是否适当，行政机关是否已经公开了申请文件中可以合理分割的不属于免除公开范围的部分文件。

（一）行政机关对可分割信息的证明责任

在政府信息公开诉讼中，行政机关必须对其拒绝公开文件或者拒绝公开文件的某些部分的正当性承担证明责任。对于《信息自由法》免除公开条款来说，为了适用免除公开条款，行政机关必须承担证明责任，即通过非推断性的宣誓书证明，申请的信息

属于免除公开条款的范围且不能被合理分割，或者可以合理分割的属于非免除公开条款范围的信息已经全部公开。如果行政机关未能证明其分割并公开了公认的不属于免除公开的信息，则行政机关没有满足其证明责任，以支持其拒绝向申请人提供申请文件。所以，行政机关应该在其宣誓书中说明文件的可分割性问题，如果只有结论性语言而没有原因分析，就说明其证据"不够充分"。例如，在一个政府信息公开案件中，[①] 中央情报局声称，自己已经公开了所有能够合理分割的文件，没有更多的信息可以被合理分割，除非公开那些属于免除公开的信息；或者即使有更多的信息能够被分割，公开这些信息几乎没有价值或者完全没有价值，这种分割对行政机关是一种过度的负担。在该案中，法院认为中央情报局未能满足其拒绝公开的证明责任，因为，中央情报局只提供了一个不能分割文件的解释。

（二）行政机关对可分割信息的索引要求

索引（在美国称作"沃恩索引"）是行政机关为了向法院提供足够的信息，以使其裁决行政机关免除公开主张有效性的证据。根据沃恩索引的方法，行政机关必须向申请者提供详细的索引，逐项列明拒绝公开的每一个文件，每一个文件所主张的免除公开条款，以及该文件适用该免除公开条款的理由。在政府信息公开诉讼中，法院对行政机关提供的沃恩索引有三个方面的要求：一是索引必须是由一个文件组成的完整文件；二是索引必须充分说明每一个被拒绝公开的文件或者文件中被删除的部分；三是索引必须说明每一个被删除部分或被拒绝公开文件的免除公开主张，并解释免除公开条款与拒绝公开文件的关联性。

考虑到申请的文件可能有些部分被公开、有些部分被拒绝公开，只有被拒绝公开的部分才要求行政机关证明其合理性，所

---

① Dorsett v. U. S. Dept. of Treasury, 307 F. Supp. 2d 28（D. D. C. 2004）.

以，沃恩索引必须被分成便于管理的几个部分，以确保行政机关履行文件可合理分割的证明要求。如果沃恩索引相当具体，并且清楚说明适用于申请文件的每一个免除公开条款，法院就没有必要进行秘密审查，以确保行政机关的决定不是恶意作出的。如果法院认为需要的话，行政机关必须提供宣誓书以支持其免除公开主张。

申请者极力主张提供沃恩索引。他们认为，行政机关的辩护和对争议问题的描述，对于法院全面公正审理和最终裁决是至关重要的，也会使得申请者可以获得更多可合理分割的免除公开文件的重要信息。在一政府信息公开诉讼中，① 联邦上诉法院不赞成索引中笼统包含一大类文件，并且认为，索引过于笼统与1974年《信息自由法》修正案的立法意图是背道而驰的。当法院审查一个行政机关引用的宽泛的免除公开条款拒绝公开特定信息时，沃恩索引对法院审查行政机关拒绝公开信息的适当性是必不可少的。如果联邦地区法院拒绝了原告提起沃恩索引的申请，而是以行政机关的宣誓书作为主要文件，据此判断文件的免除公开性质以决定文件是否公开问题，上诉法院很可能认为宣誓书是不完全的，审理法官下一步的裁决很可能是发回重审。

（三）法院对可分割信息的审查要求

在政府信息公开诉讼中，法院为了裁决行政机关拒绝公开的信息是否适当，可以对申请人申请的文件进行秘密审查。使用秘密审查的各种争议文件包括对文件的可分割部分存在的争议。只有当文件的内容含糊不清、行政机关的主张过于笼统或者有证据证明行政机关存在不诚实时才应该使用秘密审查权，这些情形是特殊情形。只有满足这些条件时，法院才可以使用秘密审查权，以查明事实并要求行政机关公开可分割的非免除公开的文件。例

---

① Ray v. Turner, 587 F. 2d 1187（D. C. Cir. 1978）.

如，为了确定申请文件在删除个人信息、商业秘密或者类似信息后，是否还存在任何可向原告公开的可合理分割的部分文件内容，法院可以对申请文件进行秘密审查。不过，也有美国学者认为，在准备沃恩索引时，对不属于免除公开的文件进行分割和公开是行政机关的责任，法院为查明可合理分割并公开的文件而秘密审查申请文件，是浪费司法审查时间的不明智之举。另外，法院应该对行政机关借分割之名对申请文件进行随意加工处理的行为进行审查。如前所述，分割原理主要目的是最大限度地扩大政府信息公开的范围，压缩政府免除公开信息的空间。如果行政机关为了压缩政府信息公开的范围而主动对文件进行加工处理，就违反了分割原理的初衷，法院应该对其进行严格审查。

（四）对可分割信息公开的救济

根据我国《信息公开案件规定》第 9 条第 3 款的规定："人民法院经审理认为被告不予公开的政府信息内容可以作区分处理的，应当判决被告限期公开可以公开的内容。"如果行政机关以申请信息属于不予公开的范围为由拒绝公开信息的，法院经审查认为其中的部分内容是可以分割处理并公开的，应当判决撤销被诉行政行为，并可以判决被告在作区分处理后予以公开。美国《信息自由法》授予联邦地区法院司法管辖权，有权制止行政机关拒绝公开文件或责令行政机关向原告提供不当拒绝公开的文件。因此，制止令是美国政府信息公开诉讼的主要救济方式。如果申请人适当地证明行政机关的决定违反了政府信息公开方面的法律，那么，法院就可以适用制止令救济。无论是制止全部申请文件的拒绝公开还是可合理分割的部分文件的拒绝公开，原告都可以提起制止令救济。如果经过法院的审查，行政机关拒绝公开的部分文件内容可以被合理分割，为了使非免除公开的部分得以公开，那么，法院可以发布制止令要求行政机关公开不属于免除公开的部分文件内容。

四、分割原理在我国政府信息公开中的应用

从司法实践来看，分割原理既可以适用于商业秘密、个人隐私的免除公开，也适用于国家秘密的免除公开。分割原理更多地适用于个人隐私、商业秘密的免除公开，因为，涉及个人隐私、商业秘密的政府文件往往是其中的部分内容涉及个人隐私、商业秘密，不太可能整个文件所有内容都涉及个人隐私、商业秘密。涉及国家秘密的政府文件有时部分内容可能不涉及国家秘密，也可以进行分割公开。在美国，分割原理还可适用于内部决策文件的免除公开。

（一）国家秘密文件的分割与公开

我国《信息公开条例》中规定了行政机关不得公开涉及国家秘密的政府信息。行政机关在拒绝公开国家机密的文件时，要遵守政府信息公开的分割原理，即应该对免除公开的国家机密信息进行分割，公开其余不涉及国家机密的部分信息。行政机关有义务解释为什么某些信息被公开而某些信息被拒绝公开，而且行政机关应该设法证明拒绝公开的文件已经不能再进一步分割了。在涉及国家机密的政府信息公开诉讼中，虽然行政机关也必须遵守分割和公开非免除公开的部分文件，但是，这种政府信息的分割与其他政府信息分割相比存在不同，有其特殊性，美国的判例法形成了一些具体规则，主要表现在三个方面：一是当行政机关主张所有申请文件都适用于镶嵌理论的保护，其中的每一个文件或者部分信息的公开都有助于不怀好意的人的镶嵌时，法院通常同意行政机关的主张，不再进行分割和公开。二是有的国家机密信息是身份特别保密的秘密信息提供者提供的，如果国家机密信息的分割和公开可能导致泄露机密信息的来源时，也不再进行分割和公开。三是涉及国家秘密文件的分割由行政机关来完成并承担

分割和公开合理性的证明责任，这是行政主管部门的职权和专长，法院只对行政机关的分割处理和证明进行审查。

（二）商业秘密文件的分割与公开

我国《信息公开条例》中规定了行政机关不得公开涉及商业秘密的政府信息，但是，行政机关拒绝公开商业秘密文件时，同样应该遵守政府信息公开的分割原理，即要求行政机关对可公开的部分文件从免除公开的文件中进行分割和公开。在涉及商业秘密文件的政府信息公开诉讼中，除了政府信息公开的申请人原告、拒绝公开政府信息的行政机关被告，往往涉及向行政机关提供商业文件的信息提供者第三人，信息提供者和行政机关主张申请文件涉及商业秘密拒绝公开。但是，必须区分，是所有文件或者文件的每一部分都涉及商业秘密，还是只是其中的部分文件或者文件的部分内容涉及商业秘密，如果只是部分文件或者部分内容涉及商业秘密，那么，应该进行分割和公开。例如，在美国一个起诉电脑价格的商业信息是否公开的案件中，[①] 原告可以要求分割并公开非免除公开的部分文件。法院对价格资料保密的价值与维护价格资料保密的成本进行平衡，在对保密的价格资料进行分割和处理后，对其余的不涉及商业秘密的部分信息予以公开。在涉及第4免除公开条款的政府信息公开案件中，对可公开部分进行分割是至关重要的，因为申请文件往往只是部分涉及商业秘密。但是，在涉及第4免除公开条款的政府信息公开案件中，如果由于向行政机关提供信息的人的身份已为人所知，然后强迫要求法院分割并公开可识别信息提供者身份的部分信息是错误的，因为已为人所知的身份与商业秘密信息之间的联系应予以保护。

---

① MCI Telecommunications Corp. v. General Services Admin., Civ. No. 890746 (D. D. C. 1992).

（三）个人隐私信息的分割与公开

我国《信息公开条例》中规定了行政机关不得公开涉及个人隐私的政府信息。如果政府信息的公开将构成对个人隐私权的不必要的侵犯，那么，行政机关应该免除公开该信息。但是，在涉及有关个人隐私信息的免除公开时，行政机关应该遵守政府信息公开的分割原理，即应该对涉及个人隐私的免除公开的部分信息进行分割，在删除涉及个人隐私的免除公开的部分信息后，可合理分割的其他部分政府信息必须对申请者公开。如果申请的行政机关文件中有可以识别特定个人身份的信息，应该分割并删除姓名、生日以及其他可以识别特定个人身份的内容，删除该部分内容后的其他部分文件就不属于免除公开的文件则应该公开。同时，在公开的部分文件中必须标明被删除的部分内容，除非标明被删除的部分内容将损害免除公开条款所保护的利益，而部分内容的删除就是根据免除公开条款的要求作出的。行政机关基于隐私权利益所作出的免除公开声明，必须包含充分的可分割性方面的分析。

（四）内部决策文件的分割与公开

我国《信息公开条例》第 16 条规定："行政机关的内部事务信息，包括人事管理、后勤管理、内部工作流程等方面的信息，可以不予公开。行政机关在履行行政管理职能过程中形成的讨论记录、过程稿、磋商信函、请示报告等过程性信息以及行政执法案卷信息，可以不予公开。法律、法规、规章规定上述信息应当公开的，从其规定。"但是，该规定中没有明确区分内部管理信息和内部决策信息，即没有明确规定内部决策信息的免除公开。美国在《信息自由法》中规定了内部决策文件免除公开的第 6 免除公开条款，即如果政府信息的公开将构成对行政机关决策过程的妨碍时，行政机关应该免除公开内部决策文件，而且在涉及内部决策文件的免除公开时，行政机关同样遵守政府信息公开的分割原理，所不同的是，行政机关内部决策文件的分割与公开在两个方面具有特殊性。

一是事实资料与决策性协商资料的分割。一般认为，第5免除公开条款主要免除公开决策信息，不免除公开事实信息。理由是决策信息公开，易受"寒蝉效应"的影响，影响决策过程的参与性和决策效果。如果申请的文件既包括纯粹的事实资料，又包括决策性协商资料，那么，并非说明整个文件都可以免除公开。相反，任何可合理分割的非免除公开部分都应该公开。然而，如果事实资料与决策性协商资料不可避免地纠缠在一起，其公开将危害应该受到保护的决策性协商信息时，这些事实资料也应该一起免除公开，可以不予分割。但是，我们不能机械地理解事实资料与决策性协商资料的分割，如果认为只要在一个单独的句子中表述事实资料，事实资料就容易分割，因而可以被公开。只有当事实资料与决策性协商资料在一个句子中一起被表述时，两种资料才属于不可避免地纠缠在一起。① 这种观点很难得到普遍认可，美国第二巡回上诉法院认为，在决定可分割性时，更多的不仅仅是从协商文件中分割出事实部分。相反，当处理事实部分与决策性协商资料的关系时，必须具有敏感性，看文件的公开是否影响决策过程。

二是事实资料与律师工作文件的分割。如前所述，一般认为第5免除公开条款免除公开事实信息，除非它不可避免地与决策性协商文件纠缠在一起。律师在准备诉讼的过程中，事实资料对于律师来说是至关重要的方面，应该受到律师工作文件特权的保护。即使事实资料不能合理地被申请人获得，事实资料也一个个作为律师工作文件的一部分受到保护。当然，在事实资料与律师工作文件是否分割和如何分割的问题上仍然存在争议。例如，哥

---

① Morton – Norwich Products, Inc. v. Mathews, 415 F. Supp. 78（D. D. C. 1976）.

伦比亚特区巡回上诉法院认为，事实资料与协商过程资料之间的关系不适用于第5免除公开条款中的律师工作文件特权，律师工作文件特权不能区分事实资料和决策性协商过程资料。① 也有一些法院主张要求公开所有纯粹的事实资料，只要事实资料的公开不透露决策性协商信息，该事实资料可以从文件中分割出来，公开纯粹的事实资料既适用于协商过程特权文件，也适用于律师工作文件。根据该观点，诉讼过程中的证人陈述和有关事实的客观报告是可以申请公开的。然而，法院将不允许申请公开那些可能透露律师辩护技巧和战术方法的事实资料。第九巡回上诉法院裁决认为，文件中被协商过程特权所涵盖的事实部分必须被分割出来并公开。但是，如果文件被律师工作文件特权所涵盖，那么，事实部分的内容就不需要分割和公开。

第二节　政府信息公开诉讼的镶嵌理论

美国是世界上最早颁布《信息自由法》推行政府信息公开的国家，也是政府信息公开司法审查制度最完善、实践经验最丰富的国家。在过去的40多年里，美国联邦政府为了保护国家安全信息，引入了镶嵌理论（The Mosaic Theory），并以此为由证明机密文件归属保密的正当性，或者通过镶嵌理论，在政府信息公开诉讼审前证据开示程序中对申请文件拒绝证据开示。里根总统特别重视镶嵌理论，试图通过镶嵌理论推行其强化信息保护的新计划，但是，里根总统的做法激起了公民自由主义者的批评。然而，自2001年9月11日的恐怖袭击以后，镶嵌理论再度引起人们

---

① United Technologies Corp. v. N. L. R. B. , 632 F. Supp. 776 (D. Conn. 1985).

的关注。布什政府一直以极大的努力推行镶嵌理论。面对 9·11 之后人们对国家安全信息环境的焦虑和恐怖主义的威胁，布什政府明确了《信息自由法》的关键责任，并弱化了《信息自由法》的强制公开能力。从美国近年来发生的政府信息公开案件看，美国政府信息公开受到镶嵌理论的更多保护，并且，法院常常尊重行政机关的镶嵌主张。这就给人们提出了一个新课题：在国家安全背景下如何平衡公民信息自由与国家安全信息保护之间的矛盾？如何建构国家安全信息保护的新政策？其中镶嵌理论是一个不得不使用的重要工具。

一、镶嵌理论的含义及国家安全信息的保护

（一）镶嵌理论的含义

从本质上讲，"镶嵌理论"是一种信息协同效应理论。其描述敌对分子收集、镶嵌、编辑某些自身无害的零碎信息的过程。[1]该理论认为，通过信息镶嵌——一种点金术的技巧分析，将某些单独无害的信息转化为有用的信息。即镶嵌理论描述了一种信息收集的基本规则：单独有限的、对其所有人无用的信息，当这些信息与其他信息结合时，可以变成有重要意义的信息。该理论试图通过信息的相互结合，以阐明信息的相互关系，以及通过协同效应分析，以达到证明镶嵌信息比信息的各部分之和更有价值的结论。《信息自由法》认为，"情报机构收集的看似迥然不同的所有零碎信息，都有可能镶嵌成为一种相互关联的信息"。[2]也就是说，情报机构可以对信息进行不断镶嵌。因此，按照传统对单独的信息逐项进行归属保密的做法是不合逻辑的；相反，"如果非归属保密信息的镶嵌提供了一种更多的作为信息整体的授权保护

---

[1]　Halkin v. Helms, 598 F. 2d 1, 8（D. C. Cir. 1978）.

[2]　Berman v. CIA, 378 F. Supp. 2d 1209, 1215（E. D. Cal. 2005）.

因素，那么，对其进行归类保密是必需的。"① 镶嵌理论认为，为了确定某一既定文件公开的安全风险，必须考虑该文件可能被镶嵌的可能。镶嵌而非文件本身成了信息公开风险评价的重要部分。在国家安全背景下，镶嵌理论认为，潜在的敌对分子可以从单独无害的信息中推断出为其恶意目的服务的重要信息。在美国海军部的政府信息公开规章中，把镶嵌理论定义为：把显然无害的零碎信息镶嵌起来可能构成有破坏性信息的概念。相关的零碎信息可能来自美国政府、其他公共管理部门或任何其他组织。镶嵌理论在美国政府信息公开中，特别是在国家安全信息的保护上得到了广泛应用。

（二）美国《信息自由法》国家安全信息的保护

美国国会于 1966 年制定了《信息自由法》，因此，《信息自由法》成了确立公众获取行政机关信息强制性权利的第一部美国联邦法律。美国联邦最高法院声称，在制定《信息自由法》的时候，"美国国会的目的十分清楚，就是为了揭穿美国政府保密的神秘面纱，并把美国政府的行为置于公众的监督之下"。根据《信息自由法》，美国政府已经向申请者公开了数以百万计的文件，并且通过《联邦公报》、阅览室和美国政府网站，主动向普通公众公布了数以百万计的文件。该法已经成为引导信息公开的强大工具和美国政府透明度承诺的象征。

然而，从一开始，《信息自由法》就以妥协为特征，其政府公开和责任的基本原则常常与其他社会目标相冲突。例如，有效的公共利益与美国政府高效运行以及保护敏感的个人的、商业的、政府的机密信息之间的冲突。对抗性利益的妥协与该法充分公开政府信息的一般哲学是对立的，《信息自由法》提供了 9 项免除公开条款，根据这 9 项免除公开条款，行政机关可以拒绝公

---

① Frost v. Perry, 161 F. R. D. 434, 436（D. Nev. 1995）.

众的信息公开申请。对于国家安全信息主要涉及第 1 免除公开条款，该免除公开条款允许行政机关拒绝公开有关国防和外交政策利益的文件。国家安全信息还涉及第 3 免除公开条款，该免除公开条款规定："其他法律特别规定免除公开的文件。但该法律必须：（A）对应予保密的文件规定得十分具体，不留任何自由裁量的余地。（B）规定了应予保密文件的特定标准或列举了应予保密文件的具体类型。"第 3 免除公开条款涉及国家安全是因为美国几个拒绝公开方面的法律，尤其是《国家安全法》（the National Security Act）和《中央情报局法》（the Central Intelligence Agency Act），这些法律授权中央情报局、联邦调查局、国防部和其他行政机关保护大量与国家安全相关的文件。国防和情报机关一直最直言不讳地批评《信息自由法》，并且他们成为政府中公开率最低的典型代表。

美国现行国家安全信息免除公开的框架形成于 1974 年《信息自由法》的第一次修订，该免除公开条款注重限制行政机关以国家安全为由拒绝公开文件。美国国会推翻了总统的否决，通过了 1974 年的修订，并明确表示推翻联邦最高法院在美国环境保护署诉明克一案①的判决。在该案中，法院没有审查行政机关归属保密决定的实质内容。为了授权法院纠正目前保密归类的广泛肆意滥用，美国国会修改了第 1 免除公开条款，从免除公开"为了国防和外交政策的利益，总统令明确要求保密"的所有文件，修改为"（A）为了国防和外交政策的利益，根据总统令确定的标准特别授权保密的文件。（B）根据总统令，事实上已经恰当地归属保密的文件"。并且美国国会通过引入"分割"条款进一步缩小了第 1 免除公开条款，即对于所有其他免除公开条款，要求"任何可以合理分割的部分，在删除免除公开的部分档案后，应当提供给该档案的申请人"。也就是说，根据该法，美国国会取

---

① EPA v. Mink 410 U. S. 73（1973）.

代了把"档案"作为分析单位，而以信息作为分析单位。目前行政机关在援引免除公开条款时，将不得不对档案进行审查以实现最低限度的免除公开。为了推进起重要作用的司法监督，美国国会主张授权法院"重新审查"（一种最严格的审查标准）《信息自由法》案件并对申请文件进行"秘密审查"，并由行政机关对其拒绝公开信息的所有行为承担举证责任。

二、镶嵌理论的形成和发展

（一）镶嵌理论的提出（1972—1980 年）

镶嵌理论的提出主要源于美国早期的三个案例：马切蒂案、霍尔金案和霍尔佩林案。尽管镶嵌理论在美国国家安全领域已经存在了一段时间，但在美国司法实践中首次阐述该理论最早出现在 1972 年第四巡回上诉法院的首席法官海恩斯沃·斯克莱门特（Clement Haynsworth）在美国诉马切蒂一案①中。马切蒂要求美国政府采取行动制止前中央情报局雇员披露信息。根据《美国宪法》第 2 条和美国诉科蒂斯怀特出口公司一案②所确立的行政特权，法院支持了马切蒂与中央情报局达成的保密协议，并作出了有利于美国政府的裁决。有趣的是，法院给出的论证理由是，存在这样一种保密归类避免司法审查的实际理由：一项信息的重要性通常取决于对许多其他信息的了解。看似琐碎无用的信息，对于有宽广的视野并可以把该信息置于适当背景的人，信息可能出现重大变化。当然，由于法院缺乏训练，不太可能充分精通外国情报事务，以在该领域提供有效的归属保密审查服务。

由于缺乏明确依据，第四巡回上诉法院基于其实际理由对镶嵌理论主张司法克制。即使法官有能力评价每一项国家安全信

---

① United States v. Marchetti, 466 F. 2d 1309, 1318, 1390 (4th Cir. 1972).
② United States v. Curtiss‒Wright Export Corp., 299 U. S. 304, 320 (1936).

息，但法院认为，他们缺乏将这些信息置于适当背景分析的"宽广视野"，从而不能发现该信息的真正意义。因此，法官不仅应当尊重行政机关的专门知识，而且他们应该避免审查。在1974年以前依据《信息自由法》审查国家安全案件时，作为在相关背景下适用的镶嵌理论，用以帮助法院证明行政机关拒绝公开决定的正确性，按照安东宁·斯卡利亚（Antonin Scalia）教授的话说，使得《信息自由法》成为"一个没有牙齿的野兽"。

经过数年的休眠，特别是经过哥伦比亚特区巡回上诉法院在霍尔金诉赫尔姆斯一案①和霍尔佩林诉中央情报局一案②中扩展分析了马切蒂案的镶嵌理论之后，马切蒂案的思想正式纳入《信息自由法》理论。在霍尔金案中，哥伦比亚特区巡回上诉法院支持美国政府使用国家机密特权拒绝公开前越南战争抗议者申请公开已经被美国国家安全局截获并向其他行政机关传播的信息。哥伦比亚特区巡回上诉法院指出，国家机密案件和《信息自由法》第1免除公开条款案件类似，援引马切蒂案的观点，法院同样处于尊重镶嵌理论的地位。重要的是，在国家安全法中第一次援引镶嵌理论的霍尔金案，把镶嵌理论与现代计算机技术联系了起来。即使在1978年，计算机用户通过计算机镶嵌成倍增加处理信息的能力已经非常清楚。与马切蒂案不同，在作出有利于美国政府的判决之前，霍尔金案的法官通过审理以确定基于镶嵌理论的公开风险。然而，他们只是作了非常一般的审查，无条件得出结论认为，"获取信息的寄件人和收件人身份的公开将使外国政府或组织推定我国情报行政机关的关注焦点"。

（二）镶嵌理论的形成（1981—2001年）

镶嵌理论的形成源于一个法院以外的原因：里根总统的12356号总统令。1982年里根总统的总统令把该理论写进了法

---

① Halkin v. Helms, 598 F. 2d 1, 58（D. C. Cir. 1978）.

② Halperin v. CIA, 629 F. 2d 144, 148（D. C. Cir. 1980）.

律。作为《信息自由法》第 1 免除公开条款归属保密标准的来源，里根的总统令规定，"当最初的归属保密权确定，无论是通过自身或其他信息背景，未经授权的公开可以合理期待损害国家安全，那么，被确定与一个或更多归属保密的信息有关的信息应属于保密的信息"。① 根据该条文的规定，美国政府归属保密人员在镶嵌理论语境下承担概念化的公开信息的风险，在《信息自由法》诉讼中，法院一定会支持这种做法。相比之下，尼克松总统、福特总统和卡特总统在类似的总统令中一直对镶嵌理论保持沉默，而杜鲁门总统和艾森豪威尔总统则明确拒绝接受该理论，并发布命令："文件应当根据文件自身的内容而没有必要根据与其他文件的关系进行保密归类。"②

出于对克格勃特工（即苏联国家安全委员会）正在利用强大的新的数据库技术的警觉，里根总统明确表示在其总统任期内要高度警惕镶嵌理论的影响。虽然一条微小的非机密数据在孤立状态下可能无用，但总统担心，当把它们集合加以考虑时，它们会透露出高度机密的和其他敏感的信息。作为应对之策，里根总统不顾所面对的普遍批评，发起了一项运动，以维护私人数据库中的非机密数据，并限制外国人获取公共数据库信息。在里根总统执政期间，美国政府的考虑过于神秘，一些公民自由论者看到了使用镶嵌理论的极权主义色彩。一民主党议员评论道："可以得出其合乎逻辑的结论：无论该信息多么无关重要，也可以用镶嵌理论证明拒绝公开任何信息都是正当的。"为了将镶嵌理论写进归属保密法，里根总统进一步将其融入公众意识，但这个时期很短暂。当其离任后，行政部门的官员们几乎从未提及镶嵌理论，并且那些尖刻的批评也迅速停止。虽然里根总统发起的运动以流

---

① Exec. Order No. 12, 356, 1.3 (b), 3 C. F. R. 166, 169 (1982), reprinted in 50 U. S. C. 401 (1982).

② Exec. Order No. 10, 290, 26. d, 3 C. F. R. 789, 794 (1949–1953), reprinted in 50 U. S. C. 401 (Supp. V 1952).

产告终，但其阐明了镶嵌理论的几个重要特征：镶嵌理论概念的适用性超过了归属保密程序；镶嵌理论潜在威胁公民自由；镶嵌理论与信息技术的动态关系。当9·11之后布什总统复活里根总统类似的镶嵌理论时，所有这些特征都将再次显现。

克林顿总统上台后，为了取代里根总统的12356号总统令，克林顿总统颁布12958号总统令①，并以1.8（e）条款取代了里根总统的镶嵌理论条款，1.8（e）条款规定："如果个别非保密信息的编辑拼凑披露了更多的组织或关系信息，那么，该编辑拼凑的信息可以成为保密信息：（1）根据该总统令符合归属保密标准；（2）该信息单独是不可能被公开的。"在早期案件中借鉴"更多因素"标准时，该条款限制对美国政府预先保存、收集、控制的信息进行前后关系调查，它要求而不仅仅是合理期待公开那些值得归属保密的更多的组织或关系信息。因此，正如当时美国司法部所说的那样，它是一个在形式上要求更严格的镶嵌理论。然而，无论1.8（e）条款的意图或表述与里根总统的镶嵌理论条款有怎样的不同，法院审理《信息自由法》案件似乎没有被新的总统令的表述所动摇。受到之前总统令极度发展的镶嵌理论到1995年时已经极度僵化，克林顿政府并没有把1.8（e）条款作为一种替代方法予以顺利推进。

（三）镶嵌理论的发展（9·11事件后）

正如前文所述，30多年来，镶嵌理论得到了国家安全信息保护部门的大力支持，并且这种支持得到了司法机关的高度尊重。除了里根政府时期外，该理论几乎没有引发什么争论甚至关注，因为行政机关在个案中使用该理论，并且该理论的理论基础稳定、基本前提符合情理。然而，当布什政府在反恐战争中日益加强保密和缩小《信息自由法》的适用空间时，镶嵌理论有了新的

---

① Exec. Order No. 12, 958, 1.8（e），3 C. F. R. 333, 339 – 40（1995），reprinted in 50 U. S. C. 435（Supp. II 1996）.

突破。在匆忙对一些信息包括"敏感但不机密的"新的类别信息进行归属保密和维护的过程中，美国联邦政府比过去更激进地使用了镶嵌理论。同时，在拒绝《信息自由法》申请和要求对文件进行证据开示的过程中，美国政府越来越多地在法庭上依赖镶嵌理论掩盖其行为。因此，该理论得到了美国政府信息管理和排除事后审查的更多的保密支持。

尽管布什政府从一开始就表现出对政府信息公开的保密倾向，但其在9·11之前没有公开改变《信息自由法》。然而，自从9·11袭击以来，作为其政府保密戏剧性扩张的一部分，布什政府大量破坏了《信息自由法》，其最直接的方式是通过2003年3月布什总统签发的13292号总统令。该总统令取消了许多克林顿总统对里根总统归属保密总统令的改革。13292号总统令重新引入有关外国政府或由外国政府提供的国家安全信息公开的损害推定；该总统令终止了克林顿政府对超过25年的归属保密期限的限制；并且它允许对以前已经解密信息进行再次归属保密。

2001年10月，美国司法部长约翰·阿什克罗夫特（John Ashcroft）在对所有美国联邦行政机关负责人的一个《信息自由法》政策备忘录中，取消了前司法部长对于所有《信息自由法》申请的"推定公开"。在1993年，珍尼·雷诺女士（Janet Reno）曾宣布，只有在行政机关可以合理预见公开将损害免除公开所保护利益的情况下，美国司法部才捍卫该《信息自由法》免除公开主张。相反，阿什克罗夫特支持行政机关拒绝公开，"除非行政机关缺乏合理的法律基础，司法部将保证捍卫行政机关的决定"。这是一个比里根政府时期的"实质性法律依据"标准更加反对公开的标准。作为对阿什克罗夫特公报的补充，2002年3月，一份来自信息安全监督办公室代理主任劳拉·金伯利（Laura Kimberly）的备忘录指示："行政机关应采取适当行动，通过对所有《信息自由法》免除公开条款的全面和仔细的考量，以保护有关美国国土安全的敏感但非归属保密的信息。"金伯利的备忘录从未定义"敏感但非归属保密的信息",有人估计,这种信息包含了美国政府所控制信息的近75%。

在9·11袭击和阿什克罗夫特和金伯利备忘录的影响下,联邦行政机关从其网站和数百万的归属保密的文件中删除了数以千计的文件。自1996年颁布《信息自由法》修订以来,行政机关越来越多地在其互联网上公开其文件。但在9·11之后,情况发生了很多变化,克林顿总统办公室主任指出,"美国政府信息编辑的广度和范围令人震惊"。信息安全监督办公室的官方数据表明,美国联邦政府归属保密的新文件在2003年超过1400万,比2001年增加近65%,最近10年,每年以更大的比率在增加。2004年,面对众议院委员会,信息安全监督办公室主任说:"美国政府对太多信息进行归属保密已经不是什么秘密了",称"归属保密文件的数量令人不安地增加"。许多批评家指责布什政府强制性过度保密,如杰弗里·斯通(Geoffrey Stone)教授所指出的那样,"任何人不可避免地产生这样的推论,与布什政府希望把行政行为游离于公众监督之外相比,其强加的保密外衣与反恐战争的关系越来越牵强"。

除了总统采取措施增加对信息的保护和保密之外,美国国会也采取一些重大的举措限制《信息自由法》。首次对可以提出《信息自由法》申请的人员进行限制。2003年对《信息自由法》进行修订的《情报授权法》(the Intelligence Authorization Act)排除了情报机关对任何外国政府组织直接或通过代表申请公开的信息。更有争议的是,美国国会已经通过立法限制公开,即通过第3免除公开条款拒绝公开法的并入理论限制公开。例如,2002年《国土安全法》(the Homeland Security Act)第214条将为国土安全目的自愿提供给美国联邦政府的"关键基础设施信息"排除了《信息自由法》。如同敏感但非归属保密的信息一样,评论人士认为,关键基础设施信息是一个极为模糊和宽泛的类别,该类信息的免除公开将允许美国政府拒绝公开与国家安全无关的信息。美国司法部《信息自由法》指南评论道："美国国会的立法显然旨在以间接的方式，即通过限制行政机关花费在答复《信息自由法》申请上的经费的方式，实现第3免除公开条款的效果。"最后，美国国会颁布新的规章允许国家安全局、国家侦察办公室和国家地理空间情报局以美国中央情报局同样的方式免除公开其业务上的文件。

三、镶嵌理论的司法审查及评析

（一）镶嵌理论的司法审查

长期以来，法院已经将镶嵌理论应用到国家安全信息法之中，法院的一些早期判决意见已经设定了该理论及"尊重"适用的基本框架。9·11之后，镶嵌理论和《信息自由法》对于美国政府来讲越来越具有战略意义，布什政府对镶嵌理论的扩张使用已经造成了公众对镶嵌理论的不安。而司法实践中对镶嵌理论适用从原来的尊重发展到"授权"甚至"放弃"，这种新教条主义在一定程度上反映了美国政府的反恐战争与司法审查的脱离以及《信息自由法》国家安全免除公开条款的未来。总结镶嵌理论以来的美国司法实践，出现了如下三种镶嵌理论的司法审查标准。

第一种是"尊重"。对于镶嵌理论，有的法院反对在国家安全诉讼中给予任何特殊待遇，意图像其他案件一样评价镶嵌主张，遵循同样的尊重标准。但有些法院，如上述的马切蒂案、霍尔金案和霍尔佩林案，它们在把镶嵌理论引入国家安全法的同时，在两个方面拔高了司法尊重标准：法院提出该理论的一般理由是因为其害怕公开并且不信任自己的判断；他们以较低的可信度和支持要求把镶嵌理论作为一种独特的保密理由。此外，支撑该观点的修辞手法使该理论染上了某些神秘色彩，并通过逻辑和语言不断加强镶嵌理论的法理基础。因此，后来每个应用该理论的裁判意见基本上都援引马切蒂案、霍尔金案和霍尔佩林案作为重要的先例，经常摘录上面引用的段落，形成了镶嵌理论独特的司法尊重标准。

第二种是"授权"。授权标准是尊重标准的发展，是一种特别的尊重标准，相当于法院在司法审查过程中把对镶嵌主张的监督权授权给了行政机关。例如，哥伦比亚特区法院认为，法官把镶嵌主张视为一种独立的、特权性的机密保护。[①] 因为，他们认为镶嵌主张特别难以评价，并且在 9·11 之后镶嵌风险特别令人恐惧，当面对镶嵌主张时，法官们特别不愿意挑战行政机关的主张。法官们以更加强烈的尊重形式对待镶嵌主张，相当于把对镶嵌主张的监督权有效地授权给了行政机关自己。

第三种是"放弃"。放弃标准是授权标准的进一步发展，是一种绝对尊重标准，是法院对镶嵌主张司法监督权的完全放弃。例如，第三巡回上诉法院在对镶嵌主张的尊重方面走得更远，不仅以更加尊重的态度对待镶嵌主张，而且做到了"完全尊重"。马切蒂案把之称作"归属保密司法审查的缺位"，第三巡回上诉法院一直赞同"放弃"对镶嵌主张的审查。[②]

镶嵌主张的授权既是一种传统，也是一种新生事物。说其是传统是因为正如前述所说的，自从马切蒂、霍尔金和霍尔佩林三位一体的镶嵌主张案件以来，法院给予镶嵌理论以特别尊重，几乎在所有的案件中作出有利于美国政府的判决。事实上，镶嵌主张值得特别司法尊重的观念同时也在判例法中提升了镶嵌理论本身。随着判例的增加，在国家安全法学中，镶嵌变成了一种护身符，以未知的缺陷、未知的危害威胁着犹豫不决的法官。霍尔金和霍尔佩林案代表了这种极端的情形，经过几十年的努力，对极小支持性、明确性、可信性的镶嵌主张予以尊重的司法审查标准

① Halkin v. Helms, 598 F. 2d 1, 58 (D. C. Cir. 1978).

② United States v. Marchetti, 466 F. 2d 1309, 1318, 1390 (4th Cir. 1972).

在法院系统已经形成。因此，有关9·11后新出现的授权不是司法审查的方法或哲学。与缩小《信息自由法》公开范围、扩大美国政府保密范围相一致，在最近的镶嵌案件中确认的拒绝公开与之前确认的拒绝公开相比，更多具有推定性、无条件性和有争议性。允许该理论以最低证据要求没有限制地应用到成百上千的个案中，9·11之后，主张授权的法院已经允许镶嵌理论在控制美国政府信息方面发挥更大的作用。

（二）镶嵌理论司法审查评析

为了总结美国镶嵌理论的得失，有必要对美国目前对镶嵌主张司法审查最普遍适用的"授权"进行评析，明确美国在镶嵌主张上司法审查的经验和不足，以利于各国在遇到类似问题上扬长避短，正确处理保护国家安全与保护公民知情权的关系。

1. 美国镶嵌主张司法审查方法的好处

如果今天恐怖主义的威胁以其威胁的强度和不确定性为特征，司法不情愿审查镶嵌主张可能被视为一种合理的反应。决定信息是否公开一直受到平衡公开与保密之间成本与效益的约束。然而，9·11之后，由于认为不明智的《信息自由法》公开的潜在成本以及评价如何构成不明智公开的困难日益增加，这种平衡重心发生了偏移。恐怖分子的镶嵌现在似乎变得特别危险和难以预测，加剧了在《信息自由法》中促进透明政府、责任政府和必须不危及国家安全目标之间的紧张关系。与此相适应，9·11之后，当公开将构成不明显的危险时，法院适用授权以支持行政机关高度推定性、高度普遍性的镶嵌主张；他们对行政机关有关镶嵌主张的支持性、明确性或可信性几乎没有什么要求。对于信息的保密来说，是行政机关而不是法院对信息的保密加以控制。

对于那些在紧急情况下对行政机关最大限度主张司法尊重的人和那些把现在的每一刻看作是紧急情况的人，授权具有明显的吸引力。正如宪法学者约翰·柳（John Yoo）所说，"尊重的司法审查标准为各政治派别成功应对恐怖战争提供了灵活性"①。通过授予行政机关更大的信息控制权的授权，为了国家安全原因，以政府透明度的形式牺牲了自由。随着权力从司法转移到行政，许多人在紧急情况下接受了这种交易。自从镶嵌理论在马切蒂、霍尔金和霍尔佩林案中产生以来，镶嵌理论一直是法院增强对行政决定尊重的一驾马车。现在，这种高度尊重与反恐战争相适应，无论9·11之后对镶嵌理论出现何种特殊担忧，它可能都显得特别审慎和合法。

2. 美国镶嵌主张司法审查方法存在的问题

虽然授权这种方法似乎与9·11之后的国家安全环境相适应，但适用授权带来了一系列难以解决的法律和政策问题。在法律上，授权影响了《信息自由法》的分割原理和单个文件的审查；如果不进行重新审查，授权将破坏《信息自由法》举证责任的分配；并且授权也违反了立法目的。实际上，授权存在许多问题：减弱且无法证明拒绝公开主张的正确性；带来了行政机关的投机取巧和权力滥用；缺乏理论上的限制；会带来过度的保密；损害法院制度的完整性，等等。

（1）授权带来的法律问题。

为节约成本而进行的授权加剧了镶嵌理论和《信息自由法》之间的紧张关系。通过有意模糊免除公开和非免除公开之间的界限，镶嵌理论与《信息自由法》的要求之间发生了冲突，即"任何可合理分割的部分档案"在适当适用免除公开条款后其他部分必须公开。在1987年的美国公谊服务委员会诉国防部一案②：即原告寻求公开一系列非归属保密的国防部技术报告的《信息自由法》案件中，联邦第三巡回上诉法院已经明确面对这种紧张关

---

① John C. Yoo.. Judicial Review and the War on Terrorism ［J］. Geo. Wash. L. Rev. , 2003，72：451.

② American Friends Service Committee v. Department of Defense，831 F. 2d 441，67 (3d Cir. 1987).

系。在拒绝原告的申请时，法院认为："分割原理要求，我们应该责令公开可以公开的部分报告，不应该使整个报告变成可推测性。然而，我们最不愿意确定整个报告的有关部分成为可推测性"。尽管在该案中镶嵌理论得到了支持，也不违反《信息自由法》的分割要求，但有人认为，该理论允许行政机关规避了有关规定，因为，其"要求行政机关对分割无害从而可合理分割的，但当与其他信息结合时可能损害国家安全利益的信息进行保密归类"。其并不必然接受"可合理分割"的解释，也并不接受随着镶嵌理论所主张的免除公开越来越具有推测性和无条件性，其似乎变得越来越排除那些可以分割的和公开没有合理危害可能性的档案。

从根本上说，当法院以最小的审查支持镶嵌主张时，他们冒着破坏《信息自由法》推定公开的风险。自 1974 年《信息自由法》修订以来，该法已经把支持拒绝公开的举证责任交由行政机关承担。然而，当法官尊重那些有关镶嵌的推测性的警告，并且无任何反驳的接受时，效果相当于反向推定公开。加上行政机关专业知识的特殊性，重新审查的完整性开始瓦解。鉴于美国司法部已经推翻了自己的公开推定，除非行政机关缺乏"合理的法律基础"，否则将支持所有的拒绝公开。目前这种对镶嵌主张不加批判的司法确认，对《信息自由法》规定的举证责任分配，只起到了要求行政机关证明特别损害的作用。

法院对镶嵌主张的授权不仅与《信息自由法》文本背道而驰，而且更为重要的是，也与美国国会的意图背道而驰。鉴于美国国会1974 年特别修改《信息自由法》以逐步确立对国家安全案件的实质性审查，很难以其默许的态度，使授权与该法案的立法历史相一致。通过授权，法院对政府信息公开案件进行重新审查，并秘密审查拒绝公开的文件，1974 年的修改旨在实现"防止司法审查变成对行政机关自由裁量权无意义的司法认可"的基本目标。《信息自由法》诉讼的司法审查被明显刻上了维护民主自决原则和好政府的烙印。今天的镶嵌主张与之前的镶嵌主张相比可能更难以解决，但这并不能免除法院对镶嵌主张进行实质性审查的责任。

（2）授权带来的政策问题。

如果说每个有关国家安全的《信息自由法》案件本质上就是镶嵌案件，这是不符合逻辑的。因为法院对待不同的案件进行不同的处理，这取决于美国政府是否提出了其镶嵌情形的免除公开主张；不管怎样，在评价拒绝公开的合理性时，法院必须考虑进行镶嵌的可能性。事实上，如果其将注意力偏离其他相关主张，注重免除公开主张是否涉及镶嵌，这比不合理更糟。当镶嵌的幽灵日益凸显时，没有更好的理由说明为什么法院支持缺乏限制和说服力的政府主张，也没有更好的理由说明为什么授权存在明确性和可信性。然而，为支持而修复尊重标准就更为复杂，因为高度推测性的镶嵌信息大部分由不能申请获得甚至不为人知的信息组成，可能确实对美国国家安全构成威胁，现在比以往任何时候都更有可能。

从原告的角度看，在授权情况下法院支持高度推测性镶嵌主张的基本困难是，通常不可能证明或反驳这种主张的虚假性。在镶嵌理论最初的构想中，经典的镶嵌主张反对公开的路径是：身份不明的恐怖分子可能在不特定的时间使用该信息与其他未知信息一起构成镶嵌，这种镶嵌将以一种不可预测的方式威胁国家安全。正如简·柯特利（Jane Kirtley）教授所指出的那样，该理论是"无法反驳的……因为，谁能肯定地说，这不是真的呢"①。公开任何信息均可构成信息镶嵌，镶嵌存在无限的可能性，每个镶嵌预期影响的可能性和程度也不相同。在以不确定性为特征的理论结构背景下，以法官评价归属保密决定适当性的法定标准来评价公开"可以合理预期导致的结果"就变得尤为困难。鉴于法院在国家安全案件中以尊重为基本原则，可预期的结果是，他们仅仅拒绝最捕风捉影的镶嵌主张。扩大尊重不进行审查的镶嵌主张似乎有悖常理。

---

① Adam Liptak et al. , After Sept. 11, a Legal Battle on the Limits of Civil Liberty [N]. N. Y. Times, Aug. 4, 2002, at A1.

高度推测性和不可证伪性的镶嵌主张不仅给司法审查带来麻烦，也为行政机关投机和滥用镶嵌理论提供了条件。行政机关可以根据镶嵌理论证明几乎任何拒绝公开的正当性是一种潜伏在镶嵌理论背后的最大问题。事实上，当行政机关工作人员知道其拒绝公开文件的案件处于不利地位时，他们肯定会借用镶嵌理论。人们都知道情报机关不喜欢《信息自由法》，而且所有其他行政机关也缺乏公开的动力。然而，由于行政机关单独控制被申请的信息，在没有法律规定的情况下，在与国家安全相关的领域，《信息自由法》不得不适用较低的尊重标准。当法院授权镶嵌理论主张时，他们为行政机关投机取巧拒绝公开信息提供了既定的工具。

然而，不充分的司法审查不是镶嵌理论固有的特征。相反，这些固有特征使镶嵌主张的司法审查尤为重要。具有讽刺意味的是，为什么美国法院日益对依赖镶嵌理论的行政机关予以尊重？原因是该理论的推测性导致行政机关的滥用。同时，镶嵌理论的威胁刺激政府过度保密，强加于法官的额外要求削弱了法官的审查能力，并使他们心甘情愿面对这种保密。

四、镶嵌理论对我国政府信息公开诉讼的启示

镶嵌理论的基本前提是成立的，即信息协同效应确实存在，敌对分子可以利用它对国家安全造成伤害。9·11恐怖袭击充分证实了该理论，并且在信息技术和恐怖主义时代进一步凸显了其价值。但镶嵌理论作用的扩大和法院对行政机关的镶嵌主张过于尊重应该改变。随着镶嵌主张的日益扩大和政府保密的日益上升，镶嵌理论对政府信息公开的威胁比以往任何时候都要高。由于法院对国家安全信息的司法审查常常敷衍了事，所以，通过要求政府对涉及国家秘密文件的拒绝公开提供合理的证据，至少有助于审查和控制政府镶嵌主张的滥用。相比之下，法院对镶嵌理论司法审查的过于尊重，将产生如下不利后果：支持了因担心镶

嵌危险而将镶嵌主张排除司法审查范围的主张；支持了任何镶嵌主张都可以证明政府保密行为的正当性；支持了只有当镶嵌主张明显不可信时法官才可以制止政府的拒绝公开主张。高度推测性的镶嵌主张对审查法院提出了挑战，但是，对镶嵌理论司法审查的授权加剧了该理论滥用的可能性。法院不应该给予更具推测性、绝对性、极端性的镶嵌主张以过多尊重。

国家秘密信息特别是国家安全信息的保护异常复杂。尤其是在9·11之后，我国同世界各国一样面临国际恐怖主义的共同威胁，政府信息公开和国家安全信息保护之间存在着尖锐的矛盾。美国的镶嵌理论及其司法实践经验对我国国家安全信息的保护以及国家安全信息的司法审查有重要启示和借鉴意义。

首先，在我国的政府信息公开制度中应该引入镶嵌理论。新《信息公开条例》第15条规定："涉及商业秘密、个人隐私等公开会对第三方合法权益造成损害的政府信息，行政机关不得公开。"明确规定了保护国家秘密的政府信息。即国家秘密在我国属于政府信息公开的禁地，绝对不允许公开。2010年新修订的《保守国家秘密法》第9条对涉及国家安全和利益，泄露后可能损害国家在政治、经济、国防、外交等领域的安全和利益的应当确定为国家秘密的事项作了明确规定。① 凡是被国家机关依法确定为国家秘密的政府信息，应当依照《保守国家秘密法》的规定，在信息的制作、使用、复制、记录、储存、传递等各个环节严守秘密，确保国家安全和利益。但是，在我国的政府信息公开理论中缺失镶嵌理论，在考虑政府信息是否公开时，往往以文件

---

① 《保守国家秘密法》第9条规定："下列涉及国家安全和利益的事项，泄露后可能损害国家在政治、经济、国防、外交等领域的安全和利益的，应当确定为国家秘密：（一）国家事务重大决策中的秘密事项；（二）国防建设和武装力量活动中的秘密事项；（三）外交和外事活动中的秘密事项以及对外承担保密义务的秘密事项；（四）国民经济和社会发展中的秘密事项；（五）科学技术中的秘密事项；（六）维护国家安全活动和追查刑事犯罪中的秘密事项；（七）经国家保密行政管理部门确定的其他秘密事项。政党的秘密事项中符合前款规定的，属于国家秘密。"

为单位，而不是以单个信息为单位，即使考虑单个信息，往往只考虑单个信息是否给国家安全造成危害，不会考虑单个信息之间的镶嵌。这往往会造成两种不利后果：要么只要文件可能涉及一点点国家秘密，就拒绝公开整个文件；要么只要单个信息不危及国家安全，就不管信息是否有镶嵌的可能而予以公开。特别是在信息时代，国际恐怖主义活动猖獗，镶嵌理论对国家安全信息的保护特别重要。在我国今后的政府信息公开中，特别是在国家安全信息的保护中，要正确认识和处理镶嵌理论。一方面，不能因为强调政府信息公开而忽视恐怖分子进行信息镶嵌的可能，单个信息也许对国家安全不会构成威胁，但把相关的单个信息镶嵌起来可能会对国家安全构成严重威胁；另一方面，也不能为了强调保护国家安全信息而放任行政机关滥用职权，以镶嵌为借口，主张任何信息均有镶嵌的可能而拒绝公开信息。

其次，在我国政府信息公开诉讼中要建立和完善法院对镶嵌主张的司法审查制度。《信息公开条例》第51条规定确立了我国政府信息公开司法审查制度。《信息公开案件规定》第8条①规定了政府信息不予公开的范围。第5条②明确规定了法院在审查涉及国家秘密信息时的司法审查方法，即人民法院对涉及国家秘密信息进行程序性审查。主要包括：国家秘密的设定机关是否具有相应的职责权限、是否属于可以设定国家秘密的事项范围、国家秘密保护期限是否届满、是否属于诉讼中确定秘密或者密级等。③在涉及国家秘密的政府信息公开司法审查中，一方面，法院要把镶嵌的信息严格限制在国家安全信息的范围内，不允许行政机关任意扩大镶嵌信息的范围。另一方面，法院应该要求行政机关对

---

① 《信息公开案件规定》第8条规定："政府信息涉及国家秘密、商业秘密、个人隐私的，人民法院应当认定属于不予公开范围。"

② 《信息公开案件规定》第5条规定："被告能够证明政府信息涉及国家秘密，请求在诉讼中不予提交的，人民法院应当准许。"

③ 江必新. 最高人民法院关于审理政府信息公开行政案件若干问题的规定解释与适用 [M]. 北京：中国法制出版社，2011：114.

镶嵌主张提供合理的证据，以便法院进行充分的审查。法院要对行政机关推测性、绝对性、极端性的镶嵌主张进行严格审查。不能因为担心存在镶嵌危险而将镶嵌主张排除在司法审查范围之外，不允许行政机关随意借口镶嵌主张证明其拒绝公开信息行为的正当性。法院不但要从形式上进行审查，也要从内容上进行审查；不但要对单个文件和每条信息进行审查，也要对每条信息是否与其他信息构成镶嵌进行审查。构建起符合信息时代要求的政府信息公开和国家安全信息保护司法审查制度。

政府信息公开诉讼的
司法审查标准[*]

---

* 本章部分内容以《论美国政府信息公开诉讼的审查标准及启示》为题，作为国家社科基金项目"政府信息公开诉讼的原理与技术研究"（项目编号：13BFX043）的阶段性成果之一，刊载于《河北法学》，2014 年第 4 期。

在行政诉讼制度中，司法权对行政权的监督制约机制即司法审查包括两个维度，一是横向维度，即司法审查的受案范围，也就是司法审查的广度；二是纵向维度，即司法审查的强度，也就是法院在多大纵深程度上对被诉的行政行为进行审查。[①] 通常所说的司法审查标准就是指司法审查的强度，即法院在多大程度上对被诉行政行为进行审查。由于各国法律制度的不同，或者审查对象的不同，法院的审查标准也不一样。有比较宽松的审查标准如我国行政诉讼法规定的合法性审查标准，还有比较严格的在特殊情况下使用的合理性审查标准。最严格的审查标准如美国政府信息公开诉讼的重新审查标准。我国政府信息公开诉讼采用哪种司法审查标准？我国《信息公开条例》和《信息公开案件规定》都没有明确规定。按照正常的理解，由于没有特别规定，当然按照行政诉讼法规定的合法性审查标准。美国《信息自由法》根据政府信息公开诉讼审查对象的特殊性，明确规定实行最严格的重新审查标准。本章试图通过对美国政府信息公开诉讼审查标准的研究，探讨其是否对我国政府信息公开诉讼有所启示。

第一节　美国政府信息公开诉讼司法审查标准

美国早在 1966 年就颁布了《信息自由法》（The Freedom of Information Act），即《美国法典》第 5 篇第 552 条，通过确立公

---

① 王名扬. 美国行政法 ［M］. 北京：中国法制出版社，2005：668.

众有权获取政府信息制度提高了政府运行的透明度；并明确规定，法院在政府信息公开诉讼中采取"重新审查"（de novo review）标准，以控制行政机关滥用《信息自由法》免除公开条款。《信息自由法》552（a）（4）（B）条款规定："在这类案件中，法院应当重新审查决定有关事宜，并可以秘密审查该文件的内容，以决定该文件或其中任何部分是否属于本法（b）中免除公开条款所规定的可以拒绝公开的文件。"也就是说，只要涉及适用免除公开条款拒绝公开信息，法院在诉讼中都应该适用重新审查标准进行审查。但是，自从该法颁布以来，《信息自由法》规定的司法机关重新审查的权力已经受到了侵蚀，该法无法继续按照美国国会的意图实现其立法宗旨。制定《信息自由法》的目的是防止政府通过贴上诸如"绝密""机密"或"威胁国家安全"的标签，任意拒绝公众获取政府信息。然而，由于法院对行政机关拒绝公开信息的决定给予过度的尊重，没有遵守《信息自由法》规定的重新审查标准，导致了行政机关对该法免除公开条款的滥用。要使该法成为公众监督政府的有效工具，法院必须对行政机关拒绝公开信息的决定进行更充分彻底的审查，即严格遵循《信息自由法》所规定的重新审查标准。

一、《信息自由法》的立法目的和政府信息公开诉讼

国会制定《信息自由法》试图促进政府信息公开，但国会意识到，信息公开必须有限制。这些限制包含在9个免除公开条款中，即有关国防和外交政策的文件；机关内部人员的规则和习惯的文件；其他法律特别规定保密的文件；贸易秘密和商业或金融信息；机关内部和机关之间的备忘录；人事的、医疗的和类似的档案；执法记录和信息；关于金融机构的信息；关于油井的地质和地球物理的信息。根据这些免除公开条款，行政机关可以拒绝公开文件。

（一）《信息自由法》的立法目的

1943 年，联邦最高法院在马丁诉斯特鲁瑟斯市一案①中，首次明确承认了公众获取政府信息的权利，在该案中法院解释说，宪法第一条修正案的"言论和新闻自由……包含出版传播文学作品的权利，以及必须保护获得这些作品的权利"。在制定《信息自由法》之前，不存在旨在保护公民获取信息权利的综合性立法。在《信息自由法》之前，根据《行政程序法》第 3 条，来规范政府信息公开，如果保密是由于"公共利益"或"正当理由"，行政机关可以拒绝公开信息。② 行政机关通常利用《行政程序法》第 3 条宽泛模糊的措辞以证明其拒绝公开信息决定的正当性。因此，在 1966 年，国会通过了《信息自由法》以确保公众充分获取政府信息。

《信息自由法》的主要目的是促进政府信息公开。联邦最高法院声称："《信息自由法》的根本目的是为了确保公民知情：一个对于民主社会至关重要的功能，必须制止腐败和使统治者向被统治者负责。"③ 根据这一目的，法院认可一种推定：支持信息公开，行政机关对拒绝公开信息承担举证责任。此外，无论申请者有无能力证明其需要这些信息，政府必须提供《信息自由法》要求公开的文件，因为根据该法，"申请者个人需要或利益与是否公开信息无关"。④

但是，1966 年的《信息自由法》也存在各种各样的允许行政机关免除公开许多文件的漏洞。1974 年，国会删除了这些漏洞和重申《信息自由法》信息公开的主要目的。该修订以及 1974 年以后的修订反映了国会强烈倾向公开的意图，并认为盲目尊重行

---

① Martin v. City of Struthers, 319 US 141（1943）.

② 5 USC § 1002（1946）.

③ NLRB v. Robbins Tire & Rubber Co, 437 US 214，242（1978）.

④ Forsham v. Califano, 587 F2d 1128，1134（DC Cir 1978）.

政机关拒绝公开信息决定的判决将阻碍《信息自由法》公开政府信息目标的实现。

（二）政府信息公开诉讼

国会制定《信息自由法》以确保开放政府和抵制政治和金融腐败。但是，政府信息公开也有副作用，如公民个人可以通过申请信息公开的方式获得针对竞争对手的商业秘密，或者提前获得政府行动计划，以逃避政府的监管。为了防止这种滥用，国会设立了9项免除公开条款：允许行政机关在面对《信息自由法》申请时可以拒绝公开特定信息，尽管《信息自由法》强烈主张公开政府信息。但国会也认识到，某些政府信息必须保密以确保政府的正常运转和保护公民个人的隐私权。例如，为了使武装部队能更好地保卫国家安全，政府需要保持某些有关军事防御文件的机密。同样的，商业秘密要求保护"贸易秘密和从个人获得的、具有特权性或机密性的商业或金融信息"，个人隐私权要求保护"公开将构成明显不当的侵犯个人隐私权的人事的、医疗的和类似的档案"。①

法院有最终平衡公众获取政府信息的需要与国家秘密利益、个人保密利益需要的责任。如果行政机关拒绝公民个人的《信息自由法》申请，并且公民对拒绝公开的复议申请再次被行政机关拒绝，那么，申请者可以向联邦地区法院提起诉讼。联邦地区法院对政府信息公开诉讼的审查标准是明确的：重新审查。另外，联邦地区法院还可以要求行政机关提供沃恩索引，详细解释行政机关拒绝公开争议文件的原因。② 在联邦地区法院作出其最终裁决之后，败诉的一方当事人可以向联邦上诉法院提起上诉。

---

① 5 U. S. C. A. §552（b）（1）（4）（6）.
② Vaughn v. Rosen, 484 F2d 820, 827 - 28（DC Cir 1973）.

二、美国政府信息公开诉讼的司法审查标准分析

美国《行政程序法》赋予个人对行政机关的侵权行为寻求司法审查，是美国司法权对行政权进行司法审查监督的一般法。同时该法还规定了普遍适用于行政侵权行为的司法审查标准。"专横或任性"标准（the arbitrary and capricious standard）是审查行政行为的基本标准。即受到司法审查的行政行为一般都按照该标准进行审查，除非该法或其他法律规定了更为严格的审查标准。[1]《行政程序法》还规定在审查正式裁决和正式规则制定时适用"实质性证据标准"（the substantial evidence test），并且在非常有限的情况下适用重新审查标准。[2] 当宪法或其他法律规定法院使用其他的审查标准时，《行政程序法》规定的基本标准可以被取代。例如，《信息自由法》552（a）（4）（B）条款特别规定了重新审查标准，那么，在《信息自由法》司法审查中，法院应该适用重新审查标准。

（一）司法审查标准适用对象：区分法律问题和事实问题

在美国司法审查中，区分法律问题和事实问题，并对其适用不同的审查标准是美国司法审查的一般原则。一般认为，对于法律问题，法院有宪法上的权力和专门知识去作出决定。[3] 法律问题是法官的特长，法院对法律问题审查的范围和强度比较大，甚至可以用法院对法律问题的结论代替行政机关的结论。而对于事实问题，适用另外一种审查标准。事实问题的裁定需要专门知识和经验，一般认为，在事实裁定方面，行政机关在其特定领域内拥有专门知识。法院对事实问题的裁定一般尊重行政机关的意

---

[1]　5 U. S. C. 706（2）（A）.

[2]　5 U. S. C. 554, 556, 557（2000）.

[3]　Marbury v. Madison, 5 U. S.（1 Cranch）137, 177（03）.

见，不用法院的意见代替行政机关的意见。

在《信息自由法》司法审查中，同样也区分法律问题和事实问题，针对不同的对象适用不同的审查标准。要确定某些信息是否属于免除公开的范围，可以进行三个方面的分析考察：法律问题、事实问题以及法律和事实的混合问题。首先，《信息自由法》免除公开条款的表述必须可以确定排除某种文件的公开。例如，《信息自由法》第 4 免除公开条款规定：免除公开"贸易秘密和从个人获得的、具有特权性或机密性的商业或金融信息"。那么，什么是"贸易秘密"？在该免除公开条款被正确适用之前，必须对该术语进行解释，这就是法律问题。其次，必须要收集有关申请信息保密性质的事实。同样以第 4 免除公开条款为例，必须确定申请的信息是否是秘密的、是否具有商业价值、是否可以用于生产其他产品等，这就是事实问题。最后，对有关免除公开条款是否适用的法律解释必须适用于所收集的事实和作出的结论，就是法律和事实的混合问题。

对于法律问题，法官可以用法院对法律问题的结论代替行政机关的结论，其审查标准就是重新审查标准；虽然法院对事实问题的裁定一般尊重行政机关的意见，但法院对行政机关的事实裁定必须要进行审查，即一方面不能不审查，另一方面不能过多审查。如何确定法院对事实问题的审查强度呢？美国在司法审查实践中，根据事实问题性质的不同、行政机关权力大小的不同、事实根据缺乏程度的不同，确定了三种不同的审查标准：实质性证据标准、专横或任性标准和重新审查标准。

（二）司法审查标准的种类及适用

1. 实质性证据标准及适用

实质性证据标准一般适用于正式行政决定的情形。实质性证据标准要求，行政机关的决定要得到"实质性"证据的支持。[1]

---

[1] Consol. Edison Co. v. NLRB, 305 U. S. 197, 229 (1938).

即该标准不要求行政机关对事实问题的裁定必须正确，只要求行政机关支持事实裁定的证据合理，法院只审查行政机关的判断是否合理和公平。如果一个理性的人所作出的决定与行政机关基于记录中的证据所作的决定一样，那么，该决定应该被肯定，该标准相当于我国行政诉讼制度中的合理性审查标准。在按照该标准对行政机关的行为进行审查时，法院必须审查全部行政机关的记录，审查争议双方的证据。

在根据实质性证据标准对行政机关的行为进行审查时，法院受到行政机关决定的约束，除非该决定被裁定为不合理。在适用该标准的情况下，作为解决问题的机制，行政机关的决定有一定的优势地位，给予一定尊重，不要求其达到完美的程度。如果它是完美的，就没有司法审查的必要了。如果行政机关的决定没有优势地位，对其就有进行重新审查的必要。

实质性证据标准适用于审查行政机关通过正式的审判型程序作出决定的案件。这种正式的审判型程序决定包括行政法官根据特定的法律所实施的对行政行为的审查。正如哈曼（Alfred C. Aman）和梅伊顿（William T. Mayton）在其著作 *Administrative Law*（《行政法》）中所说的：实质性证据标准适用于经过如下程序所确认的事实，即公正的法官基于证据听审后的笔录所确定的事实。有关的事实问题在保密性质上倾向于具有溯及力，并且通过列举，旨在证明是谁做的、为什么做、何时做、何地做、如何做的证据，使事实问题得到最好的解决。

正式裁决中处理问题的保密性质随案件的不同而变化，因此，把正式裁决与《信息自由法》的决定进行比较用处不大。但是，通过一般层面的比较可以看出它们的明显区别。首先，在行政层面，行政机关的政府信息公开决定不是审判型程序。行政机关可以轻易地拒绝申请人的政府信息公开申请。然后，申请者有权向行政机关的负责人提出书面申诉，但是行政机关有权力再次轻易地拒绝公开申请。① 因此，行政机关在政府信息公开案件中，没有制作正式的笔录。行政机关只是在已经查到和发现的申请信息上进行调查研究，考虑其是否公开的可能结果，并决定它是否属于政府信息免除公开的范围。因此，政府信息公开诉讼不适用实质性证据标准。其次，行政机关在政府信息公开决定中进行的事实调查的保密性质与正式裁决中进行的事实调查的保密性质不同，政府信息公开决定的事实调查不是在公正的行政法官主持下进行，它不是广泛的、对抗性质的，也没有正式的笔录。而在法庭上，政府信息公开诉讼当事人首先有机会在审判型的环境下出席其案件的审查。因此，规定重新审查就是允许原告有机会得到在行政层面所得不到的全面的和公正的审判。

2. 专横或任性标准及适用

专横或任性标准有时也表述为专横、任性和滥用自由裁量权标准。该标准主要适用于依非正式程序作出的行政决定，因而在美国司法审查中使用最广。适用专横或任性标准的判断基础仍然是行政机关决定是否有合理的证据支持。在这一点上，该标准与实质性证据标准并无不同，即两者的区别在于程度而不是性质。专横或任性标准达到非常不合理的程度，以致行政决定没有任何合理的基础。专横或任性标准的具体衡量标准有：不正当的目的；忽视相关因素；不遵守自己的先例和诺言；显失公平的严厉制裁；不合理的延迟等。② 与实质性证据标准相比，专横或任性标准的审查较为宽松，从抽象的意义上说，它相当于"合格与不合格"标准。然而，在适用中，专横或任性标准与实质性证据标准是很难区别的。在这两个标准的适用中，合理性是主要考虑的因素。③

---

① Martin v. City of Struthers, 319 US 141（1943）.

② 王名扬. 美国行政法［M］. 北京：中国法制出版社，2005：682 – 683.

③ Woods Petroleum Corp. v. Dep't of Interior, 47 F. 3d 1032, 1037（10th Cir. 1995）.

专横或任性标准也是行政行为司法审查中使用的一种过错标准。① 它特别适用于涉及非正式裁决和非正式行政规则制定的案件。这种非正式情况下的决定并不像在正式裁决中那样基于详细的事实记录。在非正式裁决的情况下，没有制作正式的记录，行政记录由行政机关保存的作为其裁决唯一依据的文件材料构成；或者，如果没有保存这种文件，笔录由行政机关或其工作人员考虑的、在审查时与行政行为有联系的所有非保密特权资料构成。

使用非正式裁定的优势是效率，它避免了审判型模式程序消耗过多的时间，并且把问题的解决置于专家的控制之下。通常看来，如果行政机关有更多的自由裁量权，并且行为不受其他法定程序和保护措施的限制，那么，应该适用更为严格的审查标准。这看起来似乎更有道理，但是，适用更为严格的审查标准将有效地把裁决性权力转移到司法机关手中，并使所有行政法律关系主体陷入耗费时间的程序中，而设计非正式裁决和非正式规则制定程序的目的就是避免这种耗费。因此，美国国会在这些案件中规定了稍微宽松的司法审查，即使用专横或任性标准，以保持效率，这就是其优势。

非正式行政程序与正式行政程序相比的缺点是单方决定或注重行政机关利益，行政机关以外的当事人较少参与行政过程，在实现行政机关效率和灵活性的利益中牺牲了公平。美国国会确定在使用非正式裁决的情况下，这种牺牲是适当的政策选择。然而，在政府信息公开情形下，美国国会的基本理念是：拒绝为了效率牺牲《信息自由法》所体现的公开利益。对因行政机关根据该法拒绝公开信息而向联邦法院提起诉讼的任何案件，要求进行重新审查，将所有裁决性权力置于司法机关的手中。

3. 重新审查标准及适用

重新审查标准是一种最严格的审查标准。该标准主要适用于

---

① 5 U. S. C. 706（2）（2000）.

三种情形：一是行政裁决属于司法性质，且对事实的裁定在程序上不适当；二是在非司法性行为的执行程序中，出现了行政程序中没有遇到的新问题；三是法律特别规定重新审查。① 按照詹姆斯·奥赖利的解释，重新审查是指完全彻底的审查，无须尊重行政机关的经验和专门知识。② 即法院可以完全不顾行政机关的意见，由法院独立的对行政机关决定的法律问题或事实问题进行审查作出裁定。重新审查要求法院重新考量行政机关收集的证据以确定行政机关的裁决是否正确，而不仅仅是确定其裁决是否合理。重新审查标准是一种最严格的审查标准，政府信息公开诉讼的司法审查属于法律特别规定的重新审查。

在政府信息公开诉讼案件中，《信息自由法》规定，法院可以通过重新审查以决定是否公开。与其他行政机关诉讼的审查不同，在一般行政机关诉讼的审查中，如果有实质性证据支持并且不存在专横或任性，行政机关的行为必须得到支持。而《信息自由法》明确规定行政机关对证明其行为正当性承担证明责任，并规定了重新审查。美国国会授权法院重新审查是基于这样一种担忧，即行政机关可能通过过度主张免除公开妨碍信息公开，而且要求法院尊重其对该免除公开的"专家"决定。国会的意图是使行政机关免除公开决定不是最终性决定，但是许多行政机关一直态度强硬地向法院提出他们的主张。制约免除公开问题的重新审查权是申请者最基本的权利，这种权利不应该因为尊重行政机关的经验而被轻率剥夺；法院应该通过尊重每一个人获得政府信息的权利以彰显其公正性。如果行政机关任意扩大免除公开文件的范围，而不必担心受到严格的审查，那么，政府信息公开的范围将会被极大压缩。

---

① 王名扬. 美国行政法［M］. 北京：中国法制出版社，2005：689.

② JAMES T. O'REILLY. Federal information disclosure［M］. 2vols. 3d ed. West Group，2009：446.

三、政府信息公开诉讼中司法审查标准存在的问题

美国《信息自由法》552（b）条款规定了9项免除公开的文件，美国政府信息公开司法审查主要围绕这9项免除公开进行。如前所述，在实践中，法院经常不遵守《信息自由法》有关重新审查的规定，而是大量地尊重行政机关有关的免除公开决定。这种情况在第1、第3、第7（A）项免除公开条款适用中表现得特别突出。

对于法院来说，在政府信息公开案件中，最大的问题是行政机关拒绝公开的信息是否都适当地属于行政机关所主张的免除公开的范围。因此，根据重新审查标准，法院应该确定申请的信息是否属于行政机关所主张的免除公开的范围，而不是尊重行政机关的决定。[①] 法院应该审查在行政决定中所制作的档案，"不顾"行政机关之前的决定，根据自己的判断作出自己的决定，就像行政机关在这之前没有决定此事一样。然而，在实践中，法院并不愿意进行重新审查，而是大量地尊重行政机关的免除公开决定。例如，哥伦比亚特区巡回上诉法院在美国国家安全研究中心诉美国司法部一案[②]中的审查意见认为："我们重申，在《信息自由法》背景下，当涉及国家安全时……我们采取尊重行政机关决定的原则。考虑到在国家安全问题上尊重这种权威意见的重要性，我们对包含行政机关宣誓书的行政机关决定应当给予尊重。就像我们在引用《信息自由法》第1免除公开条款和第3免除公开条款时对行政决定的尊重一样，我们应该在适当的案件中对第7（A）免除公开条款也给予同样的尊重，比如本案。"行政机关经常基于第1免除公开条款的国家安全原因拒绝公开申请信息，并

----

① Epstein v. Resor, 421 F. 2d 930, 933 (9th Cir. 1970).

② Ctr. for Nat'l Sec. Studies v. U. S. Dep't of Justice, 331 F. 3d 9, 926 – 27 (D. C. Cir. 2003).

且，尽管美国国会授权法院重新审查，但是法院经常尊重行政机关的决定。在涉及第 3 免除公开条款的案件中，法院认为尊重行政机关的决定似乎更恰当，应该给予更多的尊重。总之，在涉及第 1、第 3、第 7（A）免除公开条款的案件中，法院错误地扩大了尊重行政决定的适用范围。

美国联邦法院对行政决定给予普遍性尊重可以从过去 30 多年的政府信息公开诉讼中对行政机关决定的撤销率得到很好的证明，即对行政机关拒绝公开政府信息决定的撤销率大约在 10%。这个百分比尽管不能绝对地证明法院执行了对行政机关决定给予更多尊重的审查标准，而不是按照法律的要求进行重新审查，但是，它的确表明法院这么做了。有学者估计，如果使用重新审查标准的话，行政机关拒绝公开政府信息决定的撤销率将达到 50%。[①]

四、政府信息公开司法审查标准存在问题的原因分析

法院对行政机关拒绝公开信息决定给予尊重的现象表明，法院没有遵守美国国会在《信息自由法》中规定的重新审查。

（一）尊重行政机关决定的原因分析

1. 行政机关的专门知识

法院对行政机关决定给予更多尊重的最主要的理由是，行政机关在其领域内有较高的专业水平。在涉及国家安全的案件中这个理由经常被引用。因为在行政领域，行政机关的专门知识超过法院。法院认为，对行政机关有关申请信息免除公开适用性的决定，法院不应该做事后批评。[②]

---

① PAUL R V. An Outcomes Analysis of Scope of Review Standards [J]. Wm. & Mary L. Rev., 2002, 44: 713.

② CIA v. Sims, 471 U. S. 159, 179 (1985).

这种判断是有一定道理的。对行政决定进行审查的法官都是多面手，而在行政机关内部作决定和制定政策的行政机关工作人员是各自领域的专家。但是，在确定法院应该如何根据《信息自由法》审查行政机关的决定时，行政机关的专门知识仅仅是值得考虑的因素之一，还应考虑其他因素。其他因素包括：法官根据《信息自由法》作出适当决定有较强的能力；法官在作这种决定时的相对独立性；行政机关自愿遵守《信息自由法》的低概率性；以及在《信息自由法》诉讼中处在危险中的公民权利的重要性。这些因素将在下文中进一步深入地讨论。

美国国会之所以特别授权法院重新审查行政机关的决定，是因为美国国会相信司法机关有能力作出这种裁决，并在法院认为适当的时候代替行政机关的决定。美国国会的报告也表明，国会信任司法机关有能力进行有效审查，并且在必要的情况下，推翻行政机关拒绝公开信息的决定。无论司法机关是否认为其能够作出这种决定，法院必须遵守美国国会的授权。

2. 司法经济考虑

法院不对行政机关免除公开主张进行重新审查的另一个理由是司法经济问题。即如果法院通过对行政机关提交的支持其免除公开决定的宣誓书进行简单的审查，法院就可以花费更少的时间和精力。可是，以这种方式进行审查是不够的。如果行政机关根据《信息自由法》真的足以符合免除公开条款要求，有效地审查确实需要法院花费更多的时间去寻找行政机关决定所陈述的理由。正如帕特里夏·瓦尔德法官所说，根据美国国会的法律规定，有效的审查包括"必须逐项审查宣誓书列明的国家安全问题，必要时必须秘密审查提交给安全机关的文件资料。因为，安全机关中的绝大多数工作人员不喜欢《信息自由法》，也不喜欢需要他们承担责任的有关信息。"①

---

① PATRICIA M W. Two Unsolved Constitutional Problems [J]. U. Pitt. L. Rev., 1988 (49): 760.

3. 法官对《信息自由法》的排斥

还有一个理由是，法院认为国家安全政策的重要性超过开放政府政策的重要性。根据这一理论，法院不愿过问行政机关的免除公开主张：公开某些信息将威胁国家安全。一些法官已经公开表示他们讨厌《信息自由法》。1982 年的一篇文章中，哥伦比亚特区巡回上诉法院法官安东宁·斯卡利亚把《信息自由法》称作"难以预料后果的泰姬陵学说、忽视成本效益分析的西斯廷教堂。"① 或许这是一种人们普遍感觉到的情绪，但一般不愿说出来。如果情况的确是这样的话，在后 9·11 背景下，它就更难以被改变。

在根据《信息自由法》确立法院有权审查行政机关决定的时候，美国国会并没有留给法院权衡该法所包含的相互矛盾的政策及其异议的权力。在制定《信息自由法》的时候，国会表明了自己的观点，即为了使公众监督其政府，在某种程度上牺牲政府机密是值得的。美国国会明确表示，应该保持特定情形下的政府机密，但这种情形必须被限制在免除公开范围内的特定类型的信息。正如在迈克尔钢琴公司诉联邦贸易委员会一案②中所说的，"美国国会建立了牢固的行政机关充分公开的一般哲学，并通过联邦法院提供的重新审查制度，所有公民和媒体可以获得被行政机关错误拒绝公开的信息"。所以，在政府信息公开诉讼中，法院不应该权衡相互矛盾的国家政策，因为权衡国家政策是美国国会的职能。

（二）反对司法尊重行政决定的理由

1. 美国国会的意图

法院扩大对行政决定的尊重是违背美国国会的意图的。参议

---

① ANTONIN S. The Freedom of Information Act Has No Clothes [J]. Reg. Mar. / Apr., 1982 (15): 14.

② A. Michael's Piano, Inc. v. FTC, F. 3d 138, 141 (2d Cir. 1994).

院的报告指出：随着 1966 年《信息自由法》的颁布，重新审查制度被描述为：对防止法院建立"行政自由裁量权毫无意义的司法制裁"是必不可少的。美国国会并不相信行政机关在所有情况下都自愿遵守《信息自由法》，并让司法权去监督他们的执行情况。

《信息自由法》重新审查的要求与美国国会不相信行政机关在任何情况下都自觉遵守《信息自由法》的观念是一致的。经验表明，这种不信任是理所当然的。例如，在库内奥诉拉姆斯菲尔德一案①中，行政机关拒绝向政府信息申请人公开国防部国防合同审核手册，声称该手册是免除公开的。申请人向法院提起诉讼，由于行政机关坚持自己的立场，诉讼持续了 8 年。直到经过最高法院的审查，决定其事实上不属于《信息自由法》免除公开的范围以后，行政机关才最终同意公开这些信息。即使是旷日持久的诉讼，也不足以迫使某些行政机关提供其应该公开的信息。

2.《信息自由法》所确立的权利的重要性

获取政府信息的权利是民主政治运行特别重要的权利。没有这种权利，公众只能获取经过政府选择以后才予以公开的信息。于是，对政府的浪费和权力滥用等危害公众的行为，公众将无法监督政府和追究其责任，因为公众不能获取政府的第一手信息。《信息自由法》的制定承认了公众有获取政府信息的权利。

联邦最高法院认为，获取特定政府信息的权利没有隐含在宪法第一修正案所保护的言论自由和新闻自由中。然而，一些人认为，法院应该承认这种权利。该论断是基于这样一种观念，促进政府透明度的政策也同样允许公民在知情的情况下进行决策，这既是《信息自由法》隐含的权利，也部分地隐含于宪法第一修正案授予的公民权利之中。《信息自由法》是美国国会提供获取政府信息的方式，同时避免了对宪法权利的影响。

3. 行政机关对《信息自由法》的排斥

法院应该对行政机关的决定进行充分审查的另一个理由是行

---

① Cuneo v. Rumsfeld, 553 F. 2d 1360, 1362 (D. C. Cir. 1977).

政机关对《信息自由法》的排斥，这种情况在行政机关经常出现，并且从《信息自由法》最初构想到现在都一直存在。福特政府强烈反对1974年《信息自由法》的修订，并且直到今天行政机关仍然反对开放政府的政策。在2001年，美国司法部长约翰·阿什克罗夫特发表了一份备忘录认为，任何拒绝公开有"合理法律依据"的以及对其他行政机关的工作"没有出现无根据不利影响风险的信息"的决定，美国司法部都应该出面进行辩护。这一标准取代了克林顿总统时期美国司法部长珍妮特·雷诺确立的公开前"可预见伤害"标准。这一新的标准明确转向布什政府的不公开政策。行政机关认为，如果总统的政策违反《信息自由法》的目的，那么，说明为确保该法目标实现而对行政决定进行司法审查制度的重要性被放大了。

第二节　美国政府信息公开诉讼中
二审程序的司法审查标准

从上一节的内容可知，《信息自由法》对联邦地区法院的审查标准的规定是清楚的：即重新审查。但实践中，联邦地区法院可以决定通过简易程序对几乎所有政府信息公开案件进行裁决。[①]由于《信息自由法》对联邦上诉法院的审查标准没有具体的规定，这就给联邦上诉法院的审查造成了混乱。解决二审程序的审查标准问题对于确保上诉法院公正审判，保护上诉人公正的审判权至关重要。

---

① Flightsafety Services Corp v. Department of Labor, 326 F3d 607, 610 (5th Cir 2003).

一、联邦上诉法院在审查标准上存在的分歧

虽然，在联邦地区法院层面，《信息自由法》对审查标准的规定是清楚的，但是由于政府信息公开案件的复杂性，在一些政府信息公开案件中，当事人对事实问题没有争议，只是对行政机关所使用的免除公开条款的法律解释问题存在争议，因此通过简易程序裁决案件。而在另一些政府信息公开案件中，当事人对事实问题也存在争议，联邦地区法院也通过简易程序匆匆地判决了这些案件。其实，在美国司法审查中，区分法律问题和事实问题，并对其适用不同的审查标准是美国司法审查的一般原则。一般认为，对于法律问题，法院有宪法上的权力和专门知识去作出决定。法律问题是法官的特长，法院对法律问题审查的范围和强度比较大，甚至可以用法院对法律问题的结论代替行政机关的结论。而对于事实问题，适用另外一种审查标准。事实问题的裁定需要专门的知识和经验，一般认为，在事实裁定方面，行政机关在其特定领域内拥有专门知识。法院对事实问题的裁定一般尊重行政机关的意见，不用法院的意见代替行政机关的意见。实践中，联邦地区法院受理的绝大多数政府信息公开案件都被法院通过简易程序裁决。由于在联邦上诉法院层面，《信息自由法》对审查标准没有具体规定，因此，在司法实践中，对于二审程序适用什么样的审查标准，联邦上诉法院存在分歧。有的联邦上诉法院坚持认为：审查的适当标准是重新审查，这种适用于对简易程序判决案件进行审查的典型方法。有的联邦上诉法院坚持使用双重审查标准：即首先审查联邦地区法院是否进行了适当的事实裁决，然后审查该事实裁决是否存在明显错误。

（一）主张适用重新审查标准的理由

美国联邦《行政程序法》赋予个人对行政机关的侵权行为寻

求司法审查，同时该法还规定了普遍适用于行政侵权行为的司法审查标准："专横或任性"标准是审查行政行为的基本标准。即受到司法审查的行政行为一般都按照该标准进行审查，除非该法或其他法律规定了更为严格的审查标准。[①]《行政程序法》还规定在审查正式裁决和正式规则制定时适用"实质性证据"标准，并且在非常有限的情况下适用重新审查标准。[②] 重新审查标准是一种最严格的审查标准，对于上诉法院来说，重新审查就是联邦上诉法院"重新、再度、第二次"审查裁定一审案件的争议问题。换言之，就是联邦上诉法院充分、独立地审查一审案件有关审查事项。哥伦比亚特区、第二、第六、第八、第十联邦上诉法院在审查联邦地区法院的《信息自由法》简易程序判决时，都适用重新审查标准。虽然多数联邦上诉法院不解释他们使用重新审查的理由，以下是法院提供的一些原因。其中最有力的解释是，法院必须重新审查所有类型的简易程序判决案件。

1. 对简易程序判决应该进行重新审查

当联邦上诉法院审查联邦地区法院的简易程序判决时，联邦上诉法院通常采用重新审查标准，因为，简易程序判决就其性质而言，意味着不存在事实问题的争议，而只裁决法律问题。根据《联邦民事诉讼程序规则》，只有当法院发现不存在"任何真正重要的事实问题"的时候，才允许进行简易程序判决。许多上诉法院使用重新审查标准仅仅是基于这样一个事实：重新审查标准对于审查简易程序判决来说总是适当的标准。

重新审查适合于审查简易程序判决不仅仅因为美国《联邦民事诉讼程序规则》，也是因为重新审查的基本逻辑。重新审查可以促进连贯性原则和司法经济原则，因为设置联邦上诉法院的目的就是对法律问题进行深入审查。当联邦地区法院以简易程序判决案件时，他们应该只审查法律问题，联邦上诉法院非常适合再

---

① 5 U. S. C. 706 (2) (A).

② 5 U. S. C. 554, 556, 557 (2000).

次审查这些相同的法律问题。相反，如果联邦地区法院在审判中裁决事实问题时，联邦上诉法院本身不能够裁决这些事实问题，因为他们远离证据，没有监督初审法院审判的有利条件。

虽然这些理由可能显得过于简单或不证自明，但是，认为联邦上诉法院不应该使用重新审查标准的理由也是强有力的：如果存在事实问题争议怎么办？并且，如果存在真正重要的事实问题，为什么联邦地区法院仍以简易程序判决案件？如果存在事实问题的争议，联邦上诉法院应该裁决联邦地区法院明显错误，即联邦地区法院应该进行开庭审判而不是进行简易程序裁决。当联邦上诉法院遇到存在真正重要的事实问题争议时，其应该将案件发回重审，让联邦地区法院通过开庭审理解决事实争议问题。

2. 法条规定适用重新审查标准

有的联邦上诉法院提出，《信息自由法》重新审查条款的语言表述是上诉法院应该重新审查政府信息公开案件的理由。《信息自由法》规定"法院应该重新审查判决有关事项"。该法律规定中所指的"法院"是不清楚的，没有明确是指地区法院还是指上诉法院。至少有一个联邦上诉法院主张以此作为联邦上诉法院采用重新审查标准的理由。[1] 其他法院把这一条款的表述解释为专门适用于联邦地区法院的审查标准。

虽然把重新审查条款解释为适用于所有级别的联邦法院似乎合理，但是国会意图以这种方式解读该条款的可能性不大。该法条的原文是"联邦地区法院……有权制止行政机关拒绝公开档案或责令行政机关向原告提供其不当拒绝公开的文件。在这类案件中，法院应该重新审查决定有关事宜……"该条款前面一句在讨论制止行政机关拒绝公开文件的管辖权时，明确是指"联邦地区法院"。之后接着讨论法院的审查标准，即"在这类案件中，法院应该重新审查决定有关事项"，所以，把两个句子联系起

---

[1] Halpern v. FBI, 181 F3d 279, 288 (2d Cir 1999).

来，单词"法院"应该根据前面的句子"联邦地区法院"进行解读。法条规定的观点对支持二审程序的重新审查标准没有说服力。

3. 立法机关的意图

联邦最高法院认为，国会制定《信息自由法》的目的是促进信息公开。联邦第二巡回上诉法院也认为，国会的这一立法目的需要二审程序确立重新审查标准。在1966年制定《信息自由法》时，为了平衡公开和隐私权之间相互冲突，在缺乏法律明确规定的免除公开条款的情况下，国会确立了一般的、严格的行政机关充分公开的原则，并由联邦法院进行重新审查，以便公民和媒体可以获得行政机关错误决定拒绝公开的信息。为了防止审查行政机关行为的法院对行政机关的自由裁量权作出毫无意义的司法认可，重新审查被视为是必不可少的。①

联邦地区法院层面的重新审查对于实现该法的立法目的、促进信息公开当然极为重要，因为联邦地区法院就是要审查行政机关拒绝公开信息的决定，这意味着，尊重行政机关的决定将不利于公开。然而，第二巡回上诉法院所说的为了促进信息公开，二审程序应该进行重新审查，其所指的审查内容并不清楚。联邦上诉法院应该既要审查要求行政机关公开的判决，也要审查允许行政机关拒绝公开的判决。因为联邦地区法院的判决既可以同意信息申请人的简易程序裁决申请，也可以同意行政机关的简易程序裁决申请，联邦上诉法院的重新审查不能明确倾向于公开。

准确地说，联邦第二巡回上诉法院可能已经认识到，联邦地区法院通常作出有利于被告的判决，允许行政机关拒绝公开信息。② 因此，二审程序重新审查标准也许的确可以提供更多的公开，因为联邦上诉法院审理的绝大多数案件都是拒绝公开案件。

---

① A. Michael's Piano, Inc v. FTC, 18 F3d 138, 141 (2d Cir 1994).

② PAUL R V. An Outcomes Analysis of Scope of Review Standards [J]. Wm & Mary L Rev., 2002 (44): 713.

但是联邦第二巡回上诉法院并没有提出从根本上谴责联邦地区法院的要求，因为与国会的意图相比，联邦地区法院对行政机关的决定给予了更多的尊重。认为因为国会怀疑联邦地区法院支持行政机关并且反对国会的意图，所以国会意图使联邦上诉法院重新审查联邦地区法院的政府信息公开判决，这种观点似乎存在某些专横和荒谬。因此，目前尚不清楚为什么联邦第二巡回上诉法院认为，立法意图提供了在二审程序支持重新审查的理由。不过，立法意图肯定不排除在二审程序的重新审查：它根本没有提及这一问题。尽管法律规定和立法意图都没有表明在二审程序需要重新审查，但他们也没有表明上诉法院应该放弃重新审查。在缺乏国会表明联邦上诉法院应该放弃其传统审查标准的情况下，法院应该在政府信息公开诉讼中保留对简易程序判决的重新审查。

（二）主张适用双重审查标准

采用双重审查标准的联邦上诉法院最典型的做法是，首先审查联邦地区法院事实问题裁定的适当性，然后审查事实问题的裁决是否存在明确错误。第一层次的审查包括审查联邦地区法院事实问题裁定的适当性。这是所有联邦上诉法院必须完成的任务，无论它们是使用严格的重新审查标准还是使用习惯于尊重的双重审查标准。第二层次的审查就是审查事实问题的判决是否存在明确错误。"明确错误"定义本身是不清楚的，但判例法提供了某些一般的原则。"最重要的原则是：虽然有证据支持该判决，但总体上法院的证据缺乏证明力，并且可以确信已经出现了错误，那么，该裁决是'明显错误的'"。[1]

在解决事实争议问题上，也有很多政策为尊重下级法院的判决进行辩护，如减少法院案件拥堵、维护审判法院法官的士气、维护公众对法院判决的信任等。此外，联邦地区法院解决事实争议处于

---

[1]　Anderson v. City of Bessemer City, 470 US 564, 573（1985）.

更有利的地位，因为他们参与审判全过程并审查第一手材料。

联邦第三、第四、第七、第九巡回上诉法院都持认可尊重联邦地区法院判决的双重审查标准模式。在上述法院采用双重审查标准的过程中，对该标准存在各种不同的解释。常见的解释是首先审查联邦地区法院事实裁决的适当性，然后审查对事实问题裁决是否明显错误，同时还要重新审查法律问题。① 另外一种解释是审查事实裁定的适当性，然后审查整个裁决是否明显错误。② 其他法院不关注事实裁定的适当性，只审查对事实问题裁决是否明显错误和重新审查法律问题。③ 所有这些解释方法的共同特征是，对于事实问题都要适用明显错误的审查标准。联邦上诉法院为选择适用明显错误审查标准提供了不同的理由。

1. 政府信息公开案件的"独特性"

政府信息公开案件的"独特性"表现在两个方面：一是申请信息的原告不能查阅被申请文件。政府信息公开诉讼二审程序中经常涉及审查同意简易程序判决的决定，但一些法院指出，"由于政府信息公开程序的特殊性，事实上我们通常处理混合的简易程序判决"。在政府信息公开案件中，简易程序判决具有这种独特性，因为申请人往往不能查阅其所依据的事实信息。只有在允许彻底对抗性诉讼的典型案件中，相关的事实信息才可以被双方所获得。为了一定程度上保留对抗性诉讼优势，在政府信息公开案件中，联邦地区法院可以秘密审查这些文件。"这种审查可能是非常麻烦的，但在没有当事人对强制公开的实际利益进行考证和鉴别的情况下，进行这种审查是非常必要的"。④ 注意到政府信息公开诉讼这种"独特性"的法院进行了仔细的考察，但未能把

---

① Shors v. Treasury Inspector General for Tax Administration, 68 Fed Appx 99, 99 – 100 (9th Cir 2003).

② Frazee v. United States Forest Service, 97 F3d 367, 370 (9th Cir 1996).

③ Office of the Capital Collateral Counsel v. Department of Justice, 331 F3d 799, 802 (11th Cir 2003).

④ Vaughn v. Rosen, 484 F2d 825 (DC Cir 1973).

这种考察与其在二审程序中判决所使用的双重审查标准联系起来。法院注意到申请信息公开的当事人不能查阅到必要的文件，所以完全没有能力为自己的立场进行辩护，这与得出结论认为联邦上诉法院应该审查事实裁定的适当性和审查事实裁定的明显错误之间缺乏逻辑联系。不能查阅文件的原告与双重审查标准之间的一种逻辑联系可能在于这样一种事实：即在这种情况下联邦地区法院的任务特别繁重。联邦地区法院必须秘密审查文件，而联邦上诉法院不能够进行相同的彻底审查，只能审查明显错误。联邦第七巡回上诉法院将此作为解释为什么"审查问题的真正责任应该在联邦地区法院，而联邦上诉法院的审查却相对有限"。根据重新审查标准，对于有关事实问题，联邦上诉法院必须作出与联邦地区法院同样的裁决：即是否存在真正重要的事实争议。因此，为了节省联邦上诉法院从不同的角度秘密审查申请文件的任务，双重审查标准只是要求联邦上诉法院确保联邦地区法院作出适当的事实裁定，然后，对下级法院过于尊重行政机关的裁决进行审查。虽然该审查制度可以缓解联邦上诉法院的负担，但是，对于一方当事人不能查阅争议文件的问题，该做法是不正确的。因此，《信息自由法》所具有的独特性质并不足以证明双重审查标准的正当性。

　　二是不存在事实问题的争议。一些法院认为，在政府信息公开案件中，没有必要过问是否存在真正重要的事实问题，"因为事实问题很少存在争论"。[1] 联邦上诉法院经过重新审查再次确定是否存在真正重要的事实问题可能是浪费时间。然而，对于这个观点也存在两个方面的问题。首先，出现事实争议的可能性取决于法院所考量的事实裁定。如果文件的内容仅仅是事实问题，那么，确实应该很少存在事实争议。然而，有关决定文件是否属于免除公开条款的问题也是事实问题，就像决定文件是否将导致竞争性伤害一样。其次，当联邦上诉法院裁决联邦地区法院按照简

---

① Minier v. CIA, 88 F3d 796, 800 (9th Cir 1996).

易程序申请处理案件时，其总是注意审查是否存在真正重要的事实问题。如果事实问题真的是不言而喻的存在，联邦上诉法院就很容易作出判决，也就没有必要适用双重审查标准了。

2. 进行重新审查的实际限制

联邦上诉法院在审查争议文件和沃恩索引上可能比联邦地区法院更困难。在萨默斯诉司法部一案[1]中，哥伦比亚联邦上诉法院指出，尽管联邦地区法院秘密审查文件和审查沃恩索引以确定文件是否属于免除公开条款是麻烦的，但是，该任务"对于联邦上诉法院至少麻烦 3 倍"。萨默斯一案的法院解释认为：虽然对于联邦地区法院的法官来说审查所有必要的文件是困难的，"因为三位法官同时或依次取得和详细审查相同的文件、然后进行合议判决仍然是非常困难的……但是，联邦上诉法院对不公开要求适当性的调查准备特别不足"。[2]

该理由与前面所讨论的强调政府信息公开案件的"独特性"稍微有所不同。虽然"独特性"的观点是围绕缺乏全面对抗性的诉讼是如何使法院难以发挥作用的，而该理由的焦点在于审查文件的数量。如果对于联邦上诉法院来说，双重标准：审查事实裁定是否适当以及决定这些事实裁决是否明显错误，比审查是否存在真正重要的事实问题更容易完成，那么，这两种理由都是成立的。但是，目前尚不清楚，是否双重审查标准实际上更容易。使用这两种标准的法院都需要完成全面秘密审查文件和审查沃恩索引的相同的任务。也许有人认为，法院只审查事实裁定的适当性和明显错误、不需要像重新审查那样仔细审查文件。适用重新审查标准的联邦上诉法院不重新审查事实问题，而只需决定是否存在真正重要的事实问题。所以，这两种审查标准在审查程度上都需要类似的彻底性。因此，实际需要不能解释为什么法院需要使

---

[1]　Summers v. Department of Justice, 140 F3d 1077 (DC Cir 1998).

[2]　Van Bourg, Allen, Weinberg & Roger v. NLRB, 656 F2d 1356, 1358 (9th Cir 1981).

用双重审查标准的问题。

3. 缺乏重新审查的必要性

国会在制定《信息自由法》时，其故意授权联邦地区法院重新审查，以实现尽可能充分公开政府信息的目的。有些法院认为，为了实现该目的，联邦上诉法院进行重新审查没有必要。在哥伦比亚巡回上诉法院对政府信息公开上诉案件开始使用重新审查之前，在米德数据中心公司诉美国空军部一案①中，已经进行了明显错误的事实审查。在米德案中法院认为，"我们不审查行政机关的决定，甚至是联邦地区法院赞成行政机关的决定。我们只审查联邦地区法院独立的、重新审查的判决"。对于联邦地区法院的独立判决不需联邦上诉法院使用重新审查标准的原理，牢固地、毋庸置疑地依赖于其他采用明显错误标准案件的判决理由。

联邦上诉法院审查联邦地区法院独立的、重新审查的判决的事实，可以解释为什么上诉法院进行重新审查对于遵守和实现《信息自由法》的目的是没有必要的，但是，这并不能解释为什么他们不应该进行重新审查。只有当其出现增加成本或影响可预见的利益时，增加重新审查就成为一个问题。因此，缺乏重新审查的必要性并不能为放弃传统的重新审查提供足够的理由。

二、联邦上诉法院审查标准存在分歧的原因

在政府信息公开案件中，联邦上诉法院在审查标准上存在分歧的原因是由于联邦地区法院在审查工作中存在严重的问题。联邦地区法院对简易程序判决不使用重新审查标准、而使用双重标准而且没有提供合理的解释，对此几个联邦上诉法院非常不满。原因可能在于，许多联邦地区法院对于决定政府信息公开案件的简易程序判决采用了一种错误的做法。通过探讨联邦地区法院的

---

①　Mead Data Central, Inc v. United States Department of the Air Force, 566 F2d 242 –
251（DC Cir 1977）.

错误做法，我们可以解释联邦上诉法院在适用审查标准上存在分歧的原因。申请简易程序判决受到《联邦民事诉讼程序规则》第56条的限制，该条款规定："如果答辩状、书面证词、回答质问、书面承认、宣誓书等任何证据能够证明，不存在真正重要的事实问题争议，应当给予立即判决。"当不存在"重大分歧影响有关案件关键问题处理"的事实问题时，简易程序判决是合适的。①政府信息公开案件几乎都是通过简易程序进行判决的。

在太阳能能源公司诉美国一案②中，联邦第七巡回上诉法院在联邦地区法院同意行政机关的简易程序判决申请时使用了双重审查标准。该案件提供了一个在政府信息公开案件中滥用简易程序判决的例子，以及随后在巡回上诉法院层面引起的不法行为。美国司法部反垄断部门在调查一起价格垄断计划，有关该计划的诉讼原告提出政府信息公开申请，要求公开政府部门反垄断调查的某些文件。政府部门根据第 7 项免除公开条款拒绝公开这些文件，声称信息公开将妨碍正在进行的调查。联邦地区法院裁决同意政府部门的简易程序判决要求，其裁定："在该案件中向原告公开申请的文件，可以合理预期会妨碍执法程序。"联邦上诉法院审查该判决以确定联邦地区法院是否有足够的事实依据作出该判决，然后，判决是否存在明显错误。上诉人认为，公开被拒绝公开的文件不会妨碍执法程序，因为政府部门已经完成了调查并证明当事人有罪，并且公开实际上将有助于执行。联邦地区法院在简易程序中判决了涉及事实裁定的问题，然后，上诉法院审查了该判决是否明显错误，最终上诉法院裁决认为，联邦地区法院有关文件符合免除公开条款的判决，不存在明显错误。按照这种方法，诉讼当事人可能被剥夺全面的、公平的审判。下面以太阳能能源公司一案为例，具体分析问题发生的原因。

---

① Alyeska Pipeline Service Co v. EPA, 856 F2d 309, 314 (DC Cir 1988).

② Solar Sources, Inc v. United States, 142 F3d 1033 (7th Cir 1998).

（一）联邦地区法院对简易程序判决的滥用

联邦地区法院通过简易程序判决解决几乎所有的政府信息公开案件。第 8 巡回上诉法院认为，"在这些政府信息公开案件中，当行政机关证明其已经根据《信息自由法》全面履行了义务，在基本事实和其推论被解释为最有利于申请人之后，被告可以获得简易程序判决"。① 在政府信息公开案件中，法院可以仅仅基于行政机关的宣誓书同意简易程序判决。当行政机关以非推断性的方式、具体详细说明和描述争议信息时，法院对行政机关的宣誓书给予实质性的尊重。而且，在政府信息公开案件中法院几乎从来不允许证据开示。②

在格林伯格诉食品和药品管理局一案③中，哥伦比亚联邦上诉法院在政府信息公开案件中提供了一个使用简易程序判决的注评。多数裁决意见认为，"因为简易程序判决是一种极端的救济途径，法院应该谨慎允许以这种方式判决，防止剥夺原告的审判权，以至于无法证明存在重要的事实问题争议"。然而，联邦最高法院引证的反对意见认为，简易程序判决不应该被视为一种"不受欢迎的程序上的快捷方式"，因为它可以成为一种重要的工具，"通过这种工具事实上可以阻止不适当的诉讼请求或辩护，并防止不当消耗公共和私人资源的诉讼当事人提起诉讼"。

在华盛顿邮报公司诉美国国务院一案④中，哥伦比亚巡回上诉法院公布了另一个有关使用政府信息公开诉讼简易程序判决的有启发性的判例。华盛顿邮报申请公开有关一位医生是否是美国公民的信息，当时其作为一名著名的政府成员生活在伊朗。美国

---

① Miller v. United States Department of State, 779 F2d 1378, 1382 (8th Cir 1985).

② Heily v. United States Department of Commerce, 69 Fed Appx 171, 174 (4th Cir 2003).

③ Greenberg v. FDA 803 F2d 1213 (DC Cir 1986).

④ Washington Post Co v. United States Department of State, 840 F2d 26 (DC Cir 1988).

国务院引用第 6 免除公开条款拒绝了该报的申请，该免除公开条款授权拒绝公开"公开将构成明显不当的侵犯个人隐私权的人事的、医疗的和类似的档案"。多数意见认为，通过简易程序判决是不恰当的，因为存在对伊朗人构成威胁的重要事实问题。

该法院指出，"政府信息公开案件不能排除申请简易程序判决"并认为，"该简易程序判决使用的限制不是纯技术性的。当关键性事实问题成为争论的对象时，联邦地区法院是否使用完整的重新审查判决取决于追求真相的对抗性诉讼模式"。多数意见认为，简易程序判决是不恰当的，因为存在重要的事实问题，并且联邦地区法院应该重新审查那些事实问题而不是尊重行政机关的决定。该法院解释认为，"就像在其他诉讼中一样，在政府信息公开案件中，证据开示是考察真相的重要工具"。因此，该法院裁决，华盛顿邮报和国务院应该可以交叉询问证人，并指派在伊朗的知道事件状况的专家和非专家证人出庭。华盛顿邮报一案的反对意见认为，在案件中争议的"事实问题"只不过是"在未来完全不可知的情况下"可能发生在某人身上事件的预测。在政府信息公开案件中，许多"事实问题"仅仅是一种预测。华盛顿邮报一案多数判决意见是很重要的，因为该法院认为，在政府信息公开案件中，对争议问题的预测常常是值得证据开示的事实问题，并可以成为诉讼的事实依据。在太阳能能源案中争议的"事实问题"也是属于这种预测，需要审查信息公开是否可能预期妨碍执法程序。但太阳能能源案的地区法院通过简易程序裁决了案件，因为该法院认为争议的事实问题是预测性的。

造成简易程序判决滥用的原因，是因为政府信息公开案件不同于大多数其他诉讼案件，申请人的原告不能查阅争议的文件。法院可能认为这是使用简易程序判决政府信息公开案件的一个原因。在某种程度上，简易程序判决是防止高成本诉讼的守护神，它适用于政府信息公开案件，因为这种诉讼特别昂贵：关键的证据对原告保密可能使审判久拖不决并无法进行交叉询问。同样，在政府信息公开案件中，事实争议往往围绕有关今后是否可能产生危害的预测，与回头评估过去的危害截然相反。法官可能会觉得在不经过审判的情况下就可以作出事实预测，一些人甚至可能同意华盛顿邮报的反对意见：事实预测不是"事实问题"。但是，正如在该案中多数意见裁决的那样，在做事实预测的时候，证人往往会发挥重要作用。联邦地区法院和联邦上诉法院一般都接受政府信息公开案件通过简易程序判决的做法，这就使得简易程序判决滥用成为法院自身永远存在的问题。联邦地区法院越来越多使用简易程序判决成为一种普遍性问题，所以对于政府信息公开案件的这种现状，他们可能认为不是问题。

（二）联邦地区法院通过简易程序裁决事实问题

联邦地区法院通过简易程序裁决事实问题争议就是滥用简易程序判决。在政府信息公开案件中，联邦地区法院会遇到各种情况的事实问题。当裁决当事人争议文件公开是否将导致竞争性伤害或影响个人隐私权时，通常出现此类问题。太阳能能源一案的事实问题是文件是否会妨碍执法程序。同样地，在制导微计算机集团诉美国国防后勤局一案①中，联邦地区法院同意被告行政机关的简易程序判决，根据第4免除公开条款拒绝公开文件，该判决允许行政机关拒绝公开文件的理由是，如果公开文件很有可能对私人企业导致实质性竞争伤害。问题是是否存在潜在的实质性竞争伤害，它涉及权衡公开的公众利益与私人企业保护敏感信息的权利。有关竞争性伤害是否构成"实质性竞争伤害"的最终裁决是一个法律问题的裁决，但是也不可避免地存在导致该法律问题争议的事实争议裁决。例如，什么是潜在伤害？它将对该企业造成多严重的后果？

---

① GC Micro Corp v. Defense Logistics Agency, 33 F3d 1109 (9th Cir 1994).

在金属薄板工人诉美国退伍军人事务部一案①中，法院不得不权衡对员工的姓名和地址保密的隐私权利益与工会申请获得该信息的公众利益。法院应该作出事实裁定以确定工会的公共利益占优势。工会本应该从审判中获益，在审判中工会可以提供证人以揭示获得该文件的公共利益。但是，即使存在事实争议，联邦地区法院通常通过简易程序对政府信息公开案件进行裁决，这就给上诉法院造成了混乱。

三、解决联邦上诉法院审查标准问题的根本方法

联邦上诉法院提供的理由是试图对他们对政府信息公开上诉案件审查标准的软弱无力作出解释。然而，通过对这些不同理由的分析揭示了这样一个命题：政府信息公开诉讼不同于其他大多数诉讼，需要法院的特殊保护。当然，还有许多政府信息公开案件，如果双方当事人的分歧只是某个免除公开条款是否适用于申请的文件，那么就不涉及事实问题的争议。对于这些案件，联邦地区法院应该通过简易程序判决，联邦上诉法院应该重新审查这些判决。然而，当存在事实问题的争议时，联邦地区法院通过开庭审理作出相应判决是非常重要的，联邦上诉法院应该审查该事实裁决是否明显错误。

（一）滥用简易程序判决可能剥夺原告公正的审判权

法院习惯上以简易程序处理政府信息公开案件的做法有许多问题值得商榷：简易程序判决对于当事人和法院来说是快捷的，它为其他案件留下了更多的时间。而开庭审判会增加额外的成本，特别是当提起政府信息公开诉讼的当事人是个人而不是组织时，可能会影响诉讼当事人坚持他们的诉讼。然而，正当法律程

---

① Sheet Metal Workers v. United States Department of Veteran Affairs, 135 F3d 891 (3d Cir 1998).

序要求对诉讼当事人案件的实体问题进行全面而公正的评价，如果存在重要的事实问题争议，必须进行开庭审理。联邦地区法院试图以简易程序处理政府信息公开案件是有一定道理的，主要原因有两个：一是因为争议文件的敏感性质；在审判期间原告不能查阅文件，所以，审判比非审判更困难；二是因为涉及的事实问题通常是预测性的。因此，联邦地区法院应该创立一种既尊重该文件的保密性又能够解释这种预测性的程序。

解决问题的办法就是要求联邦地区法院停止滥用简易程序判决。在太阳能能源案中，如果原告申请人可以努力证明该文件不会妨碍执法，联邦地区法院遇到了预测性事实，其选择应该是秘密审查相关文件。滥用简易程序判决出现了一系列问题，尤其是在政府信息公开案件中。首先，正当法律程序要求确保通过审判解决重要的事实问题争议。在戈德堡诉凯利一案①中，联邦最高法院指出，"在几乎每个解决事实问题的重要判决中，正当法律程序要求有机会面对和交叉询问对方证人"。其次，在政府信息公开案件中，诉讼当事人可能是没有经验而寻求公开信息的公民，因此，法院系统的程序对保护国会授予他们的获取信息的权利是至关重要的。特别是，政府信息公开诉讼的审判，提供给原告对抗行政机关错误决定的机会。在政府信息公开案件中，促进更加开放政府的立法目标意味着，法院不得剥夺原告公正的审判权。最后，审判比简易程序判决能更好地平衡原告和被告之间的利益，因为简易程序判决"典型的有利于重复的玩家……和更富有经验的被告"。在某种程度上，简易程序判决更有利于作为被告的行政机关，这与《信息自由法》促进信息公开的立法意图发生直接冲突。

（二）在政府信息公开案件中解决事实争议的办法

尽管法院不应剥夺政府信息公开诉讼原告全面而公正的审判

---

① Goldberg v. Kelly, 397 US 254（1970）.

权，在政府信息公开案件中，审判后的裁决也有自己的问题。联邦地区法院可能认为政府信息公开案件的审判是非常麻烦的，因为一方当事人不能查阅相关文件，并且争议的事实往往是预测性的。如果联邦地区法院认为争议的事实问题不能按照一般的审判形式解决，解决问题的办法是考虑使用特别专家。《联邦民事诉讼程序规则》第53（b）条规定，如果案件具有"特殊情况"，允许法院把复杂的问题提交给特别专家。特别专家在该领域有专门知识，可以帮助法院处理预测性事实问题，比如对公司是否存在竞争性伤害。特别专家也可以进行必要的安全调查，审查可能危害国家安全的文件。

使用特别专家的批评者认为，使用特别专家通过培养由设计师专门设计的适合于个案独特因素的程序使当事人之间产生不平等，而不是设计适用于所有争议的正式规则，并认为这将导致一种不负责任的司法。在政府信息公开诉讼中，特别专家实际上可以帮助消除目前存在的不公平现象，因为一方当事人不能查阅争议的文件。当存在特别敏感或技术性问题需要处理，或者法官没有充分的对抗性程序的帮助时，设计适合个案的因素程序可能是必要的。特别专家将与法官共同工作，因此不存在不负责任的司法。在拉贝诉豪斯皮具有限公司一案①中，联邦最高法院认定，日程拥堵、问题的复杂性、冗长审判并非是允许任命特别专家的"特殊情况"。援引拉贝一案的判决，联邦第三巡回上诉法院撤销了一个案件中对特别专家的聘任，该特别专家负责裁决非决定性证据开示申请、审理撤销指控申请和简易程序判决申请，并向法院报告相关的事实和法律结论。

然而，在政府信息公开案件中，应该允许使用特别专家，因为法院使用特别专家不仅仅是为了避免复杂的问题和减轻法院的工作。恰恰相反，法院聘任特别专家是因为，特别专家在相关领域有

① La Buy v. Howes Leather Co, 352 US 249（1957）.

特殊的专业知识以及进行必要的安全调查，以减轻相关人员对政府公开其相关保密信息的担忧。在某些政府信息公开案件中，当争议的文件特别敏感或者争议的问题是科学性或者需要专家解释的问题，法院应该考虑使用特别专家予以协助。如果处理政府信息公开案件的法院以这种方法有限地使用特别专家，特别专家一定会有帮助并能按照拉贝一案法院的裁决使用特别专家。法院也可以考虑减少视情况安排的正式听审程序，以适应特定政府信息公开申请的需要。证据开示程序可以根据法官手头的案件、在考虑如文件的保密性和实际争论的问题等因素的基础上进行调整。当特别复杂的事实问题出现时，如果法院需要协助，可以聘请特别专家。

　　无论法院是选择进行全面审判还是修改其审判实践以适应政府信息公开诉讼当事人的需要，只有确实没有真正重要的事实问题争议时，法院才应该使用简易程序判决。联邦地区法院应该停止习惯性的以简易程序判决政府信息公开案件：尽管他们倾向使用这种由政府信息公开诉讼的独特性质所赋予的做法是可以理解的。当然，滥用简易程序判决的问题很可能会波及到诉讼的其他领域。然而，在政府信息公开案件中，简易程序判决的错误做法是特别危险的，因为作为原告的申请人处于不知道申请文件内容的不利地位。在政府信息公开案件中，一旦联邦地区法院停止滥用简易程序判决，那么，在联邦上诉法院层面存在的违法行为将不复存在。目前，联邦上诉法院审查联邦地区法院以简易程序判决裁决的事实问题，并且可能本能地认为审查这些事实问题是否明显错误。采用双重审查标准的联邦上诉法院从未承认他们将作调整，因为联邦地区法院一直在犯错误：在存在事实问题的争议时使用简易程序裁决案件。但是，联邦上诉法院仅为采用双重审查标准提供了理由，并没有为其背离常态提供解释。

第三节　美国政府信息公开
司法审查标准对我国的启示

一、我国行政诉讼中的司法审查标准

《行政诉讼法》第 5 条、第 6 条对我国行政诉讼的司法审查标准作了规定，从这两个法律条文规定的内容看，我国行政诉讼司法审查的标准是：合法性审查标准。合法性审查标准的基本含义是：人民法院在对行政机关的行政行为进行审查时，只审查其合法性，一般不审查其合理性。这是由行政权与司法权的分工和配置所决定的，即认为行政行为的合理性问题涉及行政自由裁量问题属于行政机关职权范围内的事项，其是否适当，司法权一般不予干预。而对行政行为进行合法性审查，是对行政行为进行更纵深层次的审查：既审查行政行为所依据的事实是否清楚、证据是否确实充分，也审查行政行为适用法律、法规、规章是否正确、适当。合法性审查必须对行政行为的法律问题和事实问题进行全面审查，不能只对法律问题进行审查，将事实问题的审查与合法性审查对立起来，或者轻视对事实问题的审查，必须坚持对事实问题和法律问题进行全面审查。

我国行政诉讼合法性审查标准是一种司法权对行政权非常有限的审查标准。这种司法权对行政权有限审查的法理基础是：一是行政效率理论。司法审查制度的建立，虽然在一定程度上减损了行政效率，但是，如果没有司法权对行政权的监督制约，行政权滥用的现象将更加严重，将从实质上影响行政效率和行政目标的实现。但是，在明确司法审查极端重要性的前提下，又要坚持

司法审查有限原则，确保行政效率。司法审查强度过大，干预过多，必然影响行政效率。二是现代诉讼效益理论。社会主义市场经济条件下对诉讼效益的要求越来越高，司法权对行政权的这种监督也应该体现司法效率原则，司法审查强度过大，必然影响司法审查的效益。三是分权监督制约理论。现代政治与法律科学的一条基本规律是国家权能应该分立并互相监督和制约，司法权与行政权之间的相互关系也应该如此，司法权对行政权的制约不是要以司法权代替行政权，否则权力制约机制体系可能会彻底瓦解。

我国合法性审查标准有两个例外："滥用职权"和"明显不当"，即当行政机关行为存在"滥用职权"和"明显不当"时，适用合理性审查标准，以增强司法审查的强度。即我国《行政诉讼法》第 70 条①规定的滥用职权和明显不当，以及第 77 条②规定的判决变更。合理性审查标准是一种比合法性审查标准更严格的司法审查标准。其不但要求审查行政行为的主体合法、职权合法、内容合法、程序合法，还要审查行政行为是否公平公正、考虑相关因素、符合比例原则。行政行为的合理性在合法性审查标准看来属于行政机关的行政自由裁量事项，一般情况下司法机关不予干涉。

从我国行政诉讼法所确立的司法审查标准看，在司法权对行政权进行监督制约的这种关系中，总的精神是司法机关应该尊重行政机关的首次判断权。司法是解决纠纷的最后一道防线，但是，法院应该尊重行政机关的首次判断，法院审查行政行为的合法性，并不意味着司法机关代替行政机关对有关问题进行判断。因此，司法机关应该充分尊重行政机关对法定权力的行使，司法机关进行司法审查时，只能就案卷所列举的证据进行有限的审

---

①　《行政诉讼法》第 70 条规定："行政行为有下列情形之一的，人民法院判决撤销或者部分撤销，并可以判决被告重新作出行政行为：（一）主要证据不足的；（二）适用法律、法规错误的；（三）违反法定程序的；（四）超越职权的；（五）滥用职权的；（六）明显不当的。"

②　《行政诉讼法》第 77 条规定："行政处罚明显不当，或者其他行政行为涉及对款额的确定、认定确有错误的，人民法院可以判决变更。"

查，不能任意自行补充和收集证据，更不能用法院认为更合适和更恰当的理由代替行政机关的原有的决定理由。

二、我国政府信息公开诉讼确立重新审查标准的必要性

《信息公开条例》明确了公民对政府信息公开不服可以提起行政诉讼。《信息公开案件规定》对政府信息公开诉讼受案范围、当事人、证据、审理方式、不予公开的范围、判决方式等进行规定，但对政府信息公开司法审查的标准和强度没有明确作出规定。因此，在政府信息公开诉讼中，法院只能按照行政诉讼法所确定的以合法性审查标准为原则，以合理性审查标准为例外的审查制度。但是，政府信息公开诉讼具有特殊性，笔者认为我国有必要在政府信息公开诉讼领域实行更为严格的审查标准：重新审查标准。主要理由是：

（一）由于我国免除公开条款的模糊性规定

根据新《信息公开条例》的规定，我国政府信息公开的免除公开条款有两条：即第 15 条和第 16 条。有些学者认为，第 14 条有关"三安全、一稳定"的规定，也是我国政府信息公开的免除公开条款。但是，这些免除公开条款的规定内容都非常简单、模糊、宽泛，为行政机关拒绝公开信息提供了极大的自由裁量权。美国《信息自由法》共规定了 9 项免除公开条款，对国家秘密、商业秘密、个人隐私等信息的免除公开规定得比较具体，以限制行政机关的自由裁量权。如美国国家秘密免除公开条款表述为"（A）为了国防与外交政策的利益，根据总统令规定的标准明确授权保密的文件；（B）根据总统令实际上已经恰当的归属于保密的文件。"商业秘密免除公开条款表述为"贸易秘密和从个人获得的、具有特权性或机密性的商业或金融信息"。个人隐私免除

公开条款表述为"公开将构成明显不当的侵犯个人隐私权的人事的、医疗的和类似的档案。"免除公开条款规定得越具体、越明确，行政机关以免除公开条款为由拒绝公开信息的自由裁量权就越小，反之，如果免除公开条款规定得越模糊、越宽泛，行政机关拒绝公开信息的自由裁量权就越大。正因为我国政府信息免除公开条款的这种简单、模糊、宽泛的规定，行政机关在决定政府信息是否应该公开时有较大的自由裁量权，为了保证公众获得政府信息的权利，这就要求司法机关在对行政机关拒绝公开政府信息的司法审查过程中加大司法审查的强度，过于尊重行政机关拒绝公开政府信息的决定，难以防止行政机关滥用自由裁量权。因此，我国应该在政府信息公开诉讼中建立重新审查标准。

（二）行政机关对政府信息公开的排斥

从《信息公开条例》的实施情况看，行政机关对政府信息公开普遍排斥，从该条例颁布时起到现在一直都是这样。现实生活当中我们可以看到，当申请人向行政机关申请政府信息公开时，行政机关总是想方设法寻找各种借口拒绝公开或者拖延公开。目前普遍存在的以"保密信息""敏感信息""违反三安全一稳定信息""信息与申请人无关""信息不存在""内部文件"等为借口拒绝公开信息的现象就是有力的证明。其实美国也一样，在美国政府信息公开立法和实施过程中联邦政府一直是最大的阻碍力量，体现在：一方面直接阻碍立法通过和修改；另一方面想方设法钻法律的空子，拒绝公开政府信息。其实，政府信息公开法治有其特殊性：要求政府向公众公开其掌握的信息，其直接目的是满足公众的知情权，其核心目的是监督政府的活动，揭露其短处和阴暗面，防止行政权滥用。所以，政府本能地排斥开放政府的政策，对自己掌握的信息天然地倾向于不公开。在政府信息公开这个问题上，必须加强司法权对行政权的监督制约，建立一种强有力的司法审查制度。

（三）现有规定一定程度上体现了强化司法审查的理念

我国政府信息公开诉讼中有关司法变更和履行判决的规定对行政诉讼中司法变更有限原则和履行判决限制有较大的突破，在一定程度上体现了政府信息公开司法审查的强度比一般行政诉讼的司法审查强度要强一些的理念。我国《行政诉讼法》第70条规定的"判决被告重新作出行政行为"旨在实现司法权与行政权的衔接，法院只要把事情交给行政机关处理就算完成任务，至于行政机关如何重作，法院一般尊重行政机关的决定，通常不作具体决定。我国《行政诉讼法》第72条规定的"履行判决"也有类似问题，法院虽然可以判决行政机关在一定期限内履行，但具体如何履行，法院通常不作履行方式程序方面的判决。而《信息公开案件规定》第9条①和第10条②有关政府信息公开诉讼履行判决的规定，对行政诉讼的履行判决有所突破，履行判决除了涉及履行期限外，还涉及履行的具体内容和履行的适当形式。即在政府信息公开诉讼中，无论是积极的不作为还是消极的不作为，无论是"撤销后责令重作"还是"履行判决"，不但可以判决行政机关在一定期限内重作和履行，而且可以在判决中明确行政机关重作和履行的具体内容和适当方式，加大了司法审查的强度，可以在一定程度上用法院自己的判断取代行政机关的判断，类似于美国政府信息公开诉讼中的重新审查标准。

---

① 《信息公开案件规定》第9条规定："被告对依法应当公开的政府信息拒绝或者部分拒绝公开的，人民法院应当撤销或者部分撤销被诉不予公开决定，并判决被告在一定期限内公开。尚需被告调查、裁量的，判决其在一定期限内重新答复。被告提供的政府信息不符合申请人要求的内容或者法律、法规规定的适当形式的，人民法院应当判决被告按照申请人要求的内容或者法律、法规规定的适当形式提供。"

② 《信息公开案件规定》第10条规定："被告对原告要求公开或者更正政府信息的申请无正当理由逾期不予答复的，人民法院应当判决被告在一定期限内答复。原告一并请求判决被告公开或者更正政府信息且理由成立的，参照第九条的规定处理。"

三、我国在政府信息公开诉讼中适用重新审查标准要注意的问题

（一）区分事实问题与法律问题采取不同的司法审查标准

在美国司法审查中，司法审查的一般原则是区分法律问题和事实问题，并对其适用不同的审查标准。因此，在构建我国的政府信息公开司法审查标准时，并不是审查所有事项都必须采取重新审查标准，应当根据司法机关和行政机关各自的专长适当分工、各有侧重。行政机关擅长于裁决事实问题，司法机关擅长于裁决法律问题，因此，政府信息公开诉讼的司法审查标准应该区分法律问题和事实问题。当审查法律问题的时候，应该适用最严格的司法审查标准，即重新审查标准，因为法律问题是法官的专长；当审查事实问题的时候，因为行政机关在其特定领域内拥有自己的专门知识，法院对事实问题的裁决一般情况下应该尊重行政机关的意见。但是，法院一般尊重行政机关的意见并不意味着不审查，法院必须对行政机关的事实裁定进行审查，只是要把握一个审查的度，不能用自己对事实问题的判断代替行政机关的判断。应该区别不同情况，分别按照通常的司法审查标准：合法性审查标准或者特殊情况下的合理性审查标准进行审查。

（二）区分不同的免除公开条款采用不同的司法审查标准

各国政府信息公开立法都确立了多项免除公开条款。例如，美国在《信息自由法》中确立了9项免除公开条款，而且，在对不同的免除公开条款事项进行审查的时候，适用的审查标准也略有差别。例如，第1免除公开条款的"国防和外交政策的文件"的免除公开，第3免除公开条款"其他法律规定保密的文件"中《国家安全法》规定保密文件的免除公开，以及第7免除公开条款"执法档案和信息"中"妨碍执法程序的文件"的免除公开，

法院常常不适用重新审查标准，而是尊重行政机关的决定。就我国《信息公开条例》规定的 4 种"不予公开"的政府信息而言，不同的"不予公开"事项审查标准也应该有所差异。国家秘密是羁束性因素，如果原告申请的信息涉及国家秘密，就不应该公开。如果被告以此为由拒绝公开申请信息，法院审查的主要问题是政府信息是否涉密，国家秘密是否经过依法确认，法院在审查处理上述事实时，在法律上只有唯一答案，没有选择空间，从司法审查的强度看，应该采用最严格的司法审查标准。行政机关在确定信息是否涉及商业秘密、个人隐私时，没有多少选择余地，因为上述因素都是确定的概念，但是，行政机关经过利益权衡后，在公共利益明显大于商业秘密利益或个人隐私利益时，可以根据公共利益的需要，公开涉及商业秘密和个人隐私的信息。由于公共利益是一个高度不确定性的概念，对公共利益的判断具有极大的裁量性，所以对涉及商业秘密、个人隐私信息的司法审查强度可以不那么严格；"三安全一稳定"是羁束性因素，只要涉及就不应该公开。但是，"三安全一稳定"属于不确定性概念，对其内涵的确定具有极大的裁量性，因此，法院对涉及商业秘密、个人隐私的信息和"三安全一稳定"的信息审查的强度最弱，法院通常不宜以自己的判断取代行政机关的判断，只能判断行政机关的拒绝公开决定是否存在明显的不合理。①

（三）区分不同的审查方式采用不同的审查标准

在美国政府信息公开诉讼中，特别是在二审程序中，还形成了另外一项判例法规则，即针对不同的审查方式，采取不同的司法审查标准。当一审通过简易程序判决方式审查时，二审一般适用最严格的审查标准：重新审查标准；当一审通过秘密审查方式审查时，二审可以适用较为宽松的审查标准。我国《行政诉讼

---

① 江必新. 最高人民法院关于审理政府信息公开行政案件若干问题的规定解释与适用 [M]. 北京：中国法制出版社，2011：137.

法》第82条第1款第（三）项规定："属于政府信息公开案件的"，把政府信息公开案件纳入简易程序范围。这意味着，我国绝大多数一审政府信息公开案件将通过简易程序进行审理。美国只有当一审案件不存在真正重要的事实问题争议时才适用简易程序审理，我国也有类似要求："认为事实清楚、权利义务关系明确、争议不大"。如果事实不清，或者在事实问题上争议较大的，一审法院应该进行开庭审理，在进行事实争议裁定后进行判决，而不是通过简易程序审理案件。当然，我国的简易程序与美国的简易程序存在较大差别，美国的简易程序不开庭审理，所以，对于一审采用简易程序判决的，二审适用重新审查标准。由于我国政府信息公开诉讼没有明确简易程序的具体审理方式，从理论上讲，可以采取书面审查（不开庭审理）或者单边秘密审查（被告单方参加庭审），所以，美国对不同的审查方式采取不同的司法审查标准对我国有一定启示意义。

第四章 政府信息公开诉讼中的利益权衡原理①

① 本章部分内容以《论美国政府信息公开中个人隐私信息免除公开的司法审查》为题，作为国家社科基金项目"政府信息公开诉讼的原理与技术研究"（项目编号：13BFX043）的阶段性成果之一，刊载于《行政法学研究》，2015 年第 5 期；部分内容以《论美国政府信息公开诉讼中知情权与隐私权的冲突与平衡》为题，作为国家社科基金项目"政府信息公开诉讼的原理与技术研究"（项目编号：13BFX043）的阶段性成果之一，刊载于《河北法学》，2015 年第 5 期。

　　各国政府信息公开立法都明确表示，以政府信息公开为原则，以不公开为例外，并都从不同角度规定了若干免除公开条款。但是，一般认为，属于法律规定的免除公开条款的政府信息并不是一律绝对不公开。法院在确定免除公开的政府信息是否可以公开时，往往要进行利益权衡，即衡量政府信息公开的公共利益与政府信息保密的个人利益的大小。例如，美国《信息自由法》的立法历史反复强调，相互矛盾价值的紧张关系是民主社会所特有的，必须通过利益权衡来解决："在将信息自由的一般原则写入该法的同时，保护某些同等重要的隐私权与保护政府文件中的某些信息都是必要的"①。因此，《信息自由法》设立了9项免除公开条款，以确立行政机关可以拒绝公开某些类型的信息。这些列举的免除公开事项仅仅提供了根据该法免除公开的基础，行政机关和法院对这些信息是否应该公开有自由裁量权。从美国政府信息公开诉讼利益权衡实践看，当政府信息公开涉及国防和外交方面的国家秘密利益，政府工作中的内部管理、内部决策、执法安全等行政特权利益时，政府信息公开的保密利益大于政府信息公开的公共利益，一般不用进行利益权衡；当政府信息公开的公共利益与个人信息的保密利益：即商业秘密、个人隐私等保密利益发生冲突时，法院在裁定政府信息是否应该公开时，应该进行利益衡量。本章重点考察美国政府信息公开诉讼中商业秘密、个人隐私信息的个人利益与公共利益权衡的司法实践和基本原理，研究美国政府信息公开诉讼中的利益权衡原理和司法实践，以期对我国刚刚建立的政府信息公开诉讼制度和司法审查实践有一定启示意义。

---

　　① S. REP. No. 89 - 813, at 38.

第一节　政府信息公开诉讼中的
利益冲突和价值分析

一、政府信息公开中的利益冲突

信息技术的空前发展，既极大地方便了人们收集和利用社会信息资料，同时，公民申请政府信息公开，可能导致该信息所涉及的他人隐私的泄露，一些不怀好意的人可能热衷于通过政府信息公开收集其他公民的私密信息，甚至导致个人信息在网上瞬间大量传播和买卖，身份盗用、非法监视、电信诈骗，等等，日益严重的对隐私信息的泄露和窃取激发了公众对侵犯隐私权的忧虑，提高了公众保护隐私权的意识。政府在公共管理过程中收集了大量涉及公民个人隐私的信息。在政府信息公开过程中，一方面，我们希望尽可能申请获得政府信息，包括含有公民隐私内容的政府信息；另一方面，我们又希望自己的隐私不被泄露，包括政府不要泄露我们的隐私信息。因此，在政府信息公开中，公众的知情权和个人的隐私权存在尖锐的冲突。如果涉及隐私的信息一律不公开，那么行政机关是否依法行政、是否滥用职权无法监督；如果不加区分地公开隐私信息，公民的隐私权就无法得到保护。

企业的商业秘密信息是企业竞争力的源泉。企业要生存和发展，必须投入大量人力和物力进行研发创新，获得具有核心竞争力的先进技术，这些先进技术往往具有商业秘密性质。由于政府管理工作的需要，企业的这些商业秘密信息会提交到政府手中。企业当然不希望这些信息为他人所知，但这却是其竞争对手所迫切需要的。此外，我们需要对政府的经济管理活动进行监督，政府的管理活动是否公平公正。因此，对于政府拥有的企业的商业秘密信息，公民的知情权利益与企业的商业秘密利益存在冲突。如果允许政府拒绝公开这些信息，公民的知情权就会受到极大压缩，政府的商业腐败和管理漏洞也就得不到有效监督。如果公开，就会挫伤企业的创新精神和竞争能力，也会妨碍企业今后再向政府提供类似信息。

知情权与隐私权、知情权与商业秘密冲突是客观存在的，在政府信息公开诉讼中，法院要在申请公开信息所获得的公共利益与信息保密的隐私利益或商业保密利益之间进行权衡，以决定申请信息是否公开，既保护政府信息公开的公共利益，也保护政府信息公开的隐私利益或商业保密利益。

二、美国《信息自由法》对涉及商业秘密和个人隐私信息利益的保护

（一）对隐私权的保护

美国《信息自由法》有两个隐私权免除公开条款，即第 6 免除公开条款和第 7（C）免除公开条款保护个人隐私利益。美国《信息自由法》第 6 免除公开条款规定，该法的规定可以不适用于下列文件："公开将构成明显不当侵犯个人隐私权的人事的、医疗的和类似的档案。"[①] 这些文件在美国通常称为"人事的、医疗的和类似的档案"，简称为个人隐私信息。在制定第 6 免除公开条款的过程中，国会试图保护公民个人的隐私权。因为在行政机关保存的大量文件中，包含有公民个人的"私密"信息，涉及个人的私密生活，公开这些信息可能会给公民个人带来损害和困

----

①　5 U. S. C. A. § 552（b）（6）：personnel and medical files and similar files the disclosure of which would constitute a clearly unwarranted invasion of personal privacy.

扰。在《信息自由法》制定以前，这些信息通过行政机关制定的规章予以保护，因而缺乏法律的直接规制。由于隐私权的保护越来越受到人们的关注，因此，国会不得不在《信息自由法》立法时采取行动。① 第6免除公开条款的目的是在个人隐私权利益与信息公开获得的公共利益之间达成一种可能的妥协。该免除公开条款在既定情况下的适用性取决于这两种利益的权衡：即在决定是否公开申请信息时，隐私权利益是否"明显"大于公开获得的公共利益。国会不可能对每类个人隐私信息分别制定法律，也不可能在立法中对所有涉及公民个人隐私的信息进行列举，而是决定在《信息自由法》中规定一个总的免除公开条款，适用于行政机关掌握的所有涉及公民个人隐私性质的文件，以求达到个人隐私权利益与信息公开的公共利益的平衡。国会并没有意图将第6免除公开条款限制在一个狭窄的仅仅包括个人信息的某类文件；相反，该免除公开条款意图涵盖适用于可以识别特定个人身份细节的所有政府掌握的个人信息。然而，与特定个人身份没有任何关系的信息不属于该免除公开条款的范围，尽管它的公开可能会导致某些人生活的困扰和尴尬。要确定公民的信息申请是否适用该免除公开，行政机关必须：首先，确定该信息是否属于该条款界定的"人事的""医疗的""类似的"档案；其次，权衡所侵犯的隐私权利益与公开的公共利益的大小，以确定公开是否"明显不当"。

在美国，由于文义解释上的差别，对第6免除公开条款中的"公开可能构成明显不当侵犯个人隐私权"是修饰"人事的、医疗的和类似的档案"还是只修饰"类似的档案"存在分歧。有人认为，只修饰"类似的档案"。即把第6免除公开条款理解为"人事的、医疗的和公开可能构成明显不当侵犯个人隐私权的类似的档案"。这种观点认为，第6免除公开条款的表述表明，要

---

① House Report No. 1497（89th Congress，2d Sess.）at 11.

求"明显不当侵犯个人隐私权"只适用于"类似的档案",对于"人事档案和医疗档案",只要存在侵犯隐私权,不论大小,就应该免除公开。然而,联邦法院拒绝接受这一观点,认为国会并没有意图为人事档案和医疗档案建立一个"普遍适用"的免除公开条款,对于所有三种类型的档案的要求是相同的,即"公开可能构成明显不当侵犯个人隐私权"修饰所有三种类型的档案。①

　　第 7(C)免除公开条款是 1974 年国会修改第 7 免除公开条款即"免除公开执法信息"时增加的。第 7 免除公开条款的目的是对"为执法目的而编制的档案或信息"提供保护。第 7 免除公开条款一共包括 6 项内容②,第 7(C)免除公开条款是第 7 免除公开条款中的第三项,特别保护"如果公开可以合理预期构成不当侵犯个人隐私权"的任何执法信息。第 7(C)免除公开条款的理论基础是为了防止信息公开可能潜在危及执法人员其家属和与行政机关合作的秘密信息提供者的隐私权。立法的历史也表明,最初由参议员菲利普·哈特(Philip Hart)提议的第 7(C)免除公开条款也要求"明显"不当侵犯个人隐私权。然而,在与美国总统杰拉尔德·福特(Gerald Ford)协商时,为了使该法案得到总统的批准,作为一种让步,"明显"一词被议会委员会删除了。删除"明显"一词减少了行政机关进行权衡的负担。因此,法院认为,在允许执法人员为保护隐私权而拒绝公开信息方面,第 7(C)免除公开条款与第 6 免除公开条款相比有更大的

---

① Department of Air Force v. Rose,425 U. S. 352(1976).

② 第 7 免除公开条款的 6 项内容为:(A)可以合理预期会妨碍执法程序;(B)有可能剥夺一个人获得公正审判或公平裁决的权利;(C)可以合理预期构成不当侵犯个人隐私权;(D)可以合理预期会暴露秘密信息提供者的身份,包括以保密为条件提供信息的州、地方政府、外国行政机关或机构、任何私人组织;由秘密信息提供者提供的、由刑事执法机关在刑事侦查过程中或者由国家安全情报调查机关编制的档案和信息;(E)有可能泄露执法调查和追诉的技术和方法,或有可能泄露执法调查和追诉的指导方针,如果可以合理预期这种泄露会导致规避法律的风险;(F)可以合理预期会危及个人的生命或人身安全。

自主权，第 6 免除公开条款要求更严格。[①] 但是，第 7（C）免除公开条款只适用于"为执法目的而编制的档案或信息"，因此，其适用的对象范围相对较窄。

值得特别注意的是，因为第 6 免除公开条款要求存在"明显不当的"侵犯个人隐私权的较严格的要求，其免除公开的范围与《信息自由法》其他免除公开条款的范围相比相对较窄。因此，不符合第 6 免除公开条款的信息，有可能根据其他较为宽松的免除公开条款：如第 4 免除公开条款（免除公开贸易秘密和商业或金融信息）、第 7 免除公开条款等获得免除公开。而且，行政机关引用第 6 免除公开条款主张免除公开的举证责任要高于第 7（C）免除公开条款的标准，即第 6 免除公开条款的"明显不当"侵犯隐私权的证明标准要严于第 7（C）免除公开条款的"不当"侵犯隐私权的证明标准，如果同时引用第 6 免除公开条款和第 7（C）免除公开条款，行政机关将根据第 7（C）免除公开条款的要求证明是否免除公开。[②]

（二）对商业秘密信息的保护

行政机关在日常管理过程中，经常要求企业、组织和个人提供各种管理工作所需要的信息，他们向行政机关提供的这些信息，可能是信息提供者独有的、其他人不知道的信息。这些信息对于提供者来说具有很大的财产价值。公开这些信息可能产生两种不利后果：一是损害信息提供者的利益，过后在没有强制要求提供信息的情况下，信息提供者会尽量隐匿保护这些信息，不愿再向政府提供这类信息，这会给政府管理工作带来不便。二是公开这类具有财产价值的信息，不利于企业之间的自由竞争，妨碍企业发挥各自专长，挫伤企业的研发和创新，而这种竞争和创新

[①] U. S. Dep't of Justice v. Reporters Comm. for Freedom of the Press, 489 U. S. 749, 755（1989）.

[②] U. S. Dept. of State v. Ray, 502 U. S. 164（1991）.

对经济发展具有决定性作用。但从另一角度看，如果一律不公开这类信息，又不符合《信息自由法》的立法宗旨，不利于公众对政府决策的正确性和适当性的判断和监督。例如，食品和药品管理局根据制药商提供的试验报告，批准该制药商生产和销售某种新药。如果食品和药品管理局认为制药商提供的信息具有很大的财产价值，拒绝公开这些信息，那么，公众无法对食品和药品管理局的决定是否正确作出判断，这种拒绝公开很可能损害公众监督政府的公共利益。因此，贸易秘密和商业或金融信息的保密利益与公众要求公开政府信息的公共利益存在冲突。美国《信息自由法》第4免除公开条款规定，该法的规定可以不适用于下列文件："贸易秘密和从个人获得的、具有特权性或机密性的商业或金融信息。"① 这些文件在美国通常称为"贸易秘密和商业或金融信息"，可简称为商业秘密。即在政府信息公开工作中，如果申请人向行政机关要求公开贸易秘密和商业或金融信息，行政机关可以拒绝提供。美国《信息自由法》第4免除公开条款的目的就是协调这种利益冲突，规定在一定条件下和范围内保护贸易秘密和商业或金融信息。因此，该免除公开条款的目的是鼓励掌握商业秘密信息的个人将此类信息向政府提供，而政府应该保护个人的商业秘密不受不当侵犯，保护向政府提供机密信息者的竞争地位。

《信息自由法》第4免除公开条款包括两个方面的文件：一是政府掌握的私人的贸易秘密；二是政府从个人获得的、具有特权性或机密性的商业或金融信息。第一方面文件：贸易秘密的含义取决于对"贸易秘密"一词的理解。一般认为，贸易秘密是指在制造、准备、合成或加工某种商业产品中使用的具有商业价值的设计、产品配方、程序和制作工艺的秘密，这种秘密是创新或

---

① 5 U. S. C. A. § 552（b）（4）：trade secrets and commercial or financial information obtained from a person and privileged or confidential.

重大努力的最终成果。① 理解贸易秘密的关键是，贸易秘密与生产过程之间存在直接的联系，即生产过程中使用的具有商业价值的秘密。贸易秘密与《贸易秘密法》有密切关系，但《贸易秘密法》的适用只能在《信息自由法》第4免除公开条款的范围内进行，对于《信息自由法》要求公开的信息，《贸易秘密法》不能提供保护。第二方面的文件：从个人获得的、具有特权性或机密性的商业或金融信息的含义取决于对"商业或金融信息""从个人获得的""特权性""机密性"等词语的理解。对于"商业或金融信息"，根据第4免除公开条款，应该赋予"商业或金融信息"普通含义，即商业或金融信息是指牟利性的、商业性的信息，非牟利性的、非商业性的信息不是商业或金融信息；"从个人获得的"信息是指政府手中的信息必须产生于行政机关之外，"个人"一词所指的范围非常宽泛，它包括个人、公司、企业、社团、行政机关以外的其他组织，也包括外国人；"特权性"是指应该具有特权但根据要求向政府提供的信息，这种特权是指由宪法、法律或普通法创立的特权；"机密性"信息是指信息提供者通常不愿向公众公开的信息，如果政府决定公开，会妨碍政府未来从个人获得信息的能力或者会严重损害信息提供者（企业）的竞争地位。

三、政府信息的价值分析

（一）知情权价值和监督权价值

知情权主要是指公众获取政府拥有的信息的权利。也就是说，政府拥有的信息并不是为了自己的利益，而是为了社会公众的利益。因此，公民个人有权获得这些信息，除非存在对其拒绝

---

① Public Citizen Health Research Group v. F. D. A., 704 F. 2d 1280 (D. C. Cir. 1983).

公开的更大的公共利益。然而，知情权不仅仅指获取申请信息的消极权利，其还应该包括另外两个要素：一是政府具有公开信息的积极义务；二是政府应该广泛传播具有公共利益的重要信息。

人民主权理论是政府信息公开的理论基础。1776 年美国《独立宣言》基于美国早期宪法学家的宪政思想，提出了人民从"造物主"那里被赋予了不可转让的权利。美国独立革命所选择的道路和之后所建立的联邦政权体制就是基于这种开明的民主思想。对这种民主观念最极力推崇的就是杰弗逊的人民主权理论。他指出，人民权利是一切国家权力的根源，政府是在人民同意的基础上建立起来的，国家和政府的存在就是为了保护人民的基本权利。由杰弗逊主笔起草的《独立宣言》就充分体现了这种思想。杰弗逊在继承和发展卢梭人民主权思想的基础上，进一步吸收了洛克的经验主义和孟德斯鸠的分权制衡理论，并将其人民主权思想同美国独立革命的实践结合起来，形成了对美国甚至世界影响极为深远的人民主权理论。他说："我认为组成一个社会或国家的人民，是那个国家的一切权威的来源；他们有靠他们认为合适的任何代理人来处理他们公共事务的自由，有撤换这些代理人的个人或他们的组织的自由，在他们愿意的任何时候。"① 美国联邦政府成立后，杰弗逊的人民主权思想被植入美国每个国民的内心。

根据人民主权思想，政府信息应该公开。人民主权思想认为，国家中的绝大多数人拥有国家主权，国家的权力属于人民，国家机关是受托者，为全体人民服务。为了实现主人对受托者的监督，作为受托者的政府所掌握的信息应该向其主人公开，人民享有知情权。根据宪政法学基本理论，政府的一切权力都来自人民权利的让渡并通过宪法授予，正是由于受托于人民和宪法，政府行使的权力才有了正当性和合法性，政府拥有和行使权力的目

---

① 刘祚昌. 杰弗逊文集 [M]. 邓红风，译. 上海：三联书店出版社，1993：89.

的就是保障人民的基本权利。政府权力的行使过程人民有参与权、知情权，因此，人民有权知道其政府在做什么，其目的就是为了通过这种途径了解、监督政府是否在授权的范围内按照法律规定的方式和程序行使其权力，政府有公开其信息的法定义务，让人民广泛参与到政府的各项活动中，实现人民主权。① 正如美国司法部长拉姆兹·克拉科所言，"如果政府是属于人民、来自人民、为了人民的话，人民就应该详细了解政府的活动。没有什么比秘密更能毒害民主政治的了。只有公众拥有信息，市民自治、广泛参加国家事务才有可能。我们如果不了解信息，怎么才能进行自我统治?"② 政府信息应该公开，人民对政府的知情和参与是实现人民主权的根本前提。

（二）公共管理价值

将个人信息运用于公共管理是人们最早利用个人信息的方式，古代的赋税和徭役制度如摊丁入亩、输庸代役等都需要以个人信息的收集与统计为基础。在现代，政府部门的行政管理和执法活动更是离不开对个人信息的收集与利用。税务部门需要收集与分析公民的工资数据以确定税收征管的标准，公安机关需要收集与利用公民的身份信息以确定犯罪嫌疑人的身份、交通管理部门需要根据摄像头记录的车辆违章信息以处罚违反交通规则的人。现代各国政府对个人信息的大规模收集、处理和利用都得益于计算机的发明和计算机技术的进步。如果没有先进的计算机技术这一基础，行政机关不可能全面收集与储存各种类型的个人信息，更不可能对个人信息的公共管理价值进行充分挖掘与利用。以日益高效和完善的数据处理技术为支撑，我国政府部门建立起了多种类型的个人信息数据库，如人口信息管理系统、打拐 DNA

---

① 向佐群. 政府信息公开制度研究［M］. 北京：知识产权出版社，2007：30.

② 韩大元，姚西科. 试论行政机关公开公共信息的理论基础［J］. 郑州：河南政法管理干部学院学报，2001（2）.

数据库，等等。这些数据库为政府部门的行政管理和执法活动提供了巨大便利。有了这些数据库，政府部门可以有计划地安排社会保障和教育方面的支出，规范税收征收管理行为，尽快锁定犯罪嫌疑人的身份，等等。个人信息的利用已经渗入政府行政管理和执法活动中的方方面面。没有个人信息的收集和利用，政府的行政管理职能将不复存在。如果个人信息收集不充分、不完整或者个人信息管理混乱，政府部门的行政管理职能也会大打折扣。

虽然将个人信息运用于行政管理和执法活动为政府部门工作的开展带来巨大的便利，但政府部门收集和利用个人信息的行为有可能对信息主体的隐私权造成侵犯。其原因主要有 4 点：一是超出法律法规规定的范围之外且未经信息主体允许收集个人信息；二是因疏忽导致个人信息录入错误或者未及时更新个人信息或者个人信息被篡改等原因导致行政机关收集与储存的个人信息不准确；三是超出法律法规规定的目的且未经信息主体同意利用个人信息；四是超出法律法规规定的范围且未经信息主体同意向其他机构、组织或个人提供个人信息或者个人信息被泄露。虽然政府部门收集和利用个人信息的行为有可能导致个人信息被泄露，但这不是否认个人信息公共管理价值的理由。政府部门收集和利用个人信息带来的不利影响不足以贬低个人信息的公共管理价值。应当将个人信息利用可能带来的隐私威胁与个人信息利用带来的优势相比较①才能作出正确的决定。

（三）隐私权价值

个人信息包括所有与识别个人身份有关的信息，如姓名、性别、年龄、职业、宗教信仰，等等。通过搜集种种细枝末节的个人信息可以拼凑出一个人的信息形象，而这种信息形象可以被他人感知并影响其社会评价。因此，个人信息与隐私权密切相关。

---

① 　OMER TENE, JULES POLONETSKY. Big Data for All. Privacy and User Control in the Age of Analytics [J]. Nw. J. Tech. & Intell. Prop, 2013 (11)：7.

个人信息中通常有一部分是属于信息主体不愿意公开的信息，这种不愿意公开的信息往往与个人的缺陷或劣势有关，如传染病的治疗记录、年龄、家庭状况、成绩，等等。信息主体不愿意公开传染病的治疗记录是担心因此被他人排斥，导致不能融入正常人的社会生活。信息主体不愿意公开年龄甚至伪造年龄则是担心升职就业受阻或者因心理成熟度不够希望伪装年龄小的人以获取更多的谅解与宽容。信息主体不愿意公开家庭状况是因为不想引起他人非议。学生不愿意公开成绩单则是因为担心不够优秀的成绩会给自己带来负面的社会评价。不管是出于什么原因，信息主体不愿意公开此类信息归根结底都是因为个人信息与个人的隐私权密切相关，这类与个人的缺陷或劣势有关的个人信息的公开将降低他人对自己评价，损害自己的人格权和隐私权。

即使个人信息中不包含有与个人缺陷或劣势有关的信息，信息主体通常也不愿意将自己暴露于公众的目光之下，原因是信息主体为了维护生活安宁，减少甚至避免窥探行为或者骚扰行为给自己生活带来的不良影响。如果每个人的个人信息都能很容易获取或者购买，那么人们在社会上就会无所遁形，完全没有自己的私密空间，几乎等同于"透明人"。这种"透明人"的状态会给人们带来不适甚至是被冒犯的感觉，因为一举一动都被他人知晓或者说被窥探会让人觉得隐私权受到侵犯。例如，教师通常不愿意在其上课期间被全程摄像记录并存档，因为这会给他带来不适感；行政机关工作人员也不愿意在上班期间将其整个工作状态拍摄记录下来并予以传播，因为这种摄像记录的行为会让他觉得受到冒犯。除了随时随地的窥探行为让人觉得隐私权受到侵犯外，无处不在的骚扰行为也是对人不尊重的一种行为。因此，为了避免被骚扰和保护个人的隐私权，人们通常不愿意公开其个人信息。因为如果个人信息被公开，各种类型的骚扰将会接踵而来，频繁的骚扰电话和短信就是明证。

（四）商业价值

个人和企业向管理自己的行政机关提供的信息，如果是商业秘密信息，就具有极大的商业价值。原国家工商总局发布的《关于禁止侵犯商业秘密行为的若干规定》第2条第3款对商业秘密的经济利益和所具有的实用性进行了具体解释。该解释揭示了商业秘密的本质特征：即商业秘密的价值性。这是法律保护商业秘密的目的之所在。

首先，商业秘密能给权利人带来的经济利益主要体现为通过竞争优势给其带来经济利益。如通过产品的新颖性、独特性，产品质量的稳定性、可靠性，产品价格优势等，使其在市场竞争中处于优势，从而获得经济利益。

其次，这种经济利益不仅包括商业秘密的实际运用已经给权利人带来的经济利益，而且也包括未来对商业秘密运用可能给权利人带来的经济利益。商业秘密的价值不以现实的价值为限，包括"现实的或者潜在的经济利益或者竞争优势"。

权利人不惜花费巨额财力物力取得商业秘密，并努力维护商业秘密为其所独享，其目的就在于追求经济利益。商业组织为了谋求经济利益，制定明确的发展目标、发展战略和发展计划，努力开发研究新产品、新材料、新工艺，培养核心竞争力，掌握商业秘密。正是由于权利人对自己所掌握的科学技术和商业秘密的实际运用，商业组织才能在市场竞争中不断取得优势地位。例如在生产方面，具有领先水平的新产品、新材料、新工艺的商业秘密的使用，能够使商业组织的产品在质量可靠、性能稳定、成本低廉等方面享有竞争优势；在商业服务方面，贸易秘密的持有和运用，能够使商业组织在拓宽销路、增加销量、提高服务品质等方面享有竞争优势；在经营管理方面，商业秘密的运用能够使商业组织在提高生产率、促进生产要素优化组合、开源节流等方面享有竞争优势。而其他商业组织为了在竞争中取得有利地位，就有可能通过其他非法方法从政府管理机关那里获得这些商业秘密信息，牟取非法利益。从政府信息公开的角度看，保护商业组织的商业秘密就是要求政府管理机关在政府信息公开工作中避免泄露商业组织的商业秘密信息，防止其他商业组织从信息提供者的商业秘密中取得不当利益。

（五）其他价值

隐私权、公共管理价值和商业价值是个人信息的三种最主要的价值。除了这三种价值之外，个人信息还具备多种其他价值，如新闻价值、学术研究价值和医疗价值等。个人信息的新闻价值是指个人信息有被新闻媒体报道的价值，但并不是所有的个人信息都具有新闻价值。个人信息是否具有新闻价值主要取决于两点：一是个人信息是否与公共利益有关；二是个人信息是否符合公众兴趣。如果个人信息公开符合公共利益或者个人信息公开能满足公众的合理兴趣，个人信息就有被报道的价值，因为公民享有知情权。由于个人信息被报道将损害信息主体的隐私权，因此个人信息的新闻价值与个人信息包含的隐私权是两种相互冲突的价值。

个人信息的学术研究价值是指个人信息对有些学术研究项目而言是不可或缺的。大部分以个人信息收集为基础进行的学术研究都是为了满足公共利益需求，促进人类福祉。而如果没有个人信息的收集与利用，相关的研究就无法开展，公共利益也就无法实现。从这个方面来说，信息主体应让渡其部分个人信息权利以促进公共利益的实现。当然，学术研究机构在利用个人信息的过程中也应采取措施保护个人的隐私权，如对个人信息进行去个人化处理和利用，避免其他人通过学术研究机构收集的个人信息识别信息主体的身份。如此，既保护了信息主体的隐私权，也发挥了个人信息的学术研究价值。此外，学术研究机构还应采取技术的或者管理的手段避免个人信息泄露和个人信息被非法篡改情况的发生。

为了公共利益将个人信息运用于学术研究最突出的例子就是医学研究。医学研究是指将性别、年龄、诊疗记录、病理特征、疾病的发展与治愈情况等与个人有关的信息进行收集与分析以为疾病的治疗与预防提供有益启示或者找出对策。医学研究对整个人类的身体健康乃至生命安全具有重大意义，疾病能否得到有效治疗、是否有什么方法可以预防疾病的发生等都依赖医学研究取得的进展。为了开展医学研究，相关研究机构不可避免会对大量的个人信息甚至个人不愿意公开的敏感信息进行收集、处理和利用，但只要采取恰当措施就能有效预防侵犯个人信息权利情况的发生。犯罪行为心理学研究也是将个人信息运用于学术研究的重要领域。犯罪行为心理学研究的主要目的是找出人犯罪的原因，并以此为预防犯罪行为的发生给出解决方法。预防犯罪行为可以维护社会秩序，保障人民群众的生命健康财产安全。因此，犯罪行为心理学研究也与每个人的切身利益密切相关。除此之外，也不排除有一部分以个人信息收集为基础进行的学术研究不是为了公共利益。但是，这不足以构成否认个人信息的学术研究价值、阻止个人信息运用于学术研究目的的充分理由。

个人信息的医疗价值是指个人信息的收集与利用有利于疾病的治疗。不管是治疗一般病人还是拯救危重病人，医生都离不开收集、整理与分析病人的个人信息，比如询问病人的年龄、饮食习惯和疾病史等，或者通过医院的仪器记录的病人的生命体征来判断患者的病情。如果没有个人信息的收集与利用，医生的治疗将无从下手。虽然医生为了救治病人需要收集病人的个人信息甚至敏感信息，有损患者的隐私权，但隐私权与生命安全比起来是微不足道的，因此，隐私权应让位于个人信息的医疗价值。

第二节　政府信息公开诉讼中利益要素和利益权衡

一、政府信息利益要素分析

（一）公共利益的要素分析

有学者认为，对公共利益进行界定是一个世界性难题。各国在立法中包括在政府信息公开立法中，都很难对公共利益进行精确的定义。目前世界各国对公共利益的界定主要有三种模式：概括式、列举式和混合式。但是以抽象概括的方式为主。究其原因，可能是列举的方式很难将公共利益的各种情形列举详尽。因为公共利益是一个与诚实信用、公序良俗等相类似的框架性概念，具有高度的抽象性和概括性。尽管对公共利益很难进行界定，但是，我们可以对公共利益的要素进行具体分析。政府信息公开语境下的公共利益是指在一个主权国家范围内政府信息公开给公众所带来的共同利益。既包括国家利益和社会利益，如国家安全、社会治安、社会秩序等利益，也包括政治利益、经济利益、文化利益和生态利益。在政府信息公开和由此而产生的诉讼活动中，如何识别和判断公共利益是行政管理和司法实践中的难点问题。由于公共利益的抽象性和概括性，法律往往赋予法官一定的自由裁量权。法官在自由裁量权确定公共利益时，必须基于政府信息公开立法的基本目的，考量政府信息公开是否会促进重大的公共利益和公众是否可能受到政府信息公开的显著影响。判断公共利益时需要考虑以下要素。

1. 是否有利于公众对国家事务的知情

政府是人民的政府，国家机关是受托者，政府信息应该对人民公开，人民有知情权。人民有权知道政府的大政方针、重大决策、管理规定和对公众权利义务产生实际影响的日常管理行为。美国国会在有关《信息自由法》的报告中强调，美国民主政治理论是该法的基础。在一个开放和民主的社会，公民必须有权获取政府信息，这样他们就可以要求政府对其行为负责，并对公民有关自治范围的事作出明智的决定。[①] 1965 年参议院的《信息自由法》报告指出："政府保密对谁都没有好处。它伤害了其服务对象，也伤害了自己的诚信；它孕育了对政府的不信任、抑制了民众的热情，同时也引发公众对政府忠诚的嘲笑。"[②] 例如，申请的信息涉及行政机关调查违法的文件时，公众可能有知道政府调查的全面性、公开的调查报告的准确性、实施惩戒措施的适当性以及以适当方式处理那些有责任的人等方面的公共利益。在决定政府如何进行其外交事务或调查其在国内或国外的公民时也存在强大的公共利益，特别是当这些调查本身可能会侵犯宪法第一修正案规定的权利时，以及当这些权利与政府的外交行为和秘密行为相冲突时。另外，因为信息具有传播价值，申请的信息是否对公众有用是衡量公众是否从政府信息公开中获得利益所依据的一个重要因素。总体上说，信息对公众是否有用判断的标准是：信息公开大体上是否有助于公民对政府的活动作出合理的判断，以及该信息是否有可能增加公民的信息储备，以使其在作出重大的政治选择和判断时可能使用这些信息。即使诉讼当事人是出于自己个人利益的动机，如果同时存在公开所产生的一般公共利益，也不会对公开产生不利影响。此外，如果一般公众对申请信息有合法的公共利益，尽管是抽象的，这种公开也是有正当理由的。实际上当事人申请获取信息可能出于个人目的，而不是公共目的，这时也必须予以公开。相反，如果信息的公开不能达到促进"公众知道政府在做什么"的目的，即使公众因为其他原因可能更喜

---

① Pub. L. 89 – 487, 80 Stat. 250（1966）.

② S. Rep. No. 89 – 813, at 10（1965）.

欢公开，这种公开也将是没有正当理由的。

2. 是否有利于公众对国家法律和政策的执行

法院在衡量政府信息是否应该公开时，考虑公共利益的另一因素是：如果信息公开的根本目的是执行国家法律包含重要的政府政策，信息公开就体现了重大的公共利益。国家法律和政策的正确执行需要行政机关提供全面、准确、真实的政府信息，如统计法的实施，需要被统计的个人和企业提供准确、真实的数据信息；环境保护法的执行需要行政机关提供准确、真实的环保监测数据，包括企业提交的各种环保数据信息；食品药品监督法的实施需要企业和个人提供准确、真实的食品药品成分和含量方面的数据信息，等等。这些信息的公开有利于相关法律和政策的实施，当然具有重大的公共利益。

3. 是否有利于公众对政府行为的监督

在政府信息公开诉讼利益权衡中，最重要的公共利益之一是，申请公开的信息将清楚揭示行政机关如何履行其法定职责，或者让公众知道政府在做什么。[1] 因此，信息公开的公共利益主要基于公众对政府活动的监督。对行政机关及其工作人员行为和实际表现的监督有强大的公共利益，确保行政机关依法行政、避免非法活动和消除行政机关工作人员的违法行为。所以政府信息公开危害政府管理的内部管理文件、内部决策文件、行政执法文件是损坏公共利益的，各国立法中往往规定将其免除公开。对政府不当行为的监督有强大的公共利益，但是我们不能因此过分夸大和滥用这种公共利益。例如，美国联邦第八巡回上诉法院在库埃纳特诉联邦调查局一案[2]中认为，被判刑的因犯申请有关他的案件的信息公开是为了促进他自己的个人利益，不是为了"公共利益"。该法院赞同联邦第四巡回上诉法院的同类案件的裁决结论："法院已经明智地拒绝承认，申请人为促进刑事诉讼审判公

---

[1] Bibles v. Oregon Natural Desert Ass'n, 519 U. S. 355 (1997).

[2] Kuehnert v. F. B. I. , 620 F. 2d 662 (8th Cir. 1980).

平性的信息公开，不是政府信息公开的公共利益。"

（二）个人隐私利益的要素分析

美国联邦第九巡回上诉法院认为，在个人隐私权利益与公共利益进行权衡时，个人隐私权利益的大小主要考量以下几个方面①：

（1）原告公开信息获得的个人利益。

（2）信息公开侵犯个人隐私权的程度。

（3）信息公开获得的公共利益。

（4）获取申请信息的任何替代方案的可得性。

但是，正如将在后面部分中要讨论的，美国许多法院在权衡各方利益时并不考量信息申请人的个人利益。因此，后三项是权衡个人隐私权利益与公开获得的公共利益时必须考量的要素。

1. 对个人隐私权威胁的程度

隐私信息是指个人不愿意他人知道的，而且公开将对个人带来不利影响的信息。从本质上讲，对个人隐私权威胁的程度不取决于申请信息的目的，相反，取决于申请文件的性质。有些行政机关的文件构成个人隐私。如个人受到的纪律处分、刑事记录、政党隶属、护照号码、社会保障号码、职业申请表等。但是，并不是行政机关记录的所有个人信息公开都构成隐私权侵犯。如公务员的姓名、职务、级别、工资等，虽然是有关个人的信息，但公开这些信息并不一定构成侵犯个人的隐私权。要特别注意，个人信息对个人隐私权威胁程度在不同类型的人群之间存在差异。即同样的个人信息，对某些人构成隐私，但对另一些人不一定构成隐私。如个人的住址和电话号码，对中央情报局、联邦调查局等情报人员构成隐私，对其他人不一定构成隐私。是否构成隐私要根据具体情况判断，在根据第 6 免除公开条款评价信息公开对

---

① Minnis v. U. S. Dept. of Agriculture, 737 F. 2d 784 (9th Cir. 1984).

侵犯隐私权的威胁时，着重考量的因素是信息被允许公开的程度和隐私权利益被侵犯的程度。① 例如，认为是个人隐私性质的信息向已经熟知该信息的当事人公开，就不构成对个人隐私权的威胁。

虽然，在公开是否构成侵犯隐私权，或如果有侵犯、在侵犯隐私权程度的问题上，保密承诺明显不是决定性的，但是，善意的保密承诺通常应该给予隐私权一方与其预期隐私权作用相一致的分量。即如果个人在向行政机关提供个人信息时，如果行政机关承诺保密，应该可以认为该个人信息有足够的隐私权利益，公开会构成对个人隐私权的威胁，但是，如果仅仅主张在申请文件中被提及的个人可能被公众误解，或者文件存在对个人不利的消极内容，在利益权衡中，是不足以向法院提供足够的理由主张保护个人隐私权的。然而，一般情况下，行政机关应该谨慎考虑刑事案件调查记录有关档案的公开，因为信息公开对个人隐私权威胁的程度可能小于公开的公共利益。例如，1976 年的内布拉斯加州新闻协会案中的被告因谋杀罪被提起诉讼，但被告的律师要求法院颁布临时禁令以阻止审前案件信息的公开，因为审前案件信息的公开将影响法院的公正审判。针对该诉求，林肯郡法院、地区法院和内布拉斯加州高级法院都以审前案件信息公开将不利于被告获得公正审判为由颁布禁令阻止新闻媒体的报道行为。在调取该案审查的过程中，联邦最高法院为平衡宪法第一修正案和宪法第六修正案保障的不同权利采用了一个三段论标准，以决定颁布临时禁令阻止审前案件信息公开是否是合理的。这三段论标准包括：（1）审前案件信息新闻报道的性质和覆盖的范围；（2）是否有其他方法可以减少审前案件信息公开带来的影响；（3）颁布禁令防止信息主体遭受信息公开带来的不利影响能在多大程度上

---

① Department of Air Force v. Rose, 425 U. S. 352（1976）.

有效。[①] 联邦最高法院认为内布拉斯加州高级法院作出的决定未能满足上述第（2）和第（3）条标准。首先，有多种方法可以减轻审前案件信息公开带来的不利影响，如改变审判地点、延期审判等，法院可以采用其他的方式而不是阻止信息公开。其次，有多种因素导致颁布禁令保护信息主体的权利未必有效，例如，新闻媒体未必属于作出禁止公开决定的法院的管辖范围，颁布禁令对其无效；关于此类事件的消息通常在小镇传播很快，这些传言不可避免地将影响陪审员，等等。虽然在保护被告得到公正审判的权利方面联邦最高法院肯定了内布拉斯加州高级法院的做法，但是，联邦最高法院认为内布拉斯加州高级法院颁布的禁令涉及的范围太广，违反了新闻自由的原则，即没有什么能阻止媒体报道法庭泄露的事件。联邦最高法院认为内布拉斯加州高级法院的做法不够严谨，表明除非审前案件信息公开将影响公正审判，且没有什么方法可以代替临时禁令，临时禁令对保护信息主体的权利确实有效的情况下法院才可以颁布临时禁令。美国法院倾向于公开审前案件信息主要有两个方面的原因：一是公民知情权在美国具有强大的力量；二是审前听证程序关闭会导致公民无法知晓程序的详细情况，无法对其进行监督。[②] 因此，美国法院对知情权和言论自由权给予了更多保护。

2. 公开获得的公共利益

如前所述，判断公共利益时需要考虑是否有利于公众对国家事务的知情、是否有利于公众对国家法律和政策的执行、是否有利于公众对政府行为的监督。公共利益是"一般公众"的利益，不能从申请人个人的私人利益出发来衡量公共利益。仅仅是推测的、假定的公共利益是不可能达到"明显不当"侵犯个人隐私权

---

① Bridgette Nunez. the Difficulty of Balancing the Doctrine of Prior Restraint Wtth the Right of Privacy［J］. Touro Law Review，2015，31（4）：660.

② 高一飞. 美国刑事审前听证程序公开及对我国的借鉴意义［J］. 比较法研究，2017（1）.

利益的。但是，在判断公共利益时要特别注意三点。

一是申请者对保密文件存在重大的个人利益：即个人隐私利益和商业利益，并不必然与申请文件具有重大的公共利益相矛盾。也就是说，申请的信息存在个人利益与信息公共利益的大小无关。考量公开获得的公共利益，不能通过公开时申请人利益的大小来决定，而应该由公开时获得的公共利益来决定。也就是说，即使《信息自由法》原告是出于自己私人利益的动机，如果存在公开所产生的一般公共利益，也不会对信息公开产生不利影响。此外，如果一般公众对申请信息有合法的公共利益，尽管是抽象的，这种公开也是有正当理由的，尽管实际上当事人申请获取信息可能出于"低级的"私人目的而不是崇高的公共目的，这时也必须予以公开。相反，如果信息的公开不能达到促进"公众知道政府在做什么"的目的，即使公众因为其他原因可能更喜欢公开这些信息，这种公开也将是没有正当理由的。因为，第6免除公开条款的利益权衡是在信息者隐私权与公开的公共利益之间进行权衡，与申请人本人的利益无关。在实际案件中，如果原告申请信息只明确提出了公开的私人利益，没有主张公共利益，联邦法院在司法审查中也应该考虑公开所产生的客观存在的公共利益。

二是信息公开的公共利益与信息者本人的身份有关。当信息涉及政府官员的行为造成公众对政府官员行为信任怀疑时，联邦法院赞成根据第6免除公开条款对政府官员个人隐私权利益与公众对政府官员监督的公共利益进行权衡。因为，政府官员可能滥用其法定职权，与第6免除公开条款所保护的隐私权相比，对政府官员的监督有更强的支持公开的公共利益。例如，确保政府官员行政执法程序完整性和可靠性的公共利益，远远大于侵犯政府官员隐私权的隐私权利益。但是，并不是所有情况都是这样，要具体情况具体分析。例如，在涉及对政府官员调查的诉讼中，新闻记者试图公开联邦调查局特工的人事档案，法院认为，特工的隐私权利益大于记者所试图揭露的所谓的联邦调查局特工诱捕方案的公共利益。①

三是申请信息的公共利益与申请人的身份、目的和动机无关。公共利益是"一般公众"的利益，根据美国《信息自由法》，要么所有人可以申请获得信息，要么谁也不能得到。第 6 免除公开条款权衡过程中的公共利益与申请人的身份、动机、目的、能力、需求无关。② 即不能从申请人个人的利益出发来证明公开的公共利益。例如，申请人不能从自己的商业利益出发或从自己的诉讼需要出发证明公开的利益。申请人必须从公共利益出发证明公开的利益，如证明申请文件的公开是为了监督行政机关是否合法地或公正地执行职务。法院必须分别评价获得的公共利益的大小和申请人将以何种对社会有益的方法使用申请信息的可能性。如果其主张的公共利益只不过是申请人私人利益的重述，那么，其主张的公共利益将毫无分量。例如，美国联邦第二巡回上诉法院在引用联邦最高法院的权威观点后得出结论认为：公共利益"不取决于信息申请人所追求的目的"，并且，"申请人的身份与其《信息自由法》申请优劣没有联系"。公开获得的公共利益是否有正当理由超过个人隐私利益或者商业利益，取决于信息公开在多大程度上促进政府信息公开立法的核心目标，这个核心目标的焦点在于"公民有权知道他们的政府在做什么"。③

3. 获取申请信息的替代方案

对隐私权利益与公众知情权的公共利益权衡还需考量的一个问题是，对于完全公开或完全拒绝公开是否存在其他替代方案。这种替代方案主要包括：申请人在不能得到申请的文件时，是否也可以达到其他申请文件所追求的目的；申请人是否有其他信息来源；行政机关在最初获取信息时，是否对提供信息的人承诺保

---

① Dunkelberger v. Department of Justice, 906 F. 2d 779 (D. C. Cir. 1990).

② Kurzon v. Department of Health and Human Services, 649 F. 2d 65 (1st Cir. 1981).

③ Kuzma v. I. R. S., 775 F. 2d 66 (2d Cir. 1985).

密；对于申请的文件，在删除文件中可以识别个人身份的信息后，文件的公开是否不至于侵犯个人的隐私权。[①] 例如，如果个人姓名和身份细节可以从申请的信息中删除，以便不能识别与信息有关的人，隐私权利益可以得到足够保障。或者，如果个人信息如婚姻状况，可以从行政机关职员的登记册中删除，登记册的剩余部分就可以公开。行政机关的规章，如食品和药物管理局的规章规定，如果行政机关要公开信息，必须要从公开的档案中删除姓名和其他可以识别身份的信息。可以要求联邦法院确定行政机关拒绝公开经过编辑的信息的适当性，因为它有可能导致信息与有关人员的身份识别。例如，姓名、地址和其他个人身份信息明显可以识别对象身份，顾客和商业伙伴姓名的公开也可以识别对象身份，因此，在公开中可以要求对其进行适当地编辑处理。

作为第 6 免除公开条款保护完全拒绝公开信息的另一替代方案是，当行政机关报告包含有关特定职员的工资和工作分工的具体信息时，应该公开综合性的行政机关绩效报告，而不是公开一般非免除公开的人事管理报告。作为被申请信息完全拒绝公开的替代，法院应该裁决在命令公开该信息的同时，顺便附带一份保护令，以保护政府职员隐私性质的信息不至公开。还有一种保护完全拒绝公开信息的替代方法，即法院可以责令其在法律规定的一段时间内拒绝公开信息，法律规定的时间过后，当与信息有关的公共利益大于拒绝公开信息的隐私利益时，行政机关应该公开该信息。

（三）贸易秘密的要素分析

如前所述，美国《信息自由法》第 4 免除公开条款规定，该法的规定可以不适用于下列文件："贸易秘密和从个人获得的、具有特权性或机密性的商业或金融信息"[②]。该条款免除公开两个

---

① 王名扬. 美国行政法 [M]. 北京：中国法制出版社，2005：988.

② 5 U. S. C. A. § 552（b）（4）：trade secrets and commercial or financial information obtained from a person and privileged or confidential.

方面的信息：一是政府掌握的私人的贸易秘密；二是政府从个人获得的、具有特权性或机密性的商业或金融信息。所以，商业秘密的要素分析也必须从贸易秘密和商业或金融信息两个方面入手。

根据《信息自由法》，联邦最高法院认为："贸易秘密的对象必须是秘密的，不得被公众知悉或不能是贸易或商业领域中的一般知识"。由于《信息自由法》没有提供精确的一般标准和定义，对贸易秘密的判断往往取决于具体语境。在判断贸易秘密时一般考虑6个因素：①

（1）信息在多大程度上已被该企业以外的人知悉。

（2）信息在多大程度上已被该企业的员工和其他有关人员知悉。

（3）对信息采取保密措施的程度。

（4）信息对其所有者和其所有者的竞争者的价值。

（5）所有者开发信息所花费的精力或资金数量。

（6）信息被其他个人或团体获得或复制的难易程度。

以上这些因素可以指导判断某信息是否是《信息自由法》中的贸易秘密以及其利益的大小。然而，根据一般法律，贸易秘密的宽泛定义与《信息自由法》的公开倾向是不一致的。什么是贸易秘密呢？《信息自由法》没有解释，过去美国通常采取侵权行为重述（restatement of torts）中对贸易秘密的解释。根据侵权行为重述的解释，贸易秘密是指某一企业使用的任何公式、样式、设计、信息、编辑等，其他企业不知道或未使用，使该企业能够对与它竞争的其他企业处于有利的地位。② 根据这个解释，贸易秘密的范围很广，一切在竞争中能够使某企业处于有利地位的秘密都是贸易秘密。其重点是该信息能否使企业在竞争中处于有利

---

① Public Citizen Health Research Group v. F. D. A. , 704 F. 2d 1280（D. C. Cir. 1983）.

② 王名扬. 美国行政法 [M]. 北京：中国法制出版社，2005：976.

地位。1983 年，哥伦比亚特区巡回上诉法院拒绝了侵权行为重述中的贸易秘密的广义定义，采用了一种狭义的贸易秘密的定义，认为贸易秘密是指在制造、准备、合成或加工某种商业产品中使用的具有商业价值的设计、产品配方、程序和制作工艺的秘密，这种秘密是创新或重大努力的最终成果。[①] 贸易秘密的狭义定义要求，在贸易秘密和生产过程之间存在直接的联系。即贸易秘密不是泛指一切具有竞争利益的秘密，而是只限于生产过程中使用的具有商业价值的秘密。哥伦比亚特区巡回上诉法院认为，侵权行为重述中界定的贸易秘密，着重保护企业不因离职职工或其他对企业负有信任义务的人破坏合同和信任关系而受到损害。这种解释不适合于《信息自由法》中的贸易秘密。《信息自由法》主要规定政府与公众之间的关系，不是企业和职工之间的关系，该法中规定的公众知情权是侵权行为重述中没有考虑到的。法院在适用《信息自由法》确定贸易秘密的范围时，必须权衡公众的知情权与政府保护企业创新的利益。哥伦比亚特区巡回上诉法院的解释限制了贸易秘密的范围，扩大了政府信息公开的范围，更符合《信息自由法》的立法目的，逐渐为其他法院所接受。在汽车安全中心诉国家公路交通安全管理局一案[②]中，哥伦比亚巡回上诉法院进一步讨论了贸易秘密免除公开涵盖的范围。其明确描述的贸易秘密是，"贸易秘密是指在制造、准备、合成或加工商业产品中使用的，具有商业价值的设计、产品配方、程序和制作工艺，这种秘密是创新或重大努力的最终成果"。与其他的免除公开条款一样，证明免除公开正当性的举证责任在行政机关。行政机关必须向法院解释，为什么某信息构成贸易秘密。

---

① Public Citizen Health Research Group v. F. D. A. , 704 F. 2d 1280 （D. C. Cir. 1983）.

② Center for Auto Safety v. National Highway Traffic Safety Admin. , 244 F. 3d 144 （D. C. Cir. 2001）.

（四）商业或金融信息要素分析

法院在考量商业或金融信息是否具有机密性时，主要考虑向政府提供信息的当事人的要求。[①] 从主观方面看，法院应该考虑，该信息是否是提供者通常不愿向公众公开的信息类型，即是否是信息提供者在提供信息时期待保密的信息。从客观方面看，该信息的保护是否符合该免除公开条款的立法目的：是否会妨碍政府未来从个人获得信息的能力，是否会严重损害信息提供者的竞争地位。在判断商业或金融信息的保密性时一般考虑三个要素。

1. 信息提供者期待保密的程度

《信息自由法》没有解释机密的商业或金融信息的含义，立法历史中也没有具体说明，联邦最高法院也没有这一问题的具体判例。下级法院最初认为，机密的商业或金融信息是指行政机关承诺保密的信息，即个人在向行政机关提供信息时不愿向公众公开的信息，而且行政机关也明示或暗示同意保密，也就是"明确要求保密标准"。这种观点以信息提供者和行政机关的主观意志作为评价机密信息的标准。即以信息提供者与行政机关之间的信任关系作为机密信息的评价标准，这种评价标准使得机密信息的范围非常宽泛。因为，对于信息提供者来说，一般都不希望自己提供的信息被竞争者获得；对于行政机关来说，为了得到信息往往很容易同意信息提供者的期望。但是，该标准不能解决在提供信息时信息提供者没有明确说明希望不对外公开、行政机关没有明确表示提供保密的情形。于是出现了"期待保密标准"。这个标准认为，如果信息提供者在向行政机关提供信息时通常不会把该信息向公众提供，他所提供的信息就是期待保密的信息。无论是"明确要求保密"标准还是"期待保密"标准，都是主观性标

[①]　General Services Administration v. Benson，415 F. 2d 878 （9th Cir. 1969）.

准，以信息提供者的主观愿望作为标准。

虽然法院在考虑信息是否是机密信息时，通常考虑该信息是否是信息提供者不愿向公众公开的信息类型，即是否是信息提供者在提供信息时期待保密的信息。然而，行政机关的政策不能取决于信息提供者的主观愿望，文件的是否公开应该有一个客观的评价标准。即既不能完全依据信息提供者的愿望，也不能完全依据政府明示或暗示的保密承诺，取决于信息公开对信息提供者和行政机关所造成影响的客观结果。① 行政机关或其他当事人反对信息公开，必须证明公开将伤害国会制定免除公开寻求保护的具体利益。法院将考虑，是否存在公开信息的强大公共利益，是否根据该免除公开条款的立法宗旨保密是合理的。

2. 妨碍行政机关今后获得必要信息的程度

1974 年，哥伦比亚特区巡回上诉法院在国家公园保护协会诉莫顿一案②中确立了一个客观标准。个人提供的商业或金融信息具有机密性质，必须符合以下条件中的任何一个：一是是否妨碍行政机关今后获得必要信息的能力；二是是否严重损害信息提供者的竞争地位。我们首先分析是否妨碍行政机关今后获得必要信息的能力标准。

如果公开很可能妨碍政府今后获得必要信息的能力，可以利用第 4 免除公开条款证明拒绝公开申请信息的正当性。"必要"一词的目的是反映国会保护那些对行政机关执行其职务特别有用的信息。作为第 4 免除公开条款含义中的机密性信息，从对行政机关的运行或对行政机关管理过程成为绝对必要的意义上说，商业或金融信息不一定是必不可少的。也没有必要在政府通过官方能力收集的信息和通过商业能力收集的信息之间作出区分。行政

---

① Washington Post Co. v. U. S. Dept. of Health and Human Services, 690 F. 2d 252 (D. C. Cir. 1982).

② National Parcs and Conservation Association v. Morthon, F. 2d 765 (D. C. Cir. 1974).

机关必须提供详细的理由，证明如果公开文件对妨碍政府今后获得必要信息能力的程度，而且该理由要得到具体的事实或证据资料的支持。① 推断性和一般性的主张伤害政府今后获取信息的能力是不充分的。然而，行政机关也不需要向法院出示不利影响的附带证据，因为行政机关对确定公开对其获得必要信息能力的影响最有发言权。为了证明对今后获得信息能力的妨碍，行政机关必须列举事实数据，通过这些事实数据联邦地区法院可以推断，公开可能使个人在今后调查中不愿合作。法院在判断行政机关拒绝公开的合理性时，需要权衡对政府获得信息的妨碍程度与公众知情权重要性的大小，然后再作结论。妨碍必须足够重大以证明免除公开的合理性，轻微的妨碍不足以构成不公开的理由；其次，个人提供的信息必须是行政机关执行职务所必要的信息，如果不是执行职务所必不可少的信息，就不构成行政机关拒绝公开的利益。

　　一般认为，该免除公开的信息是自愿提供的，而且保密信息的公开可能减少信息提供者今后合作的可能性。② 两个方面的考量标准是为了确定，政府要求提供的商业或金融信息被视为机密信息的情形；如果申请的信息是自愿向政府提供的，而且信息提供者通常不会向公众公开，根据第 4 免除公开条款，这种信息将作为保密信息处理。哥伦比亚特区巡回上诉法院认为，如果行政机关"缺乏法定权力来执行其要求提供的信息"，即使当事人认为提交信息是强制性的，法院也认为向行政机关提交信息是自愿的。如果一方当事人为了从政府获得某种利益或特许被要求提供信息，该信息不能被认为是自愿提交的信息。行政机关强迫要求当事人提供的信息，公开该信息不影响行政机关今后获得必要信息的能力，不适用该免除公开条款。如果法律或法规规定某人必

---

① Critical Mass Energy Project v. Nuclear Regulatory Com'n, 830 F. 2d 278（D. C. Cir. 1987）.

② Barceloneta Shoe Corp. v. Compton, 271 F. Supp. 591（D. P. R. 1967）.

须提交某项信息，那么，该信息也是不能适用于该免除公开条款的。正如哥伦比亚特区巡回上诉法院在国家公园保护协会一案①中指出的："由于特许经营要求向政府提供这种金融信息，推定不存在公开将妨碍政府今后获得这些信息能力的危险。法院可能会采取这一立场，要么是法律或法规命令的公开，要么公开仅仅是政府利益的条件。"

但是，对于自愿提交信息也有例外。哥伦比亚特区巡回上诉法院认为，即使信息提交是强迫要求的，在特定情况下该免除公开条款也可以适用。在公民健康研究机构诉食品药品管理局一案②中，哥伦比亚特区巡回上诉法院认为，特定试验用新药申请的公开将损害申请人的竞争地位，因为这样就允许其竞争对手在把竞争产品推向市场的过程中节约时间和费用，因此，即使提交是强迫要求的，他们也受到保护。该法院裁定，承包商提供的定价信息，无论其是出于自愿还是强迫要求提交的，都是机密的商业或金融信息，因为，其公开会给承包商带来严重的竞争伤害。

如果行政机关自愿公开或不反对公开根据《信息自由法》申请的信息，那么就强烈地表明公开不会损害行政机关今后获得该类信息的能力。行政机关对确定公开对其获得必要信息能力的影响最有发言权。但是，法院对第三人阻止政府提供信息妨碍政府今后获得信息的能力存在争议。第四巡回上诉法院认为，如果行政机关愿意公开文件，第三人试图阻止公开文件，不能基于政府的利益观点认为公开文件将妨碍政府今后获得此类信息。③ 然而，另一个巡回上诉法院认为，当事人寻求阻止行政机关公开其提供给行政机关的文件，行政机关可以主张妨碍其今后顺利获得该信息的能力。在行政机关能够顺利获得信息的情况下，为了阻止行政机

---

① National Parks and Conservation Ass'n v. Kleppe, 547 F. 2d 673 (D. C. Cir. 1976).

② Public Citizen Health Research Group v. F. D. A., 704 F. 2d 1280 (D. C. Cir. 1983).

③ Hercules, Inc. v. Marsh, 839 F. 2d 1027 (4th Cir. 1988).

关公开，当事人可以引用公共利益，并且可以有自己的特殊利益。

3. 对信息提供者竞争地位的损害程度

行政机关必须证明，如果公开个人提供的商业或金融信息，会导致信息提供者竞争地位的重大损害，竞争对手从提供的文件中获取其本来不知道的信息，从而获得重大利益，那么，可以引用第4免除公开条款证明其拒绝公开申请信息的正当性。如果个人向行政机关提供的信息已经被公众所知悉，或者已经被竞争对手所获悉，那么，行政机关的公开就对信息提供者的竞争地位没有损害，因此，行政机关就不能拒绝公开。推测性的和普遍的主张重大的竞争伤害是不能接受的。当事人反对公开必须通过具体的事实或证据资料证明，事实上当事人面临竞争，并且严重的竞争伤害很可能源于公开。对于第4免除公开条款的适用，申请信息者是提供信息者的竞争对手并不是最重要的，经济损害的威胁迫在眉睫也不是必不可少。此外，公司金融地位不可否认的削弱并不必然等于完全不能承受的竞争性伤害。

对信息提供者竞争地位的重大损害问题不应该成为复杂的、反垄断诉讼风格的审查。当必须证明重大的竞争伤害时，不需要信息提供者证明那些像在反垄断诉讼中原告所要求的程度。满意的竞争性伤害标准需要证明：[1]

（1）公开将提供竞争对手有价值的洞察信息提供者营运的优势和不足。

（2）该信息将使竞争对手作出关于信息提供者定价或产品销售的推定，并提供信息提供者的客户和供应商，以此确定信息提供者的优势和不足。

（3）该信息可能会促进竞争对手的大量收购、不公平的交易行为、价格策略和扩张计划。

在司法实践中，根据第4免除公开条款主张信息公开可能导

---

[1] National Parks and Conservation Ass'n v. Kleppe, 547 F. 2d 673（D. C. Cir. 1976）.

致公司重大竞争伤害在性质上必须是真实的。评估此类主张的行政机关的规章和程序应该对当事人提供指导，将焦点集中在当事人的陈述或文件上，应该使当事人意识到在行政机关最终决定公开之前，行政机关对其主张的反对。如果行政机关对于保密主张或任何免除公开主张的实地调查过程不充分，在审查行政机关公开决定的过程中，《行政程序法》授权联邦地区法院对实地调查进行重新审查，作为免除公开主张的初步评估。

总之，以上三个方面不同的要素适用于在自愿基础上提供给政府的不同的商业或金融信息的考量。然而，行政机关可能基于自己的利益引用第4免除公开条款，而不是以上三个方面考量标准中所认定的利益。人们已经认识到政府根据自己的利益而不是政府今后获得必要信息的能力证明第4免除公开条款保密正当的可能性。如果它能准确地证明具体的个人利益或政府利益由于金融信息的公开受到伤害，政府不应该仅仅因为所主张的利益既不是妨碍政府今后获得必要信息的能力，也不是严重损害信息提供者的竞争地位而适用该免除公开。重点应该放在由于信息公开所导致的潜在的危害上，而不应放在保密承诺或者是否信息通常被视为机密上。在每个案件中，调查的重点应该是公开商业或金融信息是否将伤害到国会制定第4免除公开条款寻求保护的个人利益或政府利益。政府的责任是识别特定利益，以及证明该利益如何由于特定信息的公开而受到损害。然而，当政府的其他利益而不是严重的竞争伤害和收集信息的损害被引入考虑过程时，他们可能仅仅考虑不利于公开的因素，而不考虑有利于公开的整体公共利益。

二、政府信息公开诉讼中利益权衡标准

（一）个人隐私利益的权衡标准

简单地说，个人隐私利益与公共利益的权衡标准就是"明显

不当"标准。《信息自由法》第6免除公开条款规定，该法的规定可以不适用于下列文件："公开将构成明显不当侵犯个人隐私权的人事的、医疗的和类似的档案"。① 其基本含义是在信息公开时，个人隐私权利益是否明显大于公开获得的公共利益。即受侵犯的隐私权利益必须明显大于公开获得的公共利益时，行政机关才可以基于保护隐私权利益拒绝公开；在受侵犯的隐私权利益与公开获得的公共利益相等时，行政机关是不能拒绝公开的，因为《信息自由法》的目的是促进和保护政府信息公开，而主要不是信息保护。第6免除公开条款的目的是政府信息在个人隐私权利益和公众知情权利益之间在《信息自由法》上体现的一种可行的妥协。对个人隐私利益与公共利益的权衡标准取决于对"明显不当"一词的解释。美国联邦法院裁定，国会"明显不当"一词的表述表明，因为公众知情权的正当理由，可以要求公开侵犯隐私权的文件。防止"明显不当"侵犯需要权衡申请信息公开所获得的公共利益与个人隐私权利益之间的大小。第6免除公开条款的权衡类似于第7（C）免除公开条款的权衡；然而，由于第6免除公开条款要求免除公开"明显不当"侵犯个人隐私权的信息，而第7（C）免除公开条款要求免除公开有理由相信公开可能构成"不当"侵犯个人隐私权的信息，根据语言表述的不同可以看出，第6免除公开条款是一个更狭窄的免除公开条款，联邦法院对免除公开主张将进行更加严格的审查，因为，文件要能够免除公开，行政机关必须要提供侵犯隐私权的更有力的证明。事实上，一般认为，第6免除公开条款有很强的支持倾向于公开的推定。例如，当相互对立的隐私权利益与公开的公共利益的大小相等时，该权衡就应该倾向于支持公开。第6免除公开条款只排除明显不当侵犯个人隐私权的情形，它与第7（C）免除公开条款的区别是，只有隐私权利益的分量明显超过公开获得的公共利益

---

① 5 U.S.C.A. § 552（b）（6）：personnel and medical files and similar files the disclosure of which would constitute a clearly unwarranted invasion of personal privacy.

的分量时，才适用第 6 免除公开条款。①

利益权衡方法的基础源于盖脱曼诉国家劳资关系委员会一案。② 在该案中，两位劳动法教授向行政机关申请获取在代表选举中有资格投票的职员的姓名和家庭住址录，哥伦比亚特区巡回上诉法院拟将第 6 免除公开条款适用于这两位教授的信息申请。两位教授长期从事国家劳资关系委员会代表选举规则的研究，其打算通过申请获得有资格投票的职员姓名和地址录，安排与受影响职员的面谈。行政机关认为，公开这些姓名和地址录将导致侵犯个人隐私权。在解决该问题的过程中，法院认为，第 6 免除公开条款不是绝对的免除公开，而需要权衡公开获得的公共利益与公开侵犯隐私权利益的大小。这种权衡是法律规定的保护"明显不当"侵犯隐私权的强制性要求，并且，利益权衡方法明显是起草者的有意而为。因此，如果公开具有正当理由，法律可以强迫要求公开那些可能导致侵犯隐私权的信息。信息公开存在更大的公共利益，就是可以公开侵犯隐私权信息的正当理由。在盖脱曼一案中，法院裁定，法学教授研究的公共利益大于职员的隐私权利益。法院认为，这种权衡包括两个步骤。第一步，联邦法院必须确定信息公开是否会构成侵犯个人隐私权，如果构成，那么，侵犯隐私权有多严重；第二步，联邦法院必须权衡侵犯隐私权的严重性与源于公开获得的公共利益的大小。法院认为，姓名和地址的公开"是相对比较轻的"侵犯个人隐私权。然后在仔细考量教授研究的公共利益的基础上，得出结论："该研究具有不同寻常的价值"。然而，联邦法院指出，公开取决于该案的具体情况："如果信息申请是由不太合格的申请人提出，或者申请人对研究缺乏精心的设计，或者是具有破坏性的研究等，就需要进行新的权衡，那么，就可能会发现，其涉及'明显不当'侵犯个人隐私

① Board of Trade of City of Chicago v. Commodity Futures Trading Commission, 627 F. 2d 392 (D. C. Cir. 1980).

② Getman v. N. L. R. B., 450 F. 2d 670 (D. C. Cir. 1971).

权，决定不予公开是正确的"。

盖脱曼一案的利益权衡方法被另一经典判例的裁决意见所完善：美国葡萄酒爱好者有限公司诉国税局一案。[①] 美国葡萄酒爱好者有限公司提出起诉，要求获取在美国酒、烟草和枪支管理局注册的所有人的姓名和地址录，以生产适合在大西洋沿岸中部地区家庭饮用的酒。该公司从事向业余酿酒爱好者销售和分发酿酒设备和其他物资的业务。其要求从行政机关获得姓名和地址录的目的是对名单上的客户做直邮广告。与盖脱曼一案联邦法院的做法一样，第三巡回上诉联邦法院认为，结论取决于侵犯隐私权的严重性与公开获得的公共利益的大小。法院认为，姓名和地址录的公开将导致不太严重的侵犯隐私权。尽管侵犯隐私权不严重，但是，公开是为了"私人商业广告销售"。法院得出结论认为，不是为了直接或间接的公共利益目的："为了企业的业务而公开潜在客户的姓名是完全与《信息自由法》的目的无关的，国会在制定该法案时也从来没有如此考量过"。因为这个原因，法院裁决支持行政机关拒绝公开该姓名和地址录的决定。

在波尔科诉一生娱乐公司一案中也证明了这一标准。波尔科是被指控谋杀其父亲的杀人犯，基于此案件的恶劣性质和重大影响，一生娱乐决定播出一部新电影，该电影是以这个真实故事及之后的刑事诉讼为基础创作的。听到这个消息，波尔科以电影中使用了他的名字未经过其书面同意侵犯其隐私权为由要求法院颁布禁令阻止电影的播放。而一生娱乐公司则回应称电影的内容基于真实事件，且该真实事件是通过查阅法庭记录和公共文件并采访目击者获得的，因此，该电影具有新闻价值，可以免除适用纽约的隐私保护法律。虽然克林顿郡高级法院颁布了临时禁令阻止电影的播出，但随后联邦第三巡回上诉法院取消了该禁令。联邦第三巡回上诉法院从两个方面给出理由：首先，联邦第三巡回上

---

① Wine Hobby USA, Inc. v. U. S. Internal Revenue Service, 502 F. 2d 133 (3d Cir. 1974).

诉法院认为事先禁令是对宪法第一修正案保障的权利的最严重的侵犯，因为一个自由的社会应该是惩罚滥用言论自由权的个人，而不是在个人滥用言论自由权的行为发生前限制其言论自由。其次，联邦第三巡回上诉法院认为该电影与公共利益有关，电影的播出不会对公众造成即刻且不可逆转的伤害，因此不需要颁布禁令。①

（二）商业秘密利益的权衡标准

美国《信息自由法》第 4 免除公开条款是一个最具争议性的条款，其条文内容模糊。立法前围绕该条文的表述经过激烈争论。在《信息自由法》草案初稿中，并没有包含关于公开个人商业秘密信息的免除公开条款。直到 1964 年的修改草案中该免除公开条款才第一次被提出来，并由参议院司法委员会以宽泛的解释性语言予以表述。行政机关是推动第 4 免除公开条款制定的主要力量，其力图扩大该免除公开的涵盖范围，免除公开更多的商业秘密信息。1965 年法案最终上升为法律，为了避免第 4 免除公开条款囊括各种商业信息，使其范围过于宽泛，该法引入"商业或金融信息"作为"其他信息"的替代。然而，对于此处修改，并无任何解释，这导致法院不得不对由此而衍生的问题作出司法解释。参议院在最终法案中的报告再次用描述性语言对"信息"作出解释，即："从个人获得的该信息，该个人通常是不会向公众公开的。"② 但是问题并没有解决，在 1974 年修订前后对该条款再一次引发激烈的争论，然而，国会没有采纳各方提出的意见，主要原因也许是无法统一各方意见，所以，1974 年《信息自由法》修正案没有对第 4 免除公开条款进行修正。该条款没有给法院的司法审查确定明确的标准，这给法院判断商业秘密留下了

---

① BRIDGETTE N. the Difficulty of Balancing the Doctrine of Prior Restraint Wtth the Right of Privacy [J]. Touro Law Review, 2015, 31 (4): 654.

② S. Rep. No. 813, 89th Cong., 1st Sess. 9 (1965).

较大的自由裁量权。

但是从立法的意图看，在适用第 4 免除公开条款时，应该与适用《信息自由法》的其他免除公开条款一样，只限制行政机关公开特定的信息，没有强制要求行政机关拒绝公开属于该免除公开条款的信息。也就是说，像《信息自由法》所有其他的免除公开条款一样，第 4 免除公开条款不强制限制公开。① 即涉及商业秘密的信息是否应该公开，由行政机关和法院自由裁量决定。然而，根据国会制定《信息自由法》的一般目的：即促进最大限度地公开政府掌握的信息。法院认为，应对第 4 免除公开条款作狭义的和严格的解释，即狭义理解"个人""特权性""机密性"等词语的含义，严格控制"商业或金融信息"的范围。对商业秘密信息的界定是一个方面，对商业秘密信息的利益权衡是另一个方面，商业秘密利益有大有小，并不是只要涉及商业秘密就一律公开，商业秘密利益大到什么程度才应该予以保密保护呢？美国司法实践中所确定的商业秘密利益的权衡标准是对信息提供者竞争地位的"重大损害"标准。

行政机关必须证明，如果公开个人提供的商业或金融信息，会导致信息提供者竞争地位的重大损害，竞争对手从提供的文件中获取其本来不知道的信息，从而获得重大利益，那么，可以引用第 4 免除公开条款证明其拒绝公开申请信息的正当性。当事人免除公开的权利取决于包含在文件中的任何信息的竞争重要性，也就是说，当事人必须证明竞争伤害源于竞争者专有信息的积极使用，而且伤害应该达到"重大"的程度。竞争伤害不应该简单意味着竞争地位的任何伤害，这种伤害可能源于客户或职员的不满情绪，或源于宣传所导致的尴尬，诸如服务员向公众公开有关非法的或不道德的对政府官员的贿赂或违反民权、环境或安全法的信息，这些都不应该达到免除公开的程度。另外，如果寻求公

---

① Chrysler Corp. v. Brown, 441 U. S. 281（1979）.

开信息的目的将阻碍整个行业，而不是一个公司与另一公司之间竞争的实际伤害，那么，"重大"的竞争伤害程度不用证明。因此，行政机关的职责不是评估源于包含在这些文件中的任何不能公开信息的公开所造成的整个损害，而是确定是否包含在这些文件中的任何不能公开的信息具有竞争的敏感性，而且证明伤害达到"重大"的程度。

三、政府信息公开诉讼中利益权衡方法

（一）个人隐私信息的权衡方法

1. 存在因果关系

为了适用第6免除公开条款，信息的公开与侵犯隐私权之间必须存在某种因果关系。[①] 首先，当事人必须证明，一旦公开信息，公众就能够将公开的信息与特定的个人联系起来。这种识别个人身份的可能性必须不仅仅是单纯的可能性，而应该是实实在在的现实可能性。只有在政府信息可以识别他人身份时才能适用第6免除公开条款。信息的公开可能增加"推测"有关当事人身份的可能性是不足以适用该免除公开条款的。只有存在实际识别个人身份的可能性，才能证明根据第6免除公开条款拒绝公开某种信息的适当性。尤其是，当申请信息公开的原告已经提出宣誓书证明，根据利害关系人的知识水平，其不可能通过公开的信息识别档案当事人，并且他们也知道没有其他人可以识别时，是不能适用第6免除公开条款的。

其次，文件的公开必须构成明显不当侵犯个人隐私权，而且，这种侵犯是实际侵犯，不是可能侵犯。第6免除公开条款并不适用于由于公开的衍生效应而产生的隐私权的侵犯。事实上，

---

① National Ass'n of Retired Federal Employees v. Horner, 879 F. 2d 873 (D. C. Cir. 1989).

行政机关信息的公开可能引起相关人员越来越多推测，或者可能
引起行政机关负责人的不安，但这不是能够支持第 6 免除公开条
款主张的那种侵犯隐私权。仅仅"担心"信息的公开可能会引起
侵犯隐私权是不够的，信息的公开将引起侵犯个人隐私权的极大
可能性也是不充分的。因为，可能存在两个或三个因果关系链导
致侵犯隐私权，担心不是产生威胁效果必须具有的因素，而仅仅
是威胁效果实现的可能性。

2. 是特定个人的隐私权

第 6 免除公开条款保护的隐私权是特定个人的隐私权。[1] 尽
管，美国有的联邦法院认为，第 6 免除公开条款可以适用于防止
公开违反金融机构利益的信息，但是，联邦法院通常认为，第 6
免除公开条款只适用于自然人，不适用于公司这样的实体。有关
特定个人的隐私权有两点值得特别注意，一是死者和死者家属的
隐私权问题；二是"公众人物"的隐私权问题。

首先，有关死者和死者家属的隐私权问题。在美国，有关死
者本人是否存在隐私权利益存在争议，一般认为，第 6 免除公开
条款只适用于活着的人；然而，联邦法院认为，死者家属的隐私
权利益是值得根据第 6 免除公开条款予以考量的。在美国国家档
案管理局诉法维西一案[2]中，联邦最高法院第一次认可《信息自
由法》相关隐私权利益适用于被申请人死亡后的家庭成员。法维
西案涉及行政机关保存的调查白宫总统助理法律顾问文森特·福
斯特（Vincent Foster）自杀的死亡场景和尸检照片的副本。1993
年 7 月，有人在华盛顿特区弗吉尼亚公园外发现文森特·福斯特
已经死亡，手里拿着枪。[3] 联邦调查局等 5 家行政机关经过调查
得出结论认为，福斯特是自杀死亡。这一调查结论受到了一些研

[1]　Robles v. Environmental Protection Agency, 484 F. 2d 843（4th Cir. 1973）.

[2]　National Archives and Records Administration v. Favish, 541 U. S. 157, 170
（2004）.

[3]　THOMAS L. Friedman, White House Aide Leaves No Clue About Suicide［N］.
N. Y. TIMES, 1993 - 07 - 22.

究谋杀的理论家的质疑，其中包括一个持怀疑态度的洛杉矶律师艾伦·法维西（Allan J. Favish），其试图进行一项独立的调查，并通过《信息自由法》申请获取这些照片。联邦政府拒绝公开这些照片，认为该信息公开将构成不当侵犯福斯特家庭成员的第7（C）免除公开条款的隐私权。艾伦·法维西向加州中区的美国联邦地区法院提起诉讼，其主张：隐私权是为了保护被申请信息者本人，并且这种保护随着被申请人的死亡而结束。法院支持独立检察官办公室根据第7（C）免除公开的请求拒绝公开剩余的10张照片，这些照片是拍摄死者的照片。联邦地区法院首先裁决，第7（C）免除公开条款适用于福斯特的家庭成员，然后裁决，他们的隐私权大于公开存在争议的10张照片的公共利益。案件最后上诉到联邦最高法院。联邦最高法院拒绝了"过于狭隘的"法维西的观点：即认为《信息自由法》的个人隐私权仅限于"控制有关自己信息的权利"。撰写一致判决意见的大法官安东尼·肯尼迪（Anthony Kennedy）表示："就个人隐私权的概念而论，其只包含个人控制有关自己的信息，并不意味着它包含其他人的隐私权利益。"他明确表示：家庭成员不能代表文森特·福斯特引用第7（C）免除公开条款。相反，他们寻求"隐私权保护……是为了确保自己的心灵平静和安宁，而不是为了死者"。法院裁定认为，《信息自由法》相关隐私权利益可以延伸到家庭成员，并且在该情形下，福斯特家庭成员的隐私权利益大于公开获得的公共利益。

其次，有关"公众人物"的隐私权问题。在美国，一般认为，根据第6免除公开条款，不能因为某人是"公众人物"而拒绝保护其隐私权，也不能因为某人是"公众人物"而要求更多的隐私保护。如果公众人物的某些身份细节或某些隐私还没有向公众公开且仍然处于隐匿状态，那么，其隐私权仍然受到法律的同等保护。但是，"不知不觉"地成为公众人物是不太可能的，由于许多人已经知道了公众人物的有关信息，对能够识别其身份的有关特征和细节进行简单的编辑处理并不足以保护其隐私权。因为，除非编辑后的文件无法识别当事人的身份，否则，该文件的公开，公众将更容易知道他的身份和有关细节，所以，公众人物的隐私权保护更困难。

3. 隐私权排除当事人本人

个人信息的隐私权保护是针对他人的，对于当事人本人不存在隐私权。即在适用第6免除公开条款时，作为申请获取自己信息的当事人本人，在因保护隐私权而不予公开信息的问题上，不应该比其他人有更多的困难，政府信息应该向该信息的当事人本人公开。一些政府部门和行政机关包括美国国家科学基金会的规章规定，作为潜在侵犯个人隐私权而免除公开的信息应向该信息的当事人或他指定的或授权的代理人公开。此外，一些行政机关规章如食品和药物管理局规章规定，如果该信息的当事人书面同意，涉及其隐私的信息也可以向他人公开。

(二) 商业秘密信息的权衡方法

经过司法实践的不断解释和完善，法院已经明确衡量商业秘密信息的基本方法，必须具备以下四个条件的商业秘密信息才可能免除公开：一是信息具有商业或金融性质；二是信息是从政府以外的个人获得的；三是信息具有特权性质；四是信息具有机密性质。

1. 信息具有商业或金融性质

商业或金融信息免除公开的第一个条件是该信息只适用于商业或金融方面的信息，不适用于非谋利的非商业性质的信息。其实，对于该项免除公开是否只适用于商业或金融方面的信息存在争议。术语"商业或金融"是在《信息自由法》法案最初推出一年后，当国会重新推出和颁布《信息自由法》时，增加到最初法案的表述中的，而立法历史中包含的解释和评论，仅仅反映法案的最初版本。因此，单从立法的历史来看，似乎表明本质上不是商业性质或金融性质的信息仍然属于免除公开的范围。然而，主流的观点认为，法律的实际言语必须遵循。[①] 因此，在过去的几十年里，法院一直把该免除公开条款限制在商业或金融信息的范围内。即使对提交信息的人具有某些商业或金融价值的非商业或金融信息也不受保护。哥伦比亚特区巡回上诉法院裁定认为，该免除公开条款可以延伸到基本的商业操作或利益生产活动信息，而且只能延伸到存在商业利益的信息。

但是，对于信息是否是商业或金融性质，应依据信息本身的性质来判断，不能根据信息来源的机关和组织进行机械的判断。工商企业提供的信息不一定是商业或金融信息，如企业在政府的资助下提供公共服务的报告和文件，不是商业或金融信息，因为报告中不包含企业商业方面的信息。相反，非工商企业的组织也可能提供商业或金融信息。例如，某类企业的联合会是一个非营利组织，其向政府提供的有关其会员的资料就可能包含商业或金融信息，尽管其收集这些信息时不是为了谋利的商业目的。因此，应该赋予"商业或金融"这一术语普通含义。术语"金融"信息不仅仅限于商业性金融信息，还包括个人金融信息。此外，即使在收集、加工和报告信息的过程中，信息提供者的利益不是商业性质的，也可能属于商业信息。关于商业产品或经营的健康和安全方面的信息也可以属于第 4 免除公开条款意义下的商业信息。因为，由于健康和安全问题的公开，公司的商业命运可能受到重大影响。

2. 信息是从政府以外的个人获得的

商业或金融信息免除公开的第二个条件是要求该免除公开所涵盖的信息必须产生于行政机关之外。因此，政府获得的信息只有产生于行政机关外部才可能受到保护。一般认为，第 4 免除公开条款中的"个人"一词，仅仅指政府以外的向政府提供受该免

---

① Consumers Union of U. S., Inc. v. Veterans Administration, 301 F. Supp. 796 (S. D. N. Y. 1969).

除公开保护信息的当事人。"个人"一词所指的范围非常宽泛，它包括个人、公司、企业、社团、行政机关以外的其他组织，也包括外国人在内。从联邦储备银行获得的信息就是第 4 免除公开条款含义中的从"个人"获得的信息。由行政机关参与的一个雇主调查小组提供给行政机关的薪酬调查信息也是从"个人"获得的信息，就像是由一企业的代理人提供给政府的信息或由审计机关制作提供的调查信息。

　　早期，在美国消费者协会诉退伍军人管理局一案[①]中，联邦地区法院对该免除公开条款的解释认为，"从个人获得"的表述不包括其他行政机关向该行政机关提供的信息，即使这些信息是来源于这些行政机关以外的人提供的资料。退伍军人管理局试图使用第 4 免除公开条款保护一助听器测试计划的档案。尽管助听器来源于制造商，这些信息被行政机关通过自己的分析进行了改进。法院裁决：退伍军人管理局使用政府的人员、专业技术、设备制作出被申请公开的资料。认为这些信息从政府之外获得，是因为提供其测试的助听器计划忽略了需要支持该计划的大幅公共支出。由于这些信息事实上是公共信息，不是"从个人获得"的信息，是无法使用第 4 免除公开条款的。这个观点为随后裁决所有类似案件解决了难题。

　　任何源于政府自身的信息不在第 4 免除公开条款的范围之内，因此，行政机关自己的研究和报告，以及产生的其他信息，不能借口具有商业性而拒绝公开，除非这些信息适用于其他的免除公开条款。[②] 由行政机关制作的信息，而且该信息不牵涉任何政府以外的个人提供的金融信息，就不是第 4 免除公开条款含义中的"从个人获得"的信息。类似地，根据合同由外部的评估师提供给行政机关的信息，不是"从个人获得"的信息，即使这些

---

　　① Consumers Union of U. S. , Inc. v. Veterans Administration, 301 F. Supp. 796 (S. D. N. Y. 1969).

　　② Soucie v. David, 448 F. 2d 1067 (D. C. Cir. 1971).

信息通常被评估师保密。因为，他不是为了自己的利益，而是为了他的客户即行政机关的利益。然而，事实上，一个行政机关从其他政府消息来源获得的信息，并不意味着该信息绝对公开。一个行政机关掌握的保密信息，在转交到其他行政机关手中后，应保留它的受保护性质。

3. 信息具有特权性质

商业或金融信息免除公开的第三个条件是该信息具有特权性质。大多数第 4 免除公开条款诉讼都集中在"机密性"这个词的含义上，"特权性"这个词通常不被解读为增加许多免除公开的范围。然而，"机密性"和"特权性"这两个词不应该被视为同义词，也就是说，不是机密的信息可能是特权信息，并且根据《信息自由法》是免除公开的。

"特权性"一词在第 4 免除公开条款中是指应该具有特权但根据要求向政府提供的信息。该术语仅仅指由宪法、法律或普通法创立的特权。[①] 但是，借贷特权不被这些来源所承认，并且《信息自由法》也没有创立该种特权。

证据开示的存在，并不能阻止法院根据第 4 免除公开条款独立的决定文件是否是机密的。一份机密报告特权需要权衡诉讼当事人的信息要求与保密所服务的政府利益，然而，第 4 免除公开条款注重客观性，在很大程度上不对信息是否保密进行权衡分析。而且，第 4 免除公开条款在某种程度上需要权衡，支持公开的利益与证据开示是不同的。根据《联邦民事诉讼程序规则》26（c）（7）的规定，属于保护令对象的资料没第 4 免除公开条款的特权，因为决定文件是否包含第 4 免除公开条款的贸易秘密，只能通过该免除公开建立的贸易秘密申请免除公开，而不能通过证据开示规则中建立的贸易秘密申请保护。[②]

---

① Sharyland Water Supply Corp. v. Block，755 F. 2d 397（5th Cir. 1985）.

② Anderson v. Department of Health and Human Services，907 F. 2d 936（10th Cir. 1990）.

4. 信息具有机密性质

商业或金融信息免除公开的第四个条件是该信息具有机密性质。必须有独立的证据支持机密信息的主张，概括性的伤害主张不能单独构成足够的证据。虽然法院不需要对公开效果进行精密的经济分析，但必须存在机密信息的合理基础。在判断信息是否是机密信息的时候，法院将更多考虑提供信息当事人的要求。[①]因此，法院将考虑，信息是否属于信息提供者通常不愿向公众公开的信息，即属于信息提供者在提供信息时期待保密的信息。确实，在调查决定信息是否是法律意义上的机密时，这是一个起点。另外，在判断信息是否是机密信息的时候，不能只考虑主观方面，还要考虑客观方面，即信息的保护是否符合该免除公开条款的立法目的：是否会妨碍政府未来从个人获得信息的能力或者是否会严重损害信息提供者的竞争地位。

5. 商业秘密与申请人的身份、动机无关

《信息自由法》申请人申请公开文件的动机和目的与文件的免除公开地位毫无干系。无论申请人的动机如何，具有经济价值并满足第 4 免除公开条款客观标准的商业信息，可以对申请人适用免除公开。1996 年美国联邦第二巡回上诉法院在审理第 4 免除公开条款的案件中，确定了该免除公开条款的一个原则，后来同样也被其他免除公开条款所采用，即申请人的身份、动机与不予公开决定没有关系。"第 4 免除公开条款包含的信息并不仅仅对申请人是机密的，同样对于申请人所处的公共环境而言也是机密的"，但这并不能决定某个文件是否应该被公开。[②]

当为行政机关和信息提交者辩护的律师支持免除公开时，其应对申请者的利益进行调查。如果申请者隶属于竞争对手的公司，信息公开后可以预计会造成直接损害。如果申请人曾经与信

---

① General Services Administration v. Benson, 415 F. 2d 878 (9th Cir. 1969).

② United Technologies Corp. by Pratt & Whitney v. F. A. A. , 102 F. 3d 688 (2d Cir. 1996).

息提交者存在竞争关系或敌对关系，那么不利的后果便可想而知。如果公开政府保存的个人提交的信息，致使信息提交者的私人活动引起不必要的麻烦，那么，公开的危害结果已经得到证明，信息提交者对这种公开带来的损害可以申请禁令救济。如果行政机关对申请人的利益不太了解，甚至是一无所知，所作出的不利的先例决定，今后可能被竞争对手据此使用以获取信息，因为，根据《信息自由法》规则：已经公开的信息"任何人"都可以获取。向无利害关系的申请人公开信息可能会引发向所有人强制公开的先例，这样的先例会让行政机关对信息公开产生抵触情绪。

第三节　我国政府信息公开诉讼中的利益权衡思考

一、我国政府信息公开诉讼利益权衡的规定及存在的问题

《信息公开案件规定》第 8 条对我国政府信息公开诉讼的利益权衡问题进行了规定。该条款包含两层含义，第一层含义是：只要申请公开的政府信息涉及国家秘密、商业秘密或者个人隐私的，人民法院都应当认定属于不予公开的政府信息的范围。换句话说，申请公开的政府信息涉及国家秘密、商业秘密或者个人隐私的，不用进行利益权衡，人民法院可以直接认定为不予公开的政府信息。第二层含义是：一方面，政府信息涉及商业秘密或者个人隐私的，如果权利人同意公开的，人民法院可以认定为公开；另一方面，政府信息涉及商业秘密或者个人隐私的，如果不公开可能对公共利益造成重大影响的，人民法院可以认定为公开。也就是说，除了涉及国家秘密的政府信息，对于涉及商业秘

密或者个人隐私的政府信息，人民法院都应当认定属于不予公开的范围。该规定存在三个问题：一是政府信息涉及商业秘密或者个人隐私的，是否都可以直接认定为属于不予公开的范围。从美国的情况看，并不是涉及9项免除公开条款的政府信息都应该免除公开，而是可以免除公开，也可以不免除公开，是否免除公开，由行政机关或者法院在进行利益权衡后根据利益大小自由裁量决定。而且只要申请的政府信息涉及商业秘密或者个人隐私的，都要进行利益权衡。二是前后矛盾。前面说涉及商业秘密或者个人隐私的政府信息，人民法院都应当认定属于不予公开的范围；后面则说涉及商业秘密或者个人隐私的政府信息，要权衡不公开可能对公共利益造成的重大影响。这种表述容易造成混乱。三是权衡标准不明确。"不公开可能对公共利益造成重大影响"的表述说明，不但要权衡商业秘密利益与公共利益的大小、个人隐私利益与公共利益的大小，而且只有在不公开对公共利益造成"重大"影响时，才不公开政府信息。因此，权衡的标准是：公共利益明显大于商业秘密利益或者个人隐私利益时，政府信息才公开。这种标准，与美国利益权衡的标准：公开将构成明显不当侵犯个人隐私权的"明显不当"标准不同，美国是隐私利益明显大于公共利益时才免除公开，即公共利益小于或等于隐私利益时应该公开，更倾向于保护公开的公共利益；我国是公共利益明显大于个人隐私利益时，政府信息才公开，更倾向于保护个人隐私利益。

二、我国政府信息公开诉讼中商业秘密的利益权衡

美国《信息自由法》把商业秘密信息分为贸易秘密和商业或金融信息。这两种信息的共同点是从政府以外的个人或企业获得并且具有商业价值；它们的不同点是贸易秘密必须与生产过程之间存在直接联系。把这两种类型的商业秘密信息分开规定，主要原因是贸易秘密概念相对清楚，外延相对明确，保密性判断相对

容易，即只要属于贸易秘密信息就免除公开；而商业或金融信息概念比较模糊，外延比较宽泛，保密性判断比较困难。对于商业秘密文件的免除公开，我国的表述与美国的表述有很大不同。美国的做法是将商业秘密文件的免除公开与其他免除公开事项分别作出规定，即对免除公开条款进行了具体、明确、严格的限制，便于当事人把握和法院的司法审查。我国对商业秘密文件不予公开的表述就是新修订的《信息公开条例》第 15 条的规定①，该规定非常简单、模糊、宽泛，为行政机关拒绝公开信息提供了极大的自由裁量权，严重影响政府信息公开，这种简单、模糊、宽泛的表述也会严重影响法院对政府信息公开案件的审查。

美国的商业秘密免除公开条款包括两个方面的文件：一是政府掌握的私人的贸易秘密，贸易秘密只限于生产过程中使用的具有商业价值的秘密；二是政府从个人获得的、具有特权性或机密性的商业或金融信息。对于贸易秘密，美国通过普通法和判例法形成了权衡贸易秘密利益大小的六个要素；对于商业或金融信息，美国通过普通法和判例法形成了权衡商业或金融信息利益大小的三个要素：信息提供者期待对信息保密的程度、妨碍行政机关今后获得政府信息的程度、对信息提供者竞争地位的损害程度，并以"重大损害"作为权衡商业秘密信息的权衡标准；形成了商业秘密信息的 5 个权衡方法：信息具有商业或金融性质，信息是从政府以外的个人获得的，信息具有特权性质，信息具有机密性质，商业秘密与申请人的身份、动机无关。这些权衡要素、标准和权衡方法值得我们在司法实践中借鉴。我国没有作贸易秘密和商业秘密的区分，并通过成文法作出统一的规定，统称为商业秘密。我国《反不正当竞争法》第 10 条第 3 款②对商业秘密进

---

① 《政府信息公开条例》第 15 条："涉及商业秘密、个人隐私等公开会对第三方合法权益造成损害的政府信息，行政机关不得公开。"

② 《反不正当竞争法》第 10 条第 3 款规定："本条所称的商业秘密，是指不为公众所知悉、能为权利人带来经济利益、具有实用性并经权利人采取保密措施的技术信息和经营信息。"

行了界定。商业秘密是指不为公众所知悉、能为权利人带来经济利益、具有实用性并经权利人采取保密措施的技术信息和经营信息。根据该规定，我国判断商业秘密有三个方面的标准：第一，不为公众所知悉。作为权利人的商业秘密，其他商业组织是不可能从公开渠道直接获取的。《最高人民法院关于审理不正当竞争民事案件应用法律若干问题的解释》第9条①规定了6种"不为公众所知悉"的具体情形。第二，具有经济价值。作为权利人的商业秘密，应该具有确定的可应用性，能为权利人带来现实的或者潜在的经济利益，或者能为权利人带来竞争优势。第三，已采取保密措施。作为权利人的商业秘密，权利人应该采取有效保密措施进行保护，这种保密措施包括订立保密协议，建立保密制度，等等。该解释第11条②规定了7种认定为权利人采取了保密措施的情形。上述法律、行政法规、规章均是人民法院审理政府信息公开案件，判断是否构成商业秘密的重要标准。美国在立法

---

① 《最高人民法院关于审理不正当竞争民事案件应用法律若干问题的解释》第9条规定："有关信息不为其所属领域的相关人员普遍知悉和容易获得，应当认定为反不正当竞争法第十条第三款规定的"不为公众所知悉"。具有下列情形之一的，可以认定有关信息不构成不为公众所知悉：（一）该信息为其所属技术或者经济领域的人的一般常识或者行业惯例；（二）该信息仅涉及产品的尺寸、结构、材料、部件的简单组合等内容，进入市场后相关公众通过观察产品即可直接获得；（三）该信息已经在公开出版物或者其他媒体上公开披露；（四）该信息已通过公开的报告会、展览等方式公开；（五）该信息从其他公开渠道可以获得；（六）该信息无需付出一定的代价而容易获得。"

② 《最高人民法院关于审理不正当竞争民事案件应用法律若干问题的解释》第11条规定："权利人为防止信息泄漏所采取的与其商业价值等具体情况相适应的合理保护措施，应当认定为反不正当竞争法第十条第三款规定的'保密措施'。人民法院应当根据所涉信息载体的特性、权利人保密的意愿、保密措施的可识别程度、他人通过正当方式获得的难易程度等因素，认定权利人是否采取了保密措施。具有下列情形之一，在正常情况下足以防止涉密信息泄漏的，应当认定权利人采取了保密措施：（一）限定涉密信息的知悉范围，只对必须知悉的相关人员告知其内容；（二）对于涉密信息载体采取加锁等防范措施；（三）在涉密信息的载体上标有保密标志；（四）对于涉密信息采用密码或者代码等；（五）签订保密协议；（六）对于涉密的机器、厂房、车间等场所限制来访者或者提出保密要求；（七）确保信息秘密的其他合理措施。"

和司法实践中对商业秘密的权衡标准和方法，至少有两点对我国有重要启示：一是必须在立法上对商业秘密信息进行明确界定，严格限制商业秘密信息的范围，不能使商业秘密成为行政机关非常容易拒绝信息公开的借口；二是必须明确商业秘密利益权衡的标准，并不是申请的信息只要涉及商业秘密就一律不予公开，而应该权衡公开的公共利益与保密的商业利益的大小，并且应该是在商业信息的公开将对企业的竞争地位产生"重大损害"时，才能证明商业秘密信息的保密利益大于公开的公共利益，才能对商业秘密信息进行保密保护，以实现最大限度公开政府信息的目的。

三、我国政府信息公开诉讼中个人隐私的利益权衡

在政府信息公开诉讼中，行政机关以保护个人隐私权为由拒绝向申请人公开信息是最主要的免除公开理由之一，而在我国政府信息公开司法审查实践中，对个人隐私信息免除公开的司法审查也是最棘手的问题。如果涉及公民个人隐私的信息一律不公开，那么对行政机关是否依法行政、滥用职权的监督将存在盲区；如果不加区分地公开个人隐私信息，公民的隐私权将无法得到保障。如何审查判断个人隐私信息的隐私权利益和公开的公共利益？如何权衡个人隐私利益与公开的公共利益的大小？这些是我国目前政府信息公开诉讼中亟需解决的重要问题。美国联邦法院在长期的司法实践中通过一系列的司法判例逐步形成了权衡个人隐私利益的三个要素：对个人隐私权威胁的程度、公开获得的公共利益、获取申请信息的替代方案；并以"明显不当"作为个人隐私利益的权衡标准。形成了个人隐私信息的三个权衡方法：存在因果关系、是特定个人的隐私权、隐私权排除当事人本人。这些权衡要素、标准和权衡方法值得我们在司法实践中借鉴。

个人隐私权与公众获得政府信息的知情权之间的紧张关系代表了矛盾的而且至关重要的民主价值之间的冲突。解决这种紧张

关系的方法是对个人需要的隐私权与公众需要的知情权之间进行适当的利益权衡。对于政府信息公开制度中免除公开事项，我国的表述与美国的表述有很大不同。美国的做法是将个人隐私信息免除公开与其他信息的免除公开分别单独作出规定。即对个人隐私信息免除公开条款进行了具体、明确、严格的限制，便于当事人把握和联邦法院的司法审查，并且在司法实践中对其作狭义解释，体现政府信息充分公开的一般原则。我国对不予公开事项的表述就是《信息公开条例》第 14 条、第 15 条、第 16 条的规定，该规定非常简单、模糊、宽泛，为行政机关拒绝公开信息提供了极大的自由裁量权，严重影响政府信息公开，这种简单、模糊、宽泛的表述也会严重影响法院对政府信息公开案件的审查。

由于我国目前没有制定统一的隐私权法或称个人信息保护法，所以，隐私权文件的范围很难确定。对于权衡标准，我国《信息公开条例》第 15 条和《信息公开案件规定》第 8 条第 2 款分别规定了隐私权不予公开司法审查时进行利益权衡的要求。但这些规定确立的权衡标准是，认为不公开会对公共利益造成"重大影响"时，才公开涉及公民个人隐私的信息，即只有在不公开涉及个人隐私权利益的信息给公共利益造成"重大影响"时才公开，不公开可能对公共利益造成"一般影响"时就不公开。即偏重于保护个人隐私权、偏重于不公开。或者说，在公开的公共利益与不公开保护的个人隐私利益相同时不公开。而美国《信息自由法》立法的意图是"强烈推定公开"，即最小限度的隐私权利益不足以引起隐私权免除公开，而应该是"明显不当"侵犯个人隐私权，即隐私权利益明显大于公开获得的公共利益时，才可以决定免除公开，美国的规定更有利于公开。

对于权衡要素，我国原《信息公开条例》第 13 条①作了相应规定，即申请的信息能否公开，要看其与申请者是否存在特殊需要，是否对申请者"有用"，而不是重点考虑是否对公开的公共利益有用。新《信息公开条例》删除了这一规定，但是，也没有明确个人隐私利益权衡标准。美国联邦法院在权衡个人隐私权利益时，一个重要的考虑要素是信息公开获得的公共利益大小。特别是在判断信息公开的公共利益时，以是否"揭示行政机关如何履行其法定职责，或者让公众知道政府在做什么"为标准，即申请信息是否公开与对申请者是否"有用"无关，信息公开的公共利益与申请人的身份、动机、目的、能力、需求无关。因此，在实际工作中，我们如何适应隐私权免除公开条款以确定：房产登记信息、行政处罚信息、领取低保信息等是否应该公开时，首先要区分是自己申请这些信息还是他人申请这些信息。如果是自己申请，则不存在保护隐私而拒绝公开的问题，自己的信息对自己不存在隐私权（当然可能因为其他免除公开条款而拒绝公开）；如果是他人申请这些信息，则要权衡公开这些信息对于监督行政机关依法行政的公共利益与保护信息者隐私权利益之间的大小。公开的公共利益的大小只与监督行政机关依法行政作用的大小有关，应该与申请人的身份、动机、利益无关。例如，申请公开低保信息的公共利益是为了监督民政部门是否依法公平、公正地对低保户发放低保；信息者的隐私权利益大小与信息者的身份有关。例如，申请公开房产登记信息，如果该房产登记信息是公务员的，则公务员的隐私权利益相对较小；如果是一般公民的，则其隐私权利益相对较大。美国的利益权衡的标准和方法对我国的政府信息公开和司法审查的立法和司法实践有借鉴意义。

---

① 原《信息公开条例》第 13 条规定："除本条例第九条、第十条、第十一条、第十二条规定的行政机关主动公开的政府信息外，公民、法人或者其他组织还可以根据自身生产、生活、科研等特殊需要，向国务院部门、地方各级人民政府及县级以上地方人民政府部门申请获取相关政府信息。"

第五章

政府信息公开诉讼的
证明责任和证明方法

与普通的行政诉讼相比，政府信息公开诉讼是一种新型的行政诉讼类型，其在证明责任和证明方法方面与普通的行政诉讼相比也有所不同。尽管《信息公开案件规定》中对政府信息公开诉讼的证明责任和证明方法作出了规定，但是还远远不够。例如，申请文件涉及保密，行政机关拒绝公开的，其保密文件本身就是证据，这种证据如何出示、如何质证？对行政机关延迟公开的不作为行为，由谁来承担证明责任？公共利益的大小如何证明和衡量？等等。本章试图通过探讨美国政府信息公开诉讼在证据制度方面的立法和司法实践，以期对我国相关制度的完善提供有益启示。

第一节　我国政府信息公开诉讼证明责任和证明方法的规定及存在的问题

政府信息公开诉讼是行政诉讼中的一种特殊的新型的诉讼类型，其证明责任和证明方法除了某些方面有特殊要求以外，应该遵循行政诉讼的一般规则，有时，其证明责任和证明方法方面的特殊要求也来源于行政诉讼证明责任和证明方法的基本要求。因此，首先有必要介绍一下我国行政诉讼证明责任和证明方法的基本要求。

一、我国行政诉讼证明责任和证明方法的基本要求

（一）行政诉讼证明责任

所谓证明责任，是指在行政诉讼中，由法律预先设定的，由

有关当事人提供证据予以证明特定事实，否则将承担败诉的法律后果的责任。证明责任不同于证明权利，其区分标志是是否因此承担败诉责任。当事人有证明权利，没有行使证明权利，不会因此承担败诉后果，没有履行证明责任，则应承担败诉后果。行政诉讼的举证责任由两方面构成：一是说服责任或称实体责任，说服责任的证明责任由被告行政机关承担；二是推进责任或称程序责任，一般认为，推进责任的证明责任与民事诉讼一样，坚持"谁主张、谁举证"的原则。行政行为的合法性问题是人民法院进行司法审查时最重要的实体问题，行政行为合法性的证明责任应该由被告承担，由行政机关向人民法院提供其作出行政行为的证据和行政行为所依据的规范性文件，即行政诉讼的证明责任主要由被告承担。通常认为的理论和实践依据是：第一，保护原告的诉权，不至于原告没有证据而放弃诉讼；第二，证据主要掌握在行政机关手中，行政机关有举证优势；第三，要求行政机关先取证后决定，促进和监督行政机关依法行政。所以通常把这种情况称为举证责任倒置。其实，更准确的理解应该是，行政诉讼的标的是行政行为，证明的对象主要是行政行为的合法性，而所有的行政行为都是行政机关的主张，所以应该由行政机关来证明其所主张的行政行为的合法性，这完全符合"谁主张、谁举证"的原则。在行政诉讼中，原告有证明权利，也有证明责任，对其所主张的程序问题提供推进证明责任：如提起行政诉讼是证明自己起诉符合法定条件；在起诉被告不作为的行政诉讼时，证明其向行政机关提出过申请的事实；在行政诉讼一并提起行政赔偿诉讼时，证明其受行政行为侵害而造成损失及其损失大小的事实等。

（二）行政诉讼证明方法

证明方法或称证明手段是指人民法院、诉讼参加人及证人、鉴定人等诉讼参与人，依照法定程序，提供、收集证据，审查核实判断证据，运用证据查明案件事实的诉讼活动。在行政诉讼中，主要的证明方法是提供证据、证人出庭作证和庭审质证。

在行政诉讼中，被告行政机关收集证据的能力是受到严格限制的，即被告不得在行政诉讼过程中自行向原告和证人收集证据。严格地说，行政诉讼中，行政机关提供的证据应该是在行政行为过程中产生和收集的。这是依法行政的基本要求，依法行政要求行政机关先调查取证，后作决定，在没有充分证据的情况下作出的行政行为是违法的，因此，在行政诉讼过程中，被告及其诉讼代理人不得自行向原告或者证人收集证据。

出庭作证是证人依有关法律规定出席法庭并就自己所知道的案件情况向法庭提供证言的活动。证人出庭作证是直接、言词原则的表现，是正确认定案件事实的内在要求。在行政诉讼中，出庭作证规则是：凡是知道案件事实的人都有出庭作证的义务；不能正确表达意志的人不能出庭作证；原告或者第三人可以要求相关执法人员出庭作证；证人应当陈述其亲历的具体事实。

质证是指诉讼当事人在法官的主持下，对证据的真实性、合法性、关联性以及证明力等质问和辩论的诉讼活动。具体来说，就是在行政诉讼案件的审理过程中，在证据交换程序完成之后的法庭调查阶段，一方当事人及其代理人对另一方当事人向法院提交的证据和依据的合法性、真实性，与本案争议事实的关联性，以及是否有证明力和证明力的大小，是否可以作为本案认定案件事实的根据等所进行的陈述、说明、评价、质问、辩驳以及用其他方法表明证据效力的活动及其过程。质证的意义在于，通过质证程序，使法院的审理过程更加公开，使法院对证据的认定更加可靠，使当事人的实体权利和程序权利得到切实保护。行政诉讼法明确规定，证据应当在法庭上出示，经过诉讼当事人的质证。未经质证的证据，不能作为定案依据。

二、我国政府信息公开诉讼证明责任和证明方法规定

（一）政府信息公开诉讼证明责任

《信息公开案件规定》第 5 条第 1 款明确了作为被告的行政机关在政府信息公开诉讼中对其拒绝公开政府信息的行为承担证明责任。因为，在政府信息公开诉讼中，诉讼的标的是行政机关拒绝公开政府信息的行政行为。因为拒绝公开信息是行政机关的主张，因此证明拒绝公开政府信息行为合法性的证明责任应该由行政机关承担，这符合行政诉讼法举证责任的分配原则。同时该司法解释还明确了行政机关在另外两种情形下的举证责任：一是该规定第 5 条第 2 款规定的政府信息公开案件涉及公共利益的证明责任。即申请的政府信息涉及商业秘密或者个人隐私，如果因为对公共利益造成重大影响决定公开，行政机关要衡量不公开对公共利益以及对商业秘密利益或者隐私利益影响的大小，并由行政机关证明不公开对公共利益可能造成的重大影响。二是该规定第 5 条第 3 款规定的被告对拒绝更正记录的证明责任。即如果公民、法人或者其他组织发现行政机关保存的政府信息当中与自己相关的信息记录存在错误的，其有权申请要求行政机关予以更正。如果行政相对人因此向人民法院提起政府信息公开诉讼的，行政机关应该对拒绝更正信息行为承担证明责任。在政府信息公开诉讼中，由行政机关承担证明责任，其主要理由也符合行政诉讼的一般理论依据：为了保护原告一方的诉权，行政机关有举证优势。因为申请的政府信息掌握在行政机关手里。其实，无论是拒绝公开申请信息，公开涉及商业秘密或者个人隐私的信息，还是拒绝更正错误信息都是行政机关的决定，是行政机关的主张，证明责任当然应该由行政机关承担。在政府信息公开诉讼中，行政机关应该如何承担证明责任、需要提供哪些证据呢？主要包括

拒绝的根据，即国家秘密、商业秘密、个人隐私等免除公开条款根据；拒绝的理由，主要包括拒绝公开的说明理由、对公共利益造成重大影响的理由和拒绝更正信息的理由。

在政府信息公开诉讼中，原告的举证弱势地位更加明显。政府信息公开诉讼证明的对象是行政机关拒绝公开政府信息的决定，最核心的证据就是被申请的政府信息的载体政府文件，而被申请的政府文件掌握在行政机关手中，原告不掌握、没见过该政府文件，对政府文件的内容和形式一无所知，原告显然无法证明政府文件是否应该公开，也就无法证明行政机关拒绝公开信息的决定是否合法。当然，在政府信息公开诉讼中，原告也要承担推进责任。主要有三个方面：第一，《信息公开案件规定》第 5 条第 5 款所规定的有关政府信息不存在的证明责任。该规定实际上将信息不存在的证明责任交由原告承担，即对于被告在政府信息公开中主张申请的政府信息不存在的，由原告承担证明责任，提供申请信息由被告制作或者保存的相关证据线索。第二，第 5 条第 6 款规定的有关"三需要"的证明责任。该条款规定，原告要对申请的政府信息与自身生产、生活、科研等特殊需要有关承担证明责任。第三，第 5 条第 7 款规定的有关申请更正政府信息记录的证明责任。该条款规定，对于行政机关拒绝更正信息的，原告对其提出过更正申请以及与其相关的政府信息记录不准确承担证明责任。

（二）政府信息公开诉讼证明方法

由于政府信息公开诉讼证据的保密性和专业性较强，因此，其证明方法与一般行政诉讼的证明方法存在不同。政府信息是否应当公开的问题是政府信息公开诉讼争议的核心问题，因此，申请公开的政府信息本身就成为诉讼的最主要证据。在政府信息公开诉讼的证明方法方面，《信息公开案件规定》基本上没有具体规定，只是在第 5 条第 4 款当中对国家秘密的免除公开的证明方法作了一条特别规定。即行政机关以国家秘密为由决定不予公开信息时，不用向人民法院提交申请公开的政府信息作为证据。这是因为：第一，认定国家秘密信息，需要具备专门知识和经验的人员判断和经过法定的程序，因此，在这方面行政机关有优势，人民法院原则上尊重行政机关对国家秘密信息的认定结果，在司法审查时一般只进行形式意义上的审查。第二，国家秘密往往事关国家利益和社会公共利益，如果在诉讼中向法院提交就有可能泄露国家秘密，因此包括法官在内的司法人员也最好不知道这些国家秘密信息。所以，对此行政机关只往往提供由相关主管部门出具的保密审查结论来替代向法院提交国家机密信息本身。行政机关对于涉及国家秘密的政府信息不向法院提交符合各国惯例。对于其他涉秘信息的证明方法，由于《信息公开案件规定》没有具体规定，所以应该遵循行政诉讼的一般规则，即提供证据、证人出庭作证和庭审质证。包括提交被申请的政府信息作为证据，处理政府信息公开申请的工作人员出庭作证，对申请文件进行质证等。

三、我国政府信息公开诉讼证明责任和证明方法存在的问题

（一）政府信息公开诉讼证明责任存在的问题

1. 对于行政机关不作为的证明责任不明确

《信息公开案件规定》第5条第1款明确了政府信息公开诉讼的被告对拒绝公开政府信息的行为承担证明责任。而对行政机关在政府信息公开中的不作为，即延迟答复或者逾期不予答复的行为，由谁承担证明责任没有规定。行政机关的不作为行为与作为行为不一样，作为行为即拒绝公开政府信息的行为是行政机关的决定，是行政机关的主张，当然应该由行政机关承担举证责

任。但是，不作为行为的行政机关没有做任何决定，只是一种事实状态，不能推定由行政机关承担证明责任，应该在规定中予以明确。

2. 对于政府信息不存在，没有明确被告是否承担证明责任

《信息公开案件规定》第 5 条第 1 款对政府信息不存在的证明责任作了规定。从字面意思看，似乎将政府信息不存在的证明责任交由原告一方承担，即对于行政机关主张政府信息不存在的，原告应该提供相关线索，证明该政府信息由该行政机关制作或者保存。或者由于这里只要求原告提供相关线索，也可以认为是对于信息不存在的，该规定没有明确证明责任是原告还是被告。在崔某某诉天津市滨海新区人民政府一案①中，就出现了由谁承担"信息不存在"的证明责任问题。原告提出政府信息公开申请，要求公开其被列为维稳对象的事实、理由及相关证据。被告收到原告申请后，对原告申请公开的政府信息进行了检索查阅，并向滨海新区人民政府寨上街道办事处及滨海新区人民政府信访办公室进行了查询，并在法定期限内作出了政府信息的答复："我单位不存在您要求获取的信息，请向其他部门咨询。"经复议后，原告不服向法院提起诉讼。法院经审理后认为，被告已依法尽到充分告知的义务，其作出的答复事实清楚，适用法律正确，程序合法。并特别指出，崔某某虽主张其已被列为维稳对象，滨海新区政府应在履行职责过程中获取了其申请公开的政府信息，但其提供的证据不能证实其主张，一审法院不予采信，判决驳回原告的诉讼请求。该判决似乎把证明信息不存在的举证责任交给了原告一方。又如，在翟某某诉长春市南关区人民政府一案②中也存在同样的问题。原告向被告提出政府信息公开申请，但被告在法定期限内未予答复。原告向法院提起行政诉讼，在法院判决责令其在判决生效之日起 15 日内对原告提出的政府信息

---

① （2017）最高法行申 5123 号。
② （2018）吉行终 64 号。

公开申请依法作出答复的情况下，被告分别向长春市南关区相关部门要求其查询相关政府信息，在相关部门均回复不掌握相关政府信息的情况下，被告对原告作出告知。原告对该告知不服，提起行政诉讼。法院审理后认为，该案中，涉案征收属集体土地征收，原告未提供相应证据证明被告属涉案集体土地征收的征收主体，也没有充分理由能够说明被告曾制作或者获取过其要求公开的信息。相反，被告提供的证据能够证明涉案信息并未在被告处记录、保存，判决驳回原告的诉讼请求。从上述案件我们发现，要求原告或者被告去证明信息不存在都是困难的，原因有两方面：第一，如果要求被告证明申请信息不存在，面对行政机关海量的数据和各种形式保存的信息，一方面查找有相当难度，另一方面行政机关是否尽到了查找义务，是否进行了彻底的查找，也无法验证，只能由行政机关单方面说了算；第二，如果由原告承担信息存在的证明责任也是不公平的。因为信息数据掌握在被告手中，原告不掌握、没有见过申请信息，不可能完成证明责任。因此，在司法实践中，"信息不存在"往往就成为行政机关拒绝公开政府信息最简单、最直接、最有效的借口和托辞。由此看来，对于"信息不存在"的证明责任究竟应该如何分配，原被告双方又该通过何种方式履行其证明责任，是立法或者司法解释应该予以明确的重要问题。

3. "三需要"的证明责任不明确

《信息公开案件规定》第5条第6款对政府信息公开诉讼中"三需要"的证明责任进行了规定。从法条规定看，我们推定原告对"三需要"承担证明责任。实际上，原告在申请政府信息公开的时候，法律、法规并没有要求申请人对"三需要"进行证明。新《信息公开条例》第29条对政府信息公开申请应当包括的内容要求进行了明确规定，包括申请人的基本情况，对申请公开信息内容的描述，以及申请公开信息的形式要求。即只要求申请人提交形式意义上的材料，行政机关对申请材料进行实质审查后决定是否公开，并没有要求申请人提交申请符合申请条件方面证明的要求。如果行政机关基于申请人提交申请符合申请条件拒绝公开信息，根据行政行为"先取证，后裁决"的要求，行政机关应该有证据证明申请人提交申请不符合申请条件才能作出拒绝公开的决定。既然是行政机关的决定，行政机关的主张，应该由行政机关承担证明责任。如果由原告承担证明责任，行政机关在无须证明申请信息是否符合申请条件的情况下就可以拒绝公开，一方面与行政行为"先取证，后裁决"的要求相矛盾；另一方面可能导致这样的结果：无论申请人申请何种信息，行政机关都可以以申请信息不符合申请条件拒绝公开，申请人起诉后由申请人举证，能证明的行政机关就公开，不能证明的就不公开，行政机关至少可以延迟公开的时间。

（二）政府信息公开诉讼证明方法存在的问题

1. 对于涉及国家秘密信息的被告如何举证没有明确

如前所述，《信息公开案件规定》对于被告对涉及国家秘密信息的证明方法进行了规定。该规定有两层基本含义：第一，国家秘密信息免除公开的证明责任由被告承担；第二，被告以国家秘密为由主张免除公开时，不用提交该政府信息文件作为证据。但是，行政机关不提交被申请的政府信息文件作为证据又应该如何证明呢？司法解释中没有明确。大家都知道，如果向人民法院提交涉及国家秘密的政府信息，容易导致泄密，而且法官也未必有权力知道涉及国家秘密的该政府信息，被告不向人民法院提交涉及国家秘密的政府信息是符合保密要求的。也许这就是政府信息公开诉讼在证明方法方面最大的特点。根据新《信息公开条例》第17条规定，政府信息在公开前，行政机关应当依照有关法律、法规的规定进行保密审查。目前我国对于涉及国家秘密信息保密审查的基本程序是，在政府信息公开前，依照《保守国家秘密法》以及其他有关法律、法规的规定，行政机关将认为是国家秘密的信息交由保密审查机关审查认定，并由保密审查机关出具认定函，行政机关以此为据作出是否公开的决定。该做法存在两个问题：一是对原告是否公平。保密审查机关与行政机关存在各种联系，有"自己做自己案件的法官"之嫌。而且只要有认定函行政机关就尽到了证明责任，如果原告不认可认定函时行政机关如何证明？二是此认定函是否是行政诉讼的证据，认定函如何能做到充分证明拒绝公开的合理性？认定函不同于作为行政诉讼证据的鉴定结论。保密审查机关的认定函只有简单的结论，往往缺乏得出鉴定结论依据、方法等形式要件。在政府信息公开诉讼中，如果原告对认定函可靠性提出异议，出具认定函的保密审查机关不可能到庭对此作出说明。在一般情况下，人民法院对于保密审查机关出具的认定函往往予以尊重，但是如何进一步完善政府信息公开诉讼的证明方法，特别是国家秘密信息的证明方法，增加原告对被告证明的接受程度，值得研究。

2. 对拒绝公开的理由如何证明不明确

在政府信息公开诉讼中，被告承担证明责任，一方面要提供拒绝公开的法律法规依据，即是依据国家秘密、商业秘密、个人隐私等免除公开条款还是依据"三安全一稳定"免除公开条款拒绝公开政府信息？还要提供拒绝公开的理由：主要包括拒绝公开的说明理由、对公共利益造成重大影响的理由和拒绝更正信息的理由等？提供拒绝公开的根据好办，明确列出某个或几个免除公开条款就可以了。但是，政府信息公开诉讼不能空洞地主张免除公开，必须提供充分详细的拒绝公开理由，以便法院审查和原告接受。这个理由通过什么形式提供，没有相关规定，美国的宣誓书、沃恩索引等做法也许能够给我们提供以下启示。

第二节 美国政府信息公开诉讼的 证明责任和证明方法

美国政府信息公开诉讼证明责任和证明方法主要源于《信息自由法》552（a）（4）（B）条款的规定。在政府信息公开诉讼中："行政机关应当对其行为的正当性承担证明责任。除法院给予实质性尊重的其他事项外，对于行政机关根据条款（2）（C）和条款（b）决定的技术可行性和根据条款（3）（B）决定的可复制性的宣誓书，法院应当给予实质性尊重。"加上长期以来司法实践中形成的判例法规则，美国形成了自己独特的政府信息公开诉讼证明责任和证明方法。

一、美国政府信息公开诉讼的证明责任

在政府信息公开诉讼中，行政机关负有证明责任，证明其拒绝公开申请文件决定的合理性。行政机关负举证责任说明，是行政机关有责任证明，而不是由申请人提出反证，即不是要申请人证明被申请的文件不是受保密的政府信息，或者申请信息被不适当地拒绝公开。该政府信息公开诉讼举证责任的规定有利于申请人，因为被申请的政府信息不由申请人掌握或者控制。就像1965年最初参议院报告所说的那样：由行政机关承担举证责任，将拒绝公开信息的证明责任交由唯一可以解释的一方当事人。很难要求申请人一方当事人证明行政机关不适当地拒绝公开信息，因为申请人一方当事人并不知道行政机关拒绝的理由，因此很难对为

何行政机关拒绝公开信息提供证明。① 将证明责任赋予行政机关，是为了将证明拒绝公开文件合理性的任务赋予给能够对拒绝公开作出解释的当事人。这种证明责任的分配原则说明，《信息自由法》的主要目的和基本政策是强调政府信息公开而不是保密。

如果行政机关没有承担其举证责任，法院可以指令行政机关公开文件，或者在秘密审查中行政机关能够证明文件的特定部分可以获得免除公开，或者可以在案件中指令行政机关重新提交宣誓书以补充其举证缺陷。接下来将取决于法院对行政机关的态度，如果由于行政机关提供的证据不足，案件出现不利局面，行政机关的律师可以要求返回行政机关进行补充。例如，如果行政机关的宣誓书仅仅以没有证据的说词陈述和以没有合理具体事实的列举法规以证明行政机关的决定，那么，行政机关就没有满足其举证责任要求。

（一）行政机关的证明责任

1. 证明免除公开主张的合理性

行政机关有责任证明其适用某个具体的免除公开条款拒绝公开申请文件是合理的。根据《信息自由法》，行政机关保存的文件一般被推定为应予公开，除非法院在对拒绝公开文件进行重新审查的过程中，行政机关证明了被拒绝公开文件属于某个免除公开条款的范围。法院认为，行政机关的免除公开决定往往缺乏确凿的证据，而主张政府信息公开权利的原告在诉讼中处于不利地位：因为只有掌握信息的行政机关才能确定地说明文件的保密性质、检索文件的详细情况以及提供支持免除公开辩护的证据，所以，法院明确要求行政机关承担证明责任。主张申请文件中包含免除公开的内容并不足以证明申请文件应该拒绝公开，并且也不能证明完全拒绝申请文件决定的合理性，因为删除申请文件中的

---

① S. Rep. No. 813, 89th Cong. , 1st Sess. 8 (1965).

免除公开部分信息后，剩余的部分仍然可以公开。虽然在有关国家安全信息免除公开的诉讼中，法院必须对行政机关有关国家安全信息的描述给予足够的尊重，但是，行政机关仍然有责任证明不公开的合理性。

2. 证明进行了合理分割

在政府信息公开诉讼中行政机关承担证明责任，其必须证明拒绝公开文件或者拒绝公开文件的某些部分是合理的。为了适用政府信息免除公开条款，行政机关必须在非推断性的宣誓书中证明，申请信息不能被合理分割。如果行政机关未能证明其分割了公认的不属于免除公开的内容，则行政机关没有满足其证明责任，以支持其拒绝公开申请文件的行为。例如，中央情报局声称，自己已经公开了所有能够合理分割的文件，没有更多的信息可以被合理分割，除非公开那些属于免除公开的信息；或者即使有更多的信息能够被分割，公开这些信息几乎没有价值或者完全没有价值，这种分割对行政机关是一种过度的负担，那么，中央情报局未能满足其拒绝公开的证明责任，因为，中央情报局只提供了一个不能分割文件的解释。[①]

3. 对简易判决申请提供证明

在政府信息公开诉讼中，如果行政机关提出简易程序判决申请，行政机关应该承担证明责任。为了承担获得简易程序判决申请的证明责任，行政机关必须证明：申请的文件已经被公开，或者不可识别，或者根据《信息自由法》的要求被免除公开，或者被申请的文件事实上不存在。在政府信息公开诉讼中，法院在考虑是否同意行政机关的简易程序判决申请时，可以根据行政机关提供的宣誓书进行判断，宣誓书应该描述行政机关查找文件的程序，并且应该解释做更彻底调查将是过度的和没有必要的；如果相关记录证明行政机关查找文件的充分性存在实质性疑问，那

---

① Dorsett v. U. S. Dept. of Treasury, 307 F. Supp. 2d 28 (D. D. C. 2004).

么，同意行政机关简易判决申请是不适当的。只有行政机关的行为是善意的，而且行政机关的证据证明其宣誓书无可争辩时，法院才可以同意行政机关简易判决申请。如果行政机关没有提供证明文件，或者提交的证明文件事实上存在争议，那么，法院不应同意其简易程序判决要求。

行政机关既提出免除公开的积极抗辩，又提出简易程序判决申请的，法院应该要求行政机关提供宣誓书或者其他材料，以充分证明原告完全不可能对抗该辩护。根据联邦法律，如果行政机关要想不经过秘密审查程序，其宣誓书必须满足下列条件，才足以充分证明其简易程序判决申请的合理性：（1）使用足够具体的细节描述了被拒绝公开的文件并且证明了该文件不公开的合理性；（2）证明拒绝公开的文件在逻辑上属于免除公开的范围；（3）不可争辩，即行政机关的记录不可质疑并且没有证据证明行政机关存在恶意。[1]　如果行政机关履行了证明责任，不需要对申请的政府信息进行秘密审查，同意行政机关的简易程序判决申请是适当的。在政府信息公开诉讼中，通过负责监督文件查找的行政机关职员所提供的宣誓书或者声明，就可以满足当事人了解简易程序判决所要求的宣誓书的内容，不需要实际参与文件查找的行政机关的每个工作人员都提供宣誓书。如果宣誓书中陈述的观点是推断性的，从而不能用来作为申请信息免除公开的确切依据，那么，宣誓书就不能满足信息保管者支持其免除公开主张的证明责任。

（二）原告的证明责任

在政府信息公开诉讼中，虽然被告对拒绝公开信息承担证明责任，但是，原告也要承担一定的诉讼推进责任。例如，如果因为行政机关没有答复申请人的申请而被视为其拒绝公开，那么原

---

[1]　Kimberlin v. Department of Treasury, 774 F. 2d 204 (7th Cir. 1985).

告应该证明其向行政机关提出过申请且申请被行政机关拒绝了。另外，原告也有证明权利，如原告可以利用自己的有利条件，通过对行政机关工作人员或者负责人提交的宣誓书提出抗辩，作为对行政机关承担举证责任的不能。因为原告处于明显不利的地位，除非能够充分解释免除公开适用的原因，法院在案件中很少赞成行政机关提出的免除公开主张。在以下方面，原告应该承担举证责任：一是申请执行令。在申请执行令的诉讼中，包括申请强制执行公开申请文件的诉讼中，寻求救济的当事人应当通过积极的抗辩和举证以承担证明责任，对行政机关工作人员拒绝接受诉讼请求的事实或者情况进行反驳。然而，只要原告证明了自己有要求公开政府信息的需要，申请人就满足了其证明责任。因此，虽然提起执行令诉讼的原告有责任证明被告违反了法律规定，但是，主张由原告证明政府信息的保管者有责任满足申请要求是不正确的。如果原告向行政机关申请获取其掌握的可识别的政府文件，政府文件的保管者有责任证明文件不能被公开的理由。二是申请证据开示。如果原告申请证据开示，其必须承担举证责任，证据开示对于案件的判决是否必要。如果证据开示的必要性仅仅是推测性的，说明原告没有尽到举证责任，那么行政机关针对原告证据开示的辩论往往处于有利地位。三是主张申请文件属于公共领域。如果申请的文件属于公共领域，行政机关可以要求申请人予以证明，申请人进行证明后行政机关应该公开文件。虽然这可能是困难的，替代性的方法是要求行政机关作否定的证明，并要求行政机关进行彻底地检索。如果文件属于公共领域，那么文件应该公开，或者行政机关必须证明已经向公众正式公开的文件有可能威胁国家安全的理由。公开的信息是否已经属于公共领域，并不取决于公众对这些信息的知晓程度。

二、美国政府信息公开诉讼的证明方法

政府信息公开诉讼不同于任何其他类型的诉讼，一方当事人

即原告无法知道其申请文件的内容。如果只有行政机关一方知道其免除公开主张的基本事实，法院不可能组织一场真正的双方当事人参与的辩论。但是，如果允许原告查阅争议文件，就如同"出袋之猫"。① 行政机关的免除公开主张是否适用于被拒绝公开的文件，法院必须有一种评估免除公开主张的方式，以实现《信息自由法》所要求的重新审查。所以，政府信息公开诉讼的证明方法与一般诉讼不太一样，美国政府信息公开诉讼的证明方法和基本程序是：首先，行政机关必须对申请文件进行认真搜索并对申请人给予答复和说明。其次，行政机关向法院提交宣誓书，宣誓书必须证明，在申请范围内的每一个文件，要么已经公开，要么被免除公开，要么文件不存在。最后，原告提出沃恩索引的申请，行政机关要么提供一个索引，要么认为提供索引没有必要而拒绝。在实践中，行政机关通常试图不通过提供索引以解决问题，但是，如果法院强制要求行政机关提供索引，行政机关必须提供。

（一）宣誓书

宣誓书是指载有有关争议事项的资料、相关事实或陈述的，由宣誓人在被正式授权监督宣誓的官员或人员面前宣誓和签署的书面文件。因此，宣誓书构成证据，可供法院用以确定证明事项并作出命令或裁决。在政府信息公开诉讼中，为了满足行政机关的证明责任，确定申请文件属于免除公开的范围，行政机关可以依据具体负责该信息公开事项的工作人员提交的宣誓书，如果此类宣誓书包含对申请文件合理详细的描述并提出足够的事实以确定免除公开，联邦地区法院就不需要行政机关提供详细的沃恩索引，也不需要对申请文件进一步进行审查。② 例如，如果宣誓书非常明确，其内容与文件中的其他方面并不矛盾，而且在行政机

---

① Kanter v. Internal Revenue Service, 433 F. Supp. 812（N. D. Ill. 1977）.

② Lewis v. I. R. S. , 823 F. 2d 375（9th Cir. 1987）.

关处理的目前的或其他案件中不存在恶意陈述，那么，文件的审查就没有必要。法院必须对行政机关在国家安全案件中的宣誓书给予实质性尊重，就像行政机关声称被找到的文件是免除公开的一样，当行政机关声称所有的文件已经提供或无法找到，宣誓书同样值得信赖。在政府信息公开案件中，如果文件存在争议，初审法院完全依靠推断性的宣誓书是不充分的。法院必须确保宣誓书的事实根据和行政机关免除公开主张的善意。

明确宣誓书是否起决定作用的关键要素：如果宣誓书是推断性的、仅仅描述了法律规定的免除公开标准，或者宣誓书过于模糊或者以偏概全，那么宣誓书不能阻止法院要求行政机关提供沃恩索引，也不能支持行政机关提出的简易判决申请而不对申请文件进行秘密审查。推断性和概括性的描述普遍适用的免除公开主张是不能被接受的。作为一般规则，文件不存在的事实可以通过宣誓书确定。但是，如果文件不存在，仅仅有宣誓书还是不够的，最好的方法是进一步进行调查核实。

宣誓书和沃恩索引都是政府信息公开诉讼的重要证明方法，宣誓书能解决问题，就不用行政机关提供沃恩索引，一组混乱的宣誓书不能代替一个适当的沃恩索引。一个适当的沃恩索引，有助于法院把行政机关拒绝公开的文件与拒绝公开决定所援引的证明其正当性的特定的免除公开条款联系起来。但是，要求提供沃恩索引不适用于所有的政府信息公开案件，如行政机关基于国家安全的原因不能肯定或否定特定政府文件存在的案件，或者详细的索引可能使精明的申请人经过信息镶嵌精准地推断出申请信息的内容和性质的案件。在这类政府信息公开案件中，如果行政机关主张不能要求其肯定或者否定被申请文件的存在，法院可以要求行政机关通过提交一份详细说明的宣誓书，以提供尽可能完整的有关申请文件的信息作为证明其主张合理性的依据，或者要求其提交一份保密的沃恩索引。例如，在第 4 免除公开条款即贸易秘密和商业或金融信息的免除公开案件中，政府文件的保密性与沃恩索引完整性的平衡尤其需要特别讲究，提供的宣誓书的内容需要特别充分、详细，不应该是粗略性的。在第6、第7免除公开条款的案件中，法院期待行政机关提供的宣誓书还能够说明政府信息公开对个人隐私影响，以及政府信息公开对具体执法活动的影响。如果政府提供的宣誓书仅仅是对抽样记录进行描述，而没有对实际记录进行描述，那么法院可以裁决宣誓书不够充分，要求行政机关提供详细的沃恩索引。

（二）沃恩索引

1. 沃恩索引的含义与目的

沃恩索引来源于沃恩诉罗森一案①，从沃恩诉罗森一案的历史背景来看，国会的目的在于试图改变司法机关的原有做法，通过政府信息公开诉讼公开政府应该公开的文件。在政府信息公开诉讼中，尽管美国《信息自由法》把证明政府信息免除公开的举证责任分配给行政机关，但是，原告有责任反驳行政机关有关政府文件内容和保密性质的主张。由于原告和法院对行政机关拒绝公开信息的信任，于是原告的律师在法院要求签署不泄密命令后，被允许检查政府所有相关文件。造成了辩护的明显不平衡。就像沃恩一案法院评论所指出的那样："鉴于压倒性的强调公开，为了将行政机关拒绝公开的文件公之于众，获得公开的最大利益，当事人不需要进行令人满意的合法的辩论，这是不恰当的，但是这显然又是无法避免的。"在通常情况下，原告应该提供辩护，说明该文件不可能属于行政机关适用的免除公开条款的范围。

国会这种为平衡另一方当事人的利益而不履行法律责任的做法，受到了上诉法院的批评。沃恩一案之后不久，在政府信息公开诉讼中，哥伦比亚巡回上诉法院的陪审团裁决，地区法院的判

---

① Vaughn v. Rosen, 484 F. 2d 820 (D. C. Cir. 1973).

决存在一个致命的弱点：缺乏沃恩一案那样的诉前辩护；"因为实际争议点没有经过传统诉讼中控辩双方的辩论，所以，实际上一审判决在上诉中是无法审查的。"① 这些因素与政府信息公开诉讼的举证责任以及行政机关证明免除公开的能力累积在一起，导致了沃恩一案的先例。作为一项改革，其必须基于诉讼程序的便捷和公平。从长远来看，沃恩索引的存在，将有利于上诉法院完善诉讼程序，增强其审查能力，使政府信息公开诉讼案件在有关事实问题上更容易受到先例的影响。而且，随着申请人逐渐意识到，行政机关对于法院过去认为属于某种免除公开条款范围的信息是不可能被公开的，也许可以减少政府信息公开诉讼的数量。

所谓沃恩索引，是指申请人要求得到的文件数量太大时，行政机关必须对数量大的文件进行分类并制成索引，指出哪些文件可以公开，哪些文件不能公开，对不能公开的文件，必须详细分析和详细说明援引免除公开条款的理由。沃恩索引是一个详细的目录和索引系统，是对拒绝公开文件的详细描述，它使行政机关拒绝公开文件的每一个理由与争议文件的实际部分互相联系。沃恩索引是行政机关和政府信息公开的申请人之间的一种妥协，它既不需要详细描述文件内容，以损害行政机关文件的保密利益；也不能仅仅主张空洞的保密特权，以侵害申请人的基本权利。法院在面对行政机关推断性免除公开主张时，要求行政机关详细分析审查申请文件、编辑删除免除公开的信息以及提供有关删除信息的充分描述，以便法院裁决免除公开条款的可适用性。

沃恩索引在三个方面发挥重要的政策性作用：② 一是迫使行政机关对每一页免除公开的政府文件进行仔细评估；二是迫使法院认真履行其审查义务，裁决免除公开条款的适用性；三是为申请人提供尽可能多的信息，以便申请人作出更有价值的抗辩陈述。沃恩索引方法具有两个优点：一是减少了在敏感案件中法律

---

① Cuneo v. Schlesinger, 484 F. 2d 1086 (D. C. Cir. 1973).

② Lykins v. United States Dept. of Justice, 725 F. 2d 1455 (D. C. Cir. 1984).

未授权公开信息的公开；二是将调查和检索的责任赋予行政机关而不是司法机关。由于可以强制要求行政机关提交详细的索引以支持其拒绝公开的决定，沃恩索引可以促使行政机关严格遵循《信息自由法》的申请要求。行政机关不能将最初审查文件的责任转移给司法机关。法院必须重新审查以决定行政机关免除公开主张的有效性，如果行政机关以其应有的能力提交沃恩索引，尽管行政机关不提交沃恩索引不会自动导致原告胜诉，但是，政府信息公开诉讼可能也会因此减少到最低程度。

政府信息公开诉讼中，法院有权选择对申请文件进行秘密审查，或者要求行政机关提交申请文件的沃恩索引。法院宁愿要求行政机关提交沃恩索引，而不是首先要求法官对申请文件进行秘密审查。初审法院应当首先收到行政机关的沃恩索引和关于拒绝公开文件理由的详细说明，但是，如果法院没有收到，则应该对申请文件进行秘密审查。法院自由裁量决定对申请文件进行秘密审查的主要依据就是行政机关未能提供沃恩索引以解决争议。

2. 沃恩索引的要求

沃恩索引是行政机关为了向法院提供足够的信息，以使其裁决行政机关免除公开主张有效性的宣誓书，根据沃恩索引的方法，沃恩索引的形式要求是要逐条列举申请文件，通常详细说明每个争议文件的作者、日期、页数以及主要内容，并且包含争议文件不应被公开的原因的简短解释。沃恩索引的基本要求有三个方面：一是沃恩索引应该是由一个单独文件组成的完整文件；二是沃恩索引必须充分说明每一个被拒绝公开的文件或者文件中被删除的部分；三是沃恩索引必须说明每一个被删除部分或被拒绝公开文件的免除公开主张，并解释免除公开条款与拒绝公开文件的相关性。[1] 如果法院同意原告提出索引申请，行政机关应该按照以下内容列出提交法院：

---

[1]　Chilivis v. S. E. C. , 673 F. 2d 1205, 33 Fed. R. Serv. 2d 1774 (11th Cir. 1982).

（1）文件的标题和文件的种类；

（2）文件的日期；

（3）制作者或接收者的单位或者姓名；

（4）在不实际公开免除公开文件的基础上尽可能详细真实地描述；

（5）要求法定裁决免除公开文件的项目或保密类别。①

法律没有为沃恩索引格式提出固定要求，沃恩索引的重要性在于其功能而不在于其形式。对于沃恩索引来说所需要的和最需要的东西是，对拒绝公开的每一个文件或者部分文件被推定为免除公开文件的原因，申请人和审判法官能够从索引中得到明确的解释。沃恩索引的格式可以根据行政机关的需要进行调整。互相参照、编码系统是可以接受的，但是在实践中，如果索引不能达到要求，通常被退回要求行政机关进一步完善。在一些案例中，大量的文件显示，只要法院要求，用文件样本代替整套文件而被索引的方法也经常被选择。

考虑到申请的文件可能有些部分被公开、有些部分被免除公开，只有被免除公开的部分才要求证明其合理性，所以，沃恩索引必须被分成便于管理的若干部分，以确保行政机关遵守文件分割的要求。如果沃恩索引相当具体，并且清楚说明适用于申请文件的免除公开条款，就没有必要进行秘密审查，或者审查行政机关的答复，以确保行政机关的答复不是恶意作出的。如果需要的话，行政机关必须提供宣誓书以支持其免除公开主张。

3. 沃恩索引的适用情形

如果法院认为行政机关对每个文件的声明不够具体详细，使法院不能对行政机关证明其根据法律规定拒绝公开或者编辑删除文件的合理理由的充分性作出适当裁决，就可以要求行政机关向申请人和法院提供详细的沃恩索引。但是，行政机关没有提交沃

---

① Vaughn v. Rosen，484 F. 2d 820（D. C. Cir. 1973）.

恩索引并不意味着其放弃政府信息免除公开主张的理由。沃恩索引主要适用以下情形。

（1）大量文件。沃恩索引常常被用来作为概括关于大量文件免除公开主张的一种手段。如果争议仅仅涉及两三个文件，并且这两三个文件已经被宣誓书详细描述，足以使法院裁决免除公开主张，行政机关就没有必要提交沃恩索引。

（2）第三人要求。如果一个人向行政机关申请获取自己的记录，行政机关拒绝申请人的申请必须提供详细的理由。然而，如果申请人不是与第三人合意申请的，而且申请人申请的是第三人的记录而不是自己的记录，并且申请人认为公开第三人的记录不存在公共利益，提供更详细的解释说明可能会极大地损害记录中描述的第三方的隐私利益，那么，基于第三人的要求，提供沃恩索引被认为是不适用的。

（3）共同性免除公开文件。如果行政机关能够证明某些文件具有共同的免除公开性质，那么，行政机关在没有沃恩索引的情况下也能够履行其证明责任，证明拒绝公开的文件属于政府信息免除公开的范围。如果行政机关主张的免除公开依据是文件的种类而不是每个文件包含的主要内容，寻求通过沃恩索引获得救济是没有意义的，只是文件种类和所对应的免除公开条款的简单重复。

要求行政机关提供沃恩索引的前提是行政机关决定免除公开某些文件，否则就不需要提供沃恩索引。在下列情况下，联邦地区法院通常自由裁量决定接受行政机关的宣誓书以取代其提供沃恩索引。例如，如果争议的文件数量很少，只有两三个，行政机关的宣誓书足够详细和充分，法院就可以拒绝使用沃恩索引这项技术。如果被申请的文件是一个普通类型的文件，即文件的内容已经为公众所知晓，或者行政机关已经通过详细的宣誓书提供了文件免除公开的足够证明，或者争议文件的内容被双方知晓或者双方存在其他的约定，那么，法院可能对提供沃恩索引的申请予以拒绝。如果申请的信息涉及执法信息，根据修改后的免除公开

（b）（7）（A）条款，举证责任是一种合理的期待（更容易形成一种主观的裁决），而不是一种客观的裁决，行政机关可能认为没有必要提供索引，提供一个详细说明的宣誓书也是可以的。

4. 沃恩索引在司法实践中的运用

因为沃恩索引主要起到协助审判法官裁决的作用，法官往往倾向于认为，行政机关提供的索引应该得到双方律师的理解和接受。一些法官对行政机关形成了某些固有的观点，即行政机关是十分值得信赖的。行政机关的律师往往认为，在没有详细索引的情况下，行政机关的宣誓书应该理所当然地被法院所接受。法官当然不会赞同这种观点，一些法官往往以行政机关提供的沃恩索引存在疏漏为突破点，给行政机关施加压力，试图要求行政机关公开更多的政府信息。如果经过原被告数轮辩论之后，索引仍然不被接受，说明这不仅仅是索引提供者有失误，实际上可能是法官对真实情况有所察觉，行政机关的观点被程序上的缺陷掩盖起来了。由于索引不够详细，法官往往将其发回，也有的法官更倾向于接受行政机关的观点，接受行政机关对文件保密的主张。

行政机关的律师认为：沃恩索引的制作应以支持辩护主张为重点，以保证提交到法庭的争议问题在某种程度上是合法的，而不仅仅是陈述事实和对其进行分析。通过行政机关向法院提交适当的索引，对法院更为有效地审查行政机关免除公开决定是非常有利的。在几乎所有的美国政府信息公开案件中，行政机关在保证自己文件保密的基础上，基本上能够提供这种索引，以此将行政机关的注意力吸引到行政机关文件的保密性上。并且行政机关不能因此宣称法院对其强加了过重的负担。

申请人极力主张提供沃恩索引，他们认为，行政机关的辩护和对争议问题的描述，对于法院全面公正地审理和最终裁决是至关重要的，这也会使得申请人可以获得更多"可合理分割"的重要信息。联邦上诉法院不赞成索引中笼统地包含一大类文件，并且认为，索引过于笼统与1974年《信息自由法》修正案的立法意图是背道而驰的。甚至，当法院引用一个宽泛的给予拒绝公开的特定免除公开条款时，沃恩索引对法院审查行政机关拒绝公开政府信息适当性是必不可少的。① 如果联邦地区法院拒绝了原告提起沃恩索引的申请，而是以行政机关的宣誓书作为主要文件，据此判断文件性质以决定问题，上诉法院很可能认为宣誓书是不完全的，审理法官下一步的裁决很可能是发回重审。

如果法院同意申请人的申请并命令行政机关提供索引，原告的律师应该预测到两种结果：第一，行政机关可能向法院要求延期准予其准备索引。当行政机关在初审法院要求免除公开文件时，如果行政机关以准备时间不足为由而申请延期，法院不应该在文件长度问题上给予特别考虑。文件经过申请和复议阶段被拒绝公开，这些文件至少已经被两个行政机关的专业人员审查过，行政机关应该对沃恩索引申请提出的问题，即每一份文件涉及的人员、时间以及大致的内容有过明确的回答。第二，根据沃恩索引是否按照文件要求进行准备，对于案情的描述是否符合申请人的要求，可以断定行政机关提供的沃恩索引是否充分。索引被法院拒绝可能是因为把一些涵盖有大量机密的不相关的文件进行错误的分类，也有可能是因为做了许多没有依据的论证。没有对自己可以操控的文件部分进行合理而详尽的分析是索引被拒绝的主要原因。当然，行政机关对文件分类的方式对文件的保密地位不是决定性的，因为即使免除公开的情形是法律规定的，但是这种规定仍然要受到司法审查。对于申请人要求提供沃恩索引的案件，收到沃恩索引的律师应该能够辨别行政机关的索引是否有足够充分的证据，如果索引不充分，原告的律师可以及时申请行政机关进一步进行陈述。哥伦比亚巡回上诉法院巧妙地拒绝了能源部提供的某些文件的索引，同时提出意见认为，尽管当事人将其称作沃恩索引，但是，该索引不是我们想要的索引，我们希望行

---

① Board of Edue. v. F. T. C., Civ. No. 80-2073 (D. D. C. 1980).

政机关进一步论证清楚。在这种情况下，行政机关对于政府文件保密特权主张所作出的没有依据的论证是存在致命缺陷的。行政机关负有举证责任，他们应该对准确地描述保密文件承担举证责任，至少在哥伦比亚巡回上诉法院是如此。①

不同的免除公开主张对沃恩索引有不同的要求。例如，在第1免除公开条款的案件中，如果行政机关认为，通过申请文件，申请人可以发现中央情报局设立的情报站以及被委派的工作人员所在的国家、情报来源、获取情报的方法、项目以及机密信息提供者的姓名。在这种情况下，如果公开文件，将对美国和东道国之间关系产生严重的不利影响，那么在有关第1免除公开条款的案件中，沃恩索引可以是一般地描述被拒绝公开的文件，并确立该文件属于保密文件，行政机关提交这样的沃恩索引可以被认为是充分的。虽然国家安全信息提供者提供信息的实际姓名、日期、代码或类似的信息可以免除公开，但是，行政机关必须提供在以前的判决中提到的足够细节以证明，行政机关对申请文件的免除公开决定并不是推断性的。然而，如果沃恩索引没有明确表明实质性信息的公开是否有可能不暴露信息提供者的姓名，那么，仅仅笼统地主张申请文件的公开将暴露敏感的秘密信息提供者的身份是不充分的。在第5免除公开条款的案件中，如果沃恩索引明确说明被拒绝公开的文件由法律意见书构成，法律意见书是为了特定案件的诉讼或者特殊事项的完成而准备的，法律意见书是特定的人为了他人的利益而准备的，只是文件被秘密地保存在行政机关，如果行政机关通过沃恩索引主张认为，由决策前备忘录和律师工作文件构成的特定文件属于第5免除公开条款的范围，那么，该沃恩索引是充分的。如果宣誓书主张，特定文件的公开将妨碍行政机关的运行，干扰特定的规则制定程序，或者妨碍其获得外部专家的建议，那么，该宣誓书是充分的，足以证明

---

① Coastal States Gas Corp. v. Department of Energy，617 F. 2d 854（D. C. Cir. 1980）.

申请文件属于第 5 免除公开条款的范围。在第 6 免除公开条款的案件中，行政机关一般地引用第 6 免除公开条款说明申请文件涉及个人隐私权是不充分的，除非行政机关能够说明其不会构成"不当"侵犯个人隐私权的政策和方法。在有关第 7 免除公开条款的案件中，如果政府信息免除公开主张是基于一般的排除规则，如基于刑事调查记录排除公开，行政机关依据的是申请文件的种类而不是申请文件内容，那么沃恩索引是无用的和不必要的。提出第 7 免除公开条款主张的行政机关必须说明，公开申请文件将如何干扰其法律法规的执行。该免除公开主张必须通过详细的公开的宣誓书提出，明确说明行政机关担心公开的具体文件和公开将带来的特定损害；如果行政机关不能明确阐述这些细节，其必须在公开宣誓书中尽可能详细地解释免除公开的理由，并且，如果法院认为秘密审查适当的话，必须向法院提供更为详细的宣誓书，或者提交行政机关决定免除公开的文件。

（三）证据开示

在政府信息公开诉讼中，为了确定行政机关是否对申请文件进行完全公开，或者行政机关拒绝公开的文件是否属于免除公开的范围，法院可以允许进行证据开示。行政机关是否对文件进行彻底检索以及其拒绝公开的文件是否属于免除公开的范围都允许进行证据开示。如果法院通过原告或行政机关的答辩，对行政机关检索文件的彻底性和善意产生严重的怀疑，那么，使用证据开示是适当的。

另外，如果法院对行政机关是否向原告充分公开信息存有疑问，为了打消该疑问，法院可以要求行政机关向原告提供补充信息，原告在获得要求被告充分公开信息的指示之后，法院可以不再允许原告对该问题要求进行证据开示或者举行证据听证。如果原告认为被告没有遵守法院要求充分公开信息的指示，则可以在法院寻求其他适当的救济。

　　是否进行证据开示，是一个由行政机关的宣誓书所决定的事实争议问题。这些事实争议包括：行政机关是否对所有申请文件进行善意的检索；行政机关是否对所有文件编辑了索引；行政机关是否事实上对其决定拒绝公开的文件进行保密归类。[①] 对于行政机关提供的索引，申请人可以对其说明和理由进行批评和详细分析，也可以要求进行适当的证据开示以评估行政机关免除公开主张的适当性。在政府信息公开诉讼中，如果行政机关的宣誓书使法院相信行政机关的检索是充分彻底的，法院可以拒绝原告的证据开示要求。然而，如果有证据证明存在事实争议，证据开示程序就可能随之发生。

　　在政府信息公开诉讼中，如果为了确定申请信息是否属于免除公开的范围，法院应当决定进行秘密审查，这时，法院可以行使自由裁量权以限制证据开示。在政府信息公开诉讼中，对于行政机关提出的简易判决申请，如果相关因素都在行政机关的控制之下，并且行政机关提供的宣誓书不准确、不完整，法院应该允许原告提供宣誓书进行证明。如果原告未能证明行政机关存在恶意，从而足以推翻行政机关的宣誓书，法院可以排除证据开示而适用简易程序判决。为了对抗行政机关检索充分性主张，原告认为其掌握文件证明了行政机关检索的不充分性，因而提起部分简易判决申请，此时，行政机关为了回应对其检索不充分的质疑，或者为了证明其检索的充分性，有权要求向原告开示其进行了充分检索的文件证据。

　　对于行政机关主张免除公开的文件，如果法院通过证据开示可以给予原告以实质性救济，知晓免除公开文件的内容，法院应该拒绝证据开示。在政府信息公开诉讼案件中，如果原告的质询书在很大程度上是为了规避免除公开条款从而了解申请文件的内容，那么，联邦地区法院可以自由裁量决定限制证据开示。但

---

① Schaffer v. Kissinger, 505 F. 2d 389 (D. C. Cir. 1974).

是，对于申请人要求宣誓证明行政机关职员拒绝公开文件的行为，联邦地区法院不能滥用自由裁量权拒绝其证据开示的要求。[1]

在政府信息公开诉讼中，证据开示一般由原告提出，法院自由裁量决定是否允许，但是，行政机关也有权要求使用证据开示规则，公开相应的事实证据以证明其行为合理性，即证明检索的充分性或者证明申请的文件属于免除公开的范围。在政府信息公开诉讼中，行政机关还可以合理要求使用证据开示规则，以协调和澄清当事人之间的基本问题，以及更有效地满足其证明责任。然而，行政机关为了对申请人申请信息的动机进行调查，要求通知其宣誓作证，法院应当对其宣布无效，因为，申请人申请信息的动机与为强制要求行政机关遵守政府信息公开的法律规定而提起的诉讼无关，并且，任何关于申请人申请动机辩护理由的调查，不属于政府信息公开诉讼中证据开示的范围，应该被禁止。

第三节　我国政府信息公开诉讼 证明责任和证明方法的完善

尽管我国《信息公开条例》和《信息公开案件规定》对政府信息公开诉讼的证明责任和证明方法作了一些规定，但是，这些规定比较简单，不够全面、系统，仍然存在一些疏漏和不足，美国政府信息公开立法和司法实践所形成的对原告、被告证明责任具体事项的确定，对行政机关宣誓书、沃恩索引等证明方法的具体要求和适用情形的确定，对完善我国政府信息公开诉讼证明责任和证明方法有借鉴意义。

---

[1]　Pollard v. F. B. I. , 705 F. 2d 1151（9th Cir. 1983）.

一、我国政府信息公开诉讼证明责任的完善

(一) 明确行政机关不作为的证明责任

如前所述,《信息公开案件规定》只明确了被告行政机关对拒绝公开政府信息的证明责任,而对行政机关不作为——延迟答复或者逾期不予答复的没有明确由谁承担证明责任。对于不作为行为,行政机关没有做决定,不是行政决定,只是一种事实状态,不能推定由行政机关承担证明责任,应该遵循"谁主张、谁举证"的规则。行政机关对其逾期答复承担证明责任;原告对其申请承担证明责任,原告只要提供证据证明自己曾向行政机关提出过申请,行政机关没有在法定答复期限内答复就算履行了自己的证明责任。对于不作为政府信息公开案件,还有几个问题需要明确:是否原告起诉后行政机关公开了信息还判决行政机关败诉?如果行政机关提出了合理的理由延迟答复,是否还判决行政机关败诉?例如,在谢某某诉南宁市人民政府一案①中,就出现了超过法定答复期限才答复公开申请信息的情况。在该案中,由于原告房屋被拆,原告向被告提出政府信息公开申请,要求公开:(1) 此拆迁范围的土地由何机关征收或征用;(2) 房屋拆迁及其补偿补助费用的发放、使用情况;(3) 有关拆迁的许可证。被告没有在法定答复期限内答复,过后才作出《政府信息公开告知书》,对原申请公开的政府信息进行答复。经复议后,原告对被告答复不服,向法院提起诉讼。法院审查后认为,被告告知的内容对应了原告申请的内容要求,其所采用的书面答复方式也符合原告要求公开的形式。被告在收到原告的申请后,未按规定期限予以答复,也未告知原告是否已延长答复期限,属于程序上的

---

① (2013) 桂行终字第21号。

瑕疵，但该瑕疵不足以否定其答复内容的合法性，判决驳回原告的诉讼请求。该案对延迟答复的判决被告胜诉。当然，由于我国在政府信息公开诉讼中没有律师费制度，原告已经获得了申请的信息，判决原告胜诉还有什么意义？美国对于原告起诉以后才公开政府信息的一律判决行政机关败诉、原告胜诉，原告胜诉的可以获得律师费补偿。因此，我国应该在政府信息公开诉讼中建立诉讼法律制度。

（二）明确行政机关对政府信息不存在的证明责任

根据最高院司法解释的规定，被告主张政府信息不存在，由原告提供相关线索，证明该政府信息由被告制作或者保存。由此规定可以推定原告对信息不存在承担证明责任。这种证明责任的分配是不科学、不合理的。在美国政府信息公开诉讼中，该种情况由被告行政机关承担证明责任，即行政机关主张申请的政府信息不存在的，由行政机关向法院提交宣誓书予以证明。在宣誓书中，行政机关需要详细说明申请文件的属性和其需要检索信息的范围，证明其履行了充分的检索和详尽的查找义务，证明行政机关所保存的政府信息中确实不存在申请信息。通过美国这一证明方法可以发现，证明信息不存在的证明责任由行政机关承担，具体的证明方法是向法院提交宣誓书，证明的内容是证明行政机关履行了充分的检索和详尽的查找义务。证明行政机关履行了充分检索和详尽查找的途径是提供完备的文件检索和查找方案，文件检索和查找方案包括以下内容：判断文件属性和方法、查找内容和范围、检索途径和方法、完整的检索结果等。因此，宣誓书对于证明申请的政府信息不存在，应该是一种比较可行、有效的途径和方法。

在美国政府信息公开诉讼中，还有一种特殊的信息"不存在"，即《信息自由法》552（c）条款规定的行政机关可以将该文件视为不受本法规定限制的文件，即行政机关可以答复申请信息"不存在"的政府信息。① 这种政府信息，属于绝对免除公开的政府信息，行政机关、法院都没有自由裁量权决定是否公开，当申请人申请公开这种政府信息时，即使申请信息存在，如果行政机关承认信息存在而拒绝公开，就有可能暴露信息提供者身份或者泄露重要的国家安全信息。我们要特别注意把我国上述所说的信息的不存在与美国这种特殊的信息"不存在"区别开来。美国法律针对这种特殊的信息"不存在"，法律专门规定行政机关可以说谎，对本来存在的信息，为了不使信息是否存在的状态和内容泄密，行政机关可以答复信息"不存在"，而且行政机关也不用承担证明责任。

（三）"三需要"证明责任的完善

如前所述，如果行政机关基于"三需要"拒绝公开信息，根据行政行为"先取证，后裁决"的要求，行政机关应该有证据证明申请信息不满足申请人的"三需要"才能作出拒绝公开的决定。既然是行政机关的决定，行政机关的主张，应该由行政机关承担证明责任。如果由原告承担证明责任，还可能出现这样一种情况，在申请时，申请人不去证明申请信息与自己的"三需要"相关，行政机关拒绝公开后申请人提起诉讼，在诉讼期间再证明其与"三需要"有关，法院判决行政机关败诉。因此，"三需要"

---

① 5 U. S. C. A. §552（c）规定了三种行政机关可以答复申请信息"不存在"的情形：（1）当申请的文件涉及申请获取本法（b）（7）（A）免除公开条款所规定的文件时，并且：（A）该调查或追诉涉及可能违反刑法；（B）有理由相信：（i）该调查或追诉的对象不知道调查或追诉正在进行，（ii）透露文件的存在可以合理预期会妨碍执法。只有在该情形持续存在期间，行政机关才可以将该文件视为不受本法规定限制的文件。（2）当第三人根据信息提供者的姓名和身份认证标志申请由刑事执法机关以信息提供者的姓名和身份认证标志保存的信息提供者的文件时，该行政机关可以将该文件视为不受本法规定限制的文件，除非该信息提供者的身份已经得到官方的正式确认。（3）当申请的文件涉及联邦调查局保存的有关外国情报、反间谍情报或国际恐怖主义的文件，而且该文件的存在已经根据本法（b）（1）免除公开条款的规定归属于保密时，在该文件仍归属于保密期间，联邦调查局可以将该文件视为不受本法规定限制的文件。

应该由行政机关举证，行政机关应该按照"先取证，后裁决"的要求，在行政程序期间收集"三需要"方面的证据，在诉讼期间提交从申请人那里收集的"三需要"方面的证据，法院对行政机关提交的证据进行审查，判断行政机关拒绝公开的合法性、适当性。在实际工作中，一些国务院部门和地方政府根据原《信息公开条例》制定了依申请公开的实施办法，有的在实施办法中就规定申请人提交的申请材料必须包括自己申请的政府信息与"三需要"有关的证明材料。例如，住房和城乡建设部在其实施办法中就规定：申请人申请公开政府信息时，必须向住房和城乡建设部提交一份书面证明，证明所申请的政府信息是自己的特殊需要。因此，要求申请人向行政机关提供证据以证明申请信息与自己存在相关性已经成为目前政府信息公开的普遍做法。即证明"三需要"的证明责任由原告承担。当然，在司法实践中人民法院对原告提交的"三需要"的证据要求并不是太严格。理由有两点：第一，"三需要"证明只是对申请符合要求的初步证明；第二，没有提供"三需要"证明或者证明不充分并不能使原告失去起诉权，其只可能影响人民法院对原告是否胜诉的判决。但是，在司法实践中，往往由被告举证。例如，在关某某、李某某诉顺德区人民政府一案①中，就涉及对"三需要"证明责任问题。原告向被告提出政府信息公开申请，要求公开被告对"水利工程管理体制改革"前的退休人员依据"老人老办法"执行至今，对"退休费和各种补贴"进行调整的相关文件的政府信息。对此，被告在法定期限内予以答复，认为申请信息与原告的生产、生活、科研等特殊需求无关，决定不予公开。原告对答复不服，向人民法院提起诉讼。法院审理后认为，原告系佛山市南海区水利部门的退休人员，故其退休待遇依照南海区的相关规定和标准执行，而原告所申请公开的顺德区相关文件和待遇标准仅适用于顺德区水利

①　（2017）粤行终 1278 号。

系统的相应退休人员，顺德区执行何种待遇标准与原告的退休待遇并无实际关联性，故原告所申请公开的信息与其生产、生活、科研等特殊需要无关。据此，被告认定原告申请公开的信息与其生产、生活、科研等特殊需求无关，进而决定不予公开。该判决体现了由被告对"三需要"承担证明责任。因此，在政府信息公开诉讼中，对"三需要"的证明责任应该是原告承担初步证明责任或者说推进责任，被告承担实体证明责任。新《信息公开条例》删除了"三需要"规定后，应该不存在"三需要"的证明责任问题了。

二、我国政府信息公开诉讼证明方法的完善

（一）国家秘密信息免除公开证明方法的完善

首先是证明方法。如前所述，行政机关主张国家秘密免除公开政府信息时，为了不泄露国家秘密，不用提交被申请的信息作为证据。但是，行政机关不提交被申请的信息作为证据又应该如何证明呢？目前我国的做法是根据《保守国家秘密法》以及其他法律、法规和国家有关规定，由保密审查机关对国家秘密信息进行审查认定，并由保密审查机关出具认定函，行政机关以此为据作出是否拒绝公开的决定。但是，认定函只有简单的结论而无详细说理论证，法院如何审查认定其是否正确适当，原告是否认可和接受该认定都存在问题。笔者认为，美国的方法值得借鉴，即行政机关应该向法院充分证明，争议的文件事实上已经归属于保密或标有类似的标记，并且根据总统令的安全保密级别，注明在文件上的保密归类级别是适当的。如果支持行政机关主张的宣誓书达到合理的程度，并且不存在恶意的证据，法院在不放弃其独立审判职责的情况下，考虑到行政机关对信息公开可能对国家和社会造成不利影响的敏感性和独特判断力，法院应对行政机关宣

誓书提出的国家机密保密主张给予实质性尊重。然而一般认为，决定行政机关的保密理由与国家安全之间是否存在逻辑上的契合是法院的义务；虽然法院应该对行政机关的决定进行实质性的考量，但并不意味着仅仅因为行政机关解释了其理由，法院就必须完全接受行政机关的结论，同意该理由是合理的。一是行政机关必须首先证明文件事实上已经进行了保密，以确立其所主张的第1免除公开条款的免除公开地位，行政机关可以通过宣誓书、书面证词予以证明，并且如果有必要，可以在听审会上作证予以证明。二是行政机关必须证明其保密确认在实体上和程序上都是适当的。

为了证明文件或部分文件属于第1免除公开条款的范围，行政机关必须提交明确具体的宣誓书，证明有理由相信公开特定文件会造成国家安全的危害。这种辩护性的宣誓书成为许多第1免除公开条款诉讼的焦点。通常，由行政机关的一位高级保密归类官员负责制作宣誓书。该官员应该在不透露争议文件秘密的基础上，尽量准确而详细地证明文件拒绝公开的合理性。虽然宣誓书的公开披露是有害的，但是，在某些情况下，必须对宣誓书进行秘密审查，以便法院获得足够的裁决理由。或者行政机关可以选择用归属于保密的宣誓书和沃恩索引的附件来保护文件的免除公开，在这些归属于保密的宣誓书和附件中可以提供拒绝公开的附加解释。

（二）完善公共利益与商业秘密、个人隐私的利益权衡方法

《信息公开条例》第15条涉及了政府信息公开公共利益与第三人的商业秘密利益或者个人隐私利益之间的冲突与权衡。但是，对三者之间的利益大小如何权衡，《信息公开条例》没有明确规定。笔者认为，可以借鉴美国政府信息公开利益权衡理论。具体做法是：第一步，衡量政府信息公开对商业秘密或者个人隐私的侵害程度；第二步，考量政府信息公开获得公共利益的大

小；第三步，寻找是否存在其他替代方法（如删除、处理）可以满足申请人获得政府信息的要求。在考量公共利益的大小时，主要从是否有利于公众了解其政府在做什么、是否有利于公众执行国家法律和政策、是否有利于公众对政府行为的监督三个要素进行分析。而且公共利益的大小与申请人的身份、目的和动机无关；在考量个人隐私利益的大小时，主要从信息公开侵犯个人隐私权的程度、信息公开获得的公共利益、获取申请信息的替代方案三个要素进行分析；在考量贸易秘密利益大小时，主要从信息在多大程度上已被该企业以外的人知悉、已被该企业的员工和其他有关人员知悉、对信息采取保密措施的程度、信息对其所有者和其所有者的竞争者的价值、所有者开发信息所花费的精力或资金数量、信息被其他个人或团体获得或复制的难易程度六个要素进行分析；在考量商业或金融信息利益大小时，主要从信息提供者期待保密的程度、妨碍行政机关今后获得必要信息的程度、对信息提供者竞争地位的损害程度三个要素进行分析。这些利益权衡方法已在第三章中进行了详细分析说明，此不赘述。

第六章 政府信息公开诉讼的审理和判决方式

政府信息公开诉讼的审理与判决方式与一般的行政诉讼的审理和判决方式有很大不同。在审理方式上，一般行政诉讼以公开审判为原则，以不公开审判为例外；而政府信息公开诉讼则基本上采取不开庭审理即书面审理。在判决方式上，一般行政诉讼以撤销判决为主；而政府信息公开诉讼则以履行判决为主。因此，探索研究政府信息公开诉讼审理和判决方式的特殊性有重要的理论和现实意义。

第一节　我国政府信息公开诉讼审理和判决方式

一、我国行政诉讼审理和判决方式

（一）我国行政诉讼的审理方式

我国 1989 年制定并于次年颁布实施的《行政诉讼法》考虑到行政诉讼审查对象的特殊性——审查行政行为的合法性，所以，行政诉讼的审理程序只规定了普通程序，即普通程序加合议制的诉讼制度。此后的 20 多年时间里，行政诉讼是否适用简易程序一直存在争议，并经历了理论探讨、司法试点，到最后纳入立法的过程。2015 年修订实施的新《行政诉讼法》明确规定了简易程序审理方式。我国目前行政诉讼审理方式分为简易程序和普通程序两种。

1. 行政诉讼简易程序

行政诉讼简易程序是指人民法院在审理行政案件的过程中，

对于比较简单的行政诉讼案件，可以采取比普通程序更为简单的程序进行审理的程序。行政诉讼简易程序具有起诉方式简便、传唤当事人及证人的方式简便、实行独任审理、审理程序简便、审理期限较短的特点，它是基层人民法院在审理一审行政案件的过程中采用的，对案情简单、争议标的不大、案件性质轻微且影响不大，或者法律规定的特定类型的行政争议所适用的审理程序。简易程序追求的目标主要是平衡效率与公正之间的关系，减少当事人的诉累和诉讼成本，节约和优化司法资源配置。

我国现行《行政诉讼法》第82条①对行政诉讼简易程序适用条件作出了具体规定。根据该条款的规定，简易程序只适用于第一审行政案件，而且，只适用于基层人民法院审理的第一审行政案件，不包括中级人民法院及其以上等级的人民法院审理的第一审行政案件。简易程序适用行政诉讼案件的实质标准有三个方面：一是认为事实清楚；二是权利义务关系明确；三是争议不大。简易程序适用行政诉讼案件的形式标准也有三个方面：一是被诉行政行为是依法当场作出；二是案件涉及款额2000元以下；三是属于政府信息公开案件。除了以上简易程序的实质标准与形式标准外，该条款还规定了当事人的简易程序选择权。也就是说，对于不符合前款实质标准和形式标准的其他第一审行政案件，当事人行使程序选择权，只要符合各方自愿即可，不受法院的审查限制。但是，根据该条款的规定，简易程序不适用于发回重审的行政诉讼案也不适用于按照审判监督程序再审的行政诉讼案件。也就是说，无论是发回重审的案件，还是按照审判监督程序再审的案件，即使由基层人民法院按照一审程序进行再审，由于案件本身存在事实问题、法律适用问题或者审判程序违法等事

---

① 《行政诉讼法》第82条规定："人民法院审理下列第一审行政案件，认为事实清楚、权利义务关系明确、争议不大的，可以适用简易程序：（一）被诉行政行为是依法当场作出的；（二）案件涉及款额二千元以下的；（三）属于政府信息公开案件的。除前款规定以外的第一审行政案件，当事人各方同意适用简易程序的，可以适用简易程序。发回重审、按照审判监督程序再审的案件不适用简易程序。"

项，确实不宜再走简易程序，否则其正当性容易受到质疑。我国现行《行政诉讼法》第 83 条①对行政诉讼简易程序的具体程序作出了规定。行政诉讼简易程序与普通程序相比，在审理程序上主要有两个重大区别：一是审理机构不同。普通程序由合议庭审理，简易程序由审判员一人独任审理。其中审判员只包括审判员和助理审判员，不包括人民陪审员；二是审理期限不同。普通程序审理期限为 3 个月，简易程序审理期限为 45 日。

2. 行政诉讼普通程序

行政诉讼的普通程序是指人民法院审理行政诉讼案件过程中除适用简易程序以外所适用的审理程序。行政诉讼的普通程序分为审理前的准备和开庭审理两个阶段。在审理前的准备阶段，主要做好以下准备事项：送达诉讼文书、组成合议庭、审查诉讼材料、调查收集补充保全证据、确认变更和追加当事人、确定和通知开庭等。行政案件由人民法院组成合议庭进行审理，合议庭成员应当是三人以上的单数，由审判员组成，或者由审判员和人民陪审员组成。

开庭审理阶段包括开庭前准备阶段、出庭情况审查阶段、法庭调查阶段、法庭辩论阶段、合议庭评议阶段、公开宣判阶段等 6 个阶段。在开庭审理阶段，一个重要的内容是明确开庭审理的形式。我国行政诉讼审理方式分为两种：一是开庭审理，主要在一审程序中适用；二是书面审理或者称作"不开庭审理"。我国《行政诉讼法》第 86 条对行政诉讼的不开庭审理进行了规定。根据该条款的规定，该种审理方式不用在法庭上开庭审理，只审查庭材料，这种审理方式在二审程序中的部分案件中适用。

开庭审理又分为公开开庭审理与不公开开庭审理。我国《行

---

① 《行政诉讼法》第 83 条规定："适用简易程序审理的行政案件，由审判员一人独任审理，并应当在立案之日起四十五日内审结。"

政诉讼法》第54条①对行政诉讼的公开审理与不公开审理进行了规定。该条款规定的"公开审理"是指公开开庭审理；"不公开审理"是指不公开开庭审理。这里的不公开审理与不开庭审理即书面审理是不同的。不开庭审理是不用开庭，只进行书面审理；不公开审理还是要在法庭上审理的，只是庭审过程不对公众和新闻媒体公开。

人民法院审理行政诉讼案件以公开审理为原则。公开审理是指当人民法院在审理行政案件时除了合议庭合议外均采用公开的方式进行，这里的公开是指案件的审理过程不仅仅案件的参加人可以到庭，而且与案件无关的公众和新闻媒体均可以到庭旁听和采访。应该注意的是行政案件的公开要排除合议庭合议部分，合议庭合议应当秘密进行。在行政诉讼过程中公开是为了保证行政诉讼过程的公开透明化，这样可以使人民法院在公众的监督下办案，使得案件的办理更加公正，因此，在公开审理过程中开庭、质证、举证、辩论、判决和裁定都必须公开。

虽然在我国行政诉讼是以公开审理为原则，但是在有些特殊情况下公开审理可能会对国家利益或者公共利益带来不利影响，因此，我国行政诉讼法中规定了公开审理的例外。依据新《行政诉讼法》的规定，不公开开庭审理包括两个方面的内容，一是法定不公开，二是酌定不公开。法定不公开是指根据行政诉讼法和其他法律的规定。对于法定不公开的事项，法院没有自由裁量的余地。只要行政诉讼案件涉及国家秘密或者个人隐私或者法律另有规定的，一律实行不公开审理。法律另有规定的情形是指如果行政诉讼法或者其他法律规定对其他事项作出不公开审理规定的，从其规定。酌定不公开是指人民法院根据当事人的申请或者依职权酌定、裁量是否不公开审理的情形。酌定不公开审理包括

---

① 《行政诉讼法》第54条规定："人民法院公开审理行政案件，但涉及国家秘密、个人隐私和法律另有规定的除外。涉及商业秘密的案件，当事人申请不公开审理的，可以不公开审理。"

两种情形：一是当事人申请不公开审理，根据行政诉讼法的相关规定，行政诉讼案件涉及商业秘密，当事人申请人民法院不公开审理的，人民法院可以不公开审理。但行政诉讼案件是否涉及商业秘密，应当结合相关司法解释和案件具体情况予以认定。二是人民法院依职权酌定不公开审理。也就是前面提到的《行政诉讼法》第 86 条规定的书面审理或者"不开庭审理"，这里的不开庭审理也属于人民法院裁量是否公开的情形，对于不需要开庭审理的，也可以不开庭审理。

（二）我国行政诉讼判决方式

行政诉讼判决是指人民法院在审查、判定被诉行政行为合法性的基础上，对行政争议作出的实体性处理结论。1989 年颁布的我国《行政诉讼法》确定的判决方式有维持判决、撤销判决、履行判决、变更判决一共 4 种，加上行政诉讼法若干问题的解释中增加了驳回诉讼请求的判决和确认判决两种方式共 6 种判决方式。2014 年修订《行政诉讼法》的时候对判决方式进行了较大的修改，目前的判决方式有 7 种：驳回原告诉讼请求判决、撤销判决、履行判决、履行给付义务判决、确认违法或者无效判决、变更判决、行政协议履行及补偿判决。下面我们重点探讨一下新《行政诉讼法》对判决方式的修改。

1. 驳回原告诉讼请求的判决

我国《行政诉讼法》第 69 条规定了驳回原告的诉讼请求的判决。新的《行政诉讼法》用驳回诉讼请求的判决取代了维持判决。其改革的优点在于：一是更符合行政诉讼法的立法目的和精神。行政诉讼法的立法主要目的是确立司法权对行政权的监督制约制度，即"监督行政机关依法行使职权"，行政权不需要司法权的维护。根据行政法的基本原理，依法作出的行政行为具有公定力、拘束力、确定力和执行力。如果行政机关自己没有将其作出的行政行为撤销，则该行政行为一直有效。因此司法机关的维持判决除了使其具有最终效力外，对行政行为的效力意义不大。二是便于判决后行政机关变更不合理的行政行为。行政诉讼法的基本原则是对行政行为的合法性进行审查，一般不审查合理性。如果采用维护判决，可能出现法院对不合理的行政行为进行维持的情况，由于法院判决具有最终效力，行政机关就无法对维持判决的不合理的行政行为进行变更，而驳回原告诉讼请求的判决可以解决这一问题。

2. 履行给付义务判决

《行政诉讼法》第73条①增加了履行给付义务判决方式，并且在新的《最高人民法院关于适用中华人民共和国行政诉讼法的解释》第92条②中对履行给付义务判决的具体适用进行了规定。这种判决是从原履行判决中分离出来的一种新的判决方式，专门针对支付抚恤金、最低生活保障待遇或者社会保险待遇等给付义务，对行政诉讼判决方式是一个重要的补充。

3. 变更判决

我国行政诉讼的一项重要原则是司法变更有限原则，即行政决定事项是行政权专属领域，司法机关不应该用自己的判断决定取代行政机关的判断决定。司法的职能是对行政机关决定事项进行合法性审查，进行司法监督，而不是代替行政机关做行政决定，所以确定了司法变更有限原则。新《行政诉讼法》并没有改变这一原则，只是对其进行了完善。新《行政诉讼法》的规定与原先的规定相比不同之处在于：将原来的"显失公正"修改为"明显不当"，同时增加"或者其他行政行为涉及对款额的确定、认定确有错误的"，变更判决的范围有所扩大。

---

① 《行政诉讼法》第73条规定："人民法院经过审理，查明被告依法负有给付义务的，判决被告履行给付义务。"

② 《最高人民法院关于适用中华人民共和国行政诉讼法的解释》第92条规定："原告申请被告依法履行支付抚恤金、最低生活保障待遇或者社会保险待遇等给付义务的理由成立，被告依法负有给付义务而拒绝或者拖延履行义务的，人民法院可以根据行政诉讼法第七十三条的规定，判决被告在一定期限内履行相应的给付义务。"

4. 行政协议履行及补偿判决

新《行政诉讼法》第 78 条[①]增加规定了行政协议履行及补偿判决。把行政协议纳入行政诉讼的范围是新行政诉讼法改革的一项重要内容。行政协议不同于一般的行政行为，一般的行政行为由行政机关单方决定，而行政协议由行政机关与行政相对人共同商定，也叫双方行政行为。行政协议又不同于一般的民事协议，民事协议的当事人不能单方解除协议，而行政协议的行政机关一方在特殊情况下可以单方解除行政协议。因此，将行政协议纳入行政诉讼范围对于防止行政权滥用具有重要意义。有诉讼就要有相应的判决方式，所以，行政协议履行及补偿判决是对我国行政诉讼理论的丰富和发展。

二、我国政府信息公开诉讼审理和判决方式及不足

政府信息公开诉讼是一种新型的行政诉讼类型，其首先应该适用行政诉讼的一般审理程序规则，包括审理和判决方式。但是，由于政府信息公开诉讼审查对象——政府信息的特殊性，因此，对审理和判决方式也提出了新的不同的要求。使得政府信息公开诉讼的审理和判决方式具有自己的特殊性。

（一）我国政府信息公开诉讼审理方式及不足

1. 政府信息公开的简易程序

我国《行政诉讼法》第 82 条对行政诉讼简易程序的适应范围作了规定。根据这一条款，政府信息公开案件被纳入简易程序。实际上，早在 2010 年《最高人民法院关于开展行政诉讼简易程序试点工作的通知》中，列举的简易程序范围并不包括政府

---

① 《行政诉讼法》第 78 条规定："被告不依法履行、未按照约定履行或者违法变更、解除本法第十二条第一款第十一项规定的协议的，人民法院判决被告承担继续履行、采取补救措施或者赔偿损失等责任。被告变更、解除本法第十二条第一款第十一项规定的协议合法，但未依法给予补偿的，人民法院判决给予补偿。"

信息公开案件。2014 年对行政诉讼法修订新增了"属于政府信息公开案件的"。原因是：近几年的审判实务表明，一方面行政不作为案件并不好审；另一方面政府信息公开案件量明显多于行政不作为案件。此类案件暴增源于公民知情权意识增强，特别是在征地拆迁过程中，被拆迁人或保护合法权益或滥用诉权，要求政府及职能部门公开规划、国土、城建等方面的政府文件。以 2011—2012 年上海市黄浦区法院为例，该院 330 件适用简易程序审理的行政案件中，政府信息公开案件为 216 件，占总量的 65.5%。正因为此类案件占了大头，立法机关才会弃"行政不作为案件"提"政府信息公开案件"。政府信息公开诉讼纳入简易程序有一定的合理性，但是，也存在不足。一是是否所有政府信息公开案件全部纳入，一些特别重大疑难的政府信息公开案件也纳入简易程序吗？虽然这只是简易程序的形式标准，前面还有一个简易程序适用的实质标准，即认为"事实清楚、权利义务关系明确、争议不大"的一审案件。但是，这种列举方法，给人造成所有政府信息公开案件都纳入简易程序的假象。二是政府信息公开案件适用简易程序，由审判员一人独任审理是否合适？政府信息公开案件往往涉及判断免除公开条款的适用是否适当，涉及个人利益与公共利益的权衡，涉及信息分割是否适当等，审判员一人独任审理难以做到客观、公正。

2. 政府信息公开诉讼的不公开审理

由于政府信息公开诉讼审查对象的特殊性，即审查政府信息是否可以公开，在审理过程中一定要保证申请的政府信息不被泄露，包括不向诉讼当事人泄露，因此，对政府信息公开诉讼的审理方式有特殊要求。法院的审理方式必须采取与普通的行政案件不同的审理方式。《信息公开案件规定》第 6 条对政府信息公开诉讼的审理方式作了规定。在该条款规定中并没有明确适用何种方式来审理政府信息公开案件，只是要求采取"适当的审理方式"，因此，按照通常的做法，只能根据《行政诉讼法》有关审理方式的规定执行。我国行政诉讼审理方式的基本原则是以公开审理为原则，不公开审理为例外。在政府信息公开诉讼中，政府信息是否涉及国家秘密、商业秘密或者个人隐私问题往往是诉讼当事人争议的焦点，因此，审理方式应该适用"不公开审理"这个例外。但是，是应该适用书面审理的"不开庭审理"，还是适用不公开开庭审理呢？根据"以避免泄露涉及国家秘密、商业秘密或者个人隐私或者法律规定的其他应当保密的政府信息"的表述看，结合我国行政诉讼法第一审程序审理方式的规定，只能适用"不公开开庭审理"。但是，不公开开庭审理只可以避免国家秘密、商业秘密或者个人隐私的政府信息向当事人及其诉讼代理人以外的公众泄露，不能避免国家秘密、商业秘密或者个人隐私向当事人及其诉讼代理人泄露，因此，这种审理方式也是不可行的。为什么不适用"不开庭审理"即书面审理呢？根据我国《行政诉讼法》的规定，"不开庭审理"的审理方式只在二审中适用，如果要在一审中适用，应该在立法上予以明确。

（二）我国政府信息公开诉讼判决方式及不足

我国政府信息公开诉讼判决方式首先可以分为两大类：一类是原告胜诉的判决，相对应的判决方式主要是履行判决；一类是原告败诉的判决，相对应的判决方式是驳回原告诉讼请求的判决。原告胜诉的判决又可以分为两大类：一类是政府积极不作为案件的判决方式；一类是政府消极不作为案件的判决方式。

1. 原告胜诉的判决

对于政府积极不作为的政府信息公开案件的判决方式，《信息公开案件规定》第9条作了规定。该规定对我国《行政诉讼法》的履行判决进行了创新和细分。分为四种：一是撤销判决。《信息公开案件规定》第9条对政府信息公开案件的撤销或者部分撤销被诉不予公开决定并判决被告在一定期限内公开的判决进行了规定。该判决有点类似于行政诉讼中的撤销并重新作出行政行为，但又与其不同，其中对撤销并重作，法院不能判决如何重作；而撤销并判决公开，法院判决了履行期限和履行内容，应该总体上属于履行判决。二是答复判决。《信息公开案件规定》第9条第1款还对政府信息公开诉讼限期重新答复的判决作了规定。该判决方式就是行政诉讼中的撤销并重新作出行政行为的判决。前一种判决与后一种判决的区别是：第一种判决是在法院经审查，已经明确被告拒绝公开违法，在这种情况下判决被告在一定期限内公开；第二种判决只是审查发现行政机关答复违法，但是，行政机关是否一定需要公开信息，或者说其是否属于拒绝公开不清楚，这种情况下判决重新作出行政行为。被告拒绝公开违法，是判决公开还是判决重新答复，是司法实践中的一个难点问题。例如，艾某某诉唐山市路北区人民政府一案①就存在这个问题。原告请求被告公开在其名下的房屋、宅基地、地上附属物补偿及人口安置补偿等全部拆迁补偿信息。被告收到该政府信息公开申请后，在法定期限内作出政府信息公开申请告知书，告知相关信息应向唐山市国土资源局路北分局申请公开，并在告知书中提供了该局的联系方式。法院经审理认为，根据原《信息公开条例》第21条的规定，行政机关收到申请后，并未对原告申请的全部事项逐一作出审查判断，而是笼统告知其向其他机关申请公开。判决撤销被告对原告作出的涉案告知书；责令被告重新作出政府信息公开答复。对此，原告不服，提出上诉，认为法院应该撤销被告对原告作出的涉案告知书，判决被告在一定期限内公开其申请公开的全部信息。又例如，在刘某某诉唐山市路北区人民政府一案②中也存在这样的争议。原告向被告提出政府信息公开申请，请求被告公开在其名下的房屋、宅基地、地上附属物补偿及人口安置补偿等全部拆迁补偿信息。被告在收到该申请后，经调查，因相关信息依法不属于被告公开范围，被告在法定期限内

---

① （2018）最高法行申2654号。
② （2018）最高法行申4239号。

作出政府信息公开申请告知书，告知相关信息应向唐山市国土资源局路北分局申请公开，并在告知书中提供了该局的联系方式。法院经审理认为，被告在收到原告信息公开申请后，并未对原告申请的全部事项逐一作出审查判断，而是笼统告知其向其他机关申请公开。判决撤销被告作出的涉案告知书；责令被告重新作出政府信息公开答复。对此，原告不服，提出上诉，认为法院应该判决被告在一定期限内公开其申请公开的全部信息。三是公开判决。《信息公开案件规定》第9条第2款①对政府信息公开诉讼的按要求提供政府信息的判决作出了规定。该判决是典型的履行判决，但是对传统的履行判决有所突破：法院可以判决履行的内容和形式。四是区分处理并公开判决。《信息公开案件规定》第9条第3款②对政府信息公开诉讼的限期区分处理并公开的判决进行了规定。五是限期更正判决。《信息公开案件规定》第9条第4款③对政府信息公开诉讼的判决限期更正政府信息作了规定。

对于政府消极不作为案件的判决方式，《信息公开案件规定》第10条④作了判决限期答复的规定。至于《信息公开案件规定》第11条规定的反信息公开诉讼的判决，我们将在第八章中专题研究。

以上对于政府信息公开中政府积极不作为和消极不作为案件的判决方式是对行政诉讼法履行判决的具体化，更符合政府信息

---

① 《信息公开案件规定》第9条第2款规定："被告提供的政府信息不符合申请人要求的内容或者法律、法规规定的适当形式的，人民法院应当判决被告按照申请人要求的内容或者法律、法规规定的适当形式提供。"

② 《信息公开案件规定》第9条第3款规定："人民法院经审理认为被告不予公开的政府信息内容可作区分处理的，应当判决被告限期公开可以公开的内容。"

③ 《信息公开案件规定》第9条第4款规定："被告依法应当更正而不更正与原告相关的政府信息记录的，人民法院应当判决被告在一定期限内更正。尚需被告调查、裁量的，判决其在一定期限内重新答复。被告无权更正的，判决其转送有权更正的行政机关处理。"

④ 《信息公开案件规定》第10条规定："被告对原告要求公开或者更正政府信息的申请无正当理由逾期不予答复的，人民法院应当判决被告在一定期限内答复。原告一并请求判决被告公开或者更正政府信息且理由成立的，参照第九条的规定处理。"

公开诉讼的特殊需要，便于操作，也是对行政诉讼法中履行判决的创新。行政诉讼法的履行判决是有所限制的，只能判决在一定期限内履行，履行方式和履行内容一般不在判决中涉及，原因主要是受到司法审查强度的限制。行政法一般原理认为，如何作出行政行为，包括行为方式、行为内容是行政职能领域，司法职能主要是对行政机关已经作出的行政行为的合法性进行审查。因此，司法职能不应过多涉及行政职能范围。这涉及到司法权与行政权的关系与权能边界。在履行判决中判决履行的方式和履行的内容将进一步加强司法权对行政权的监督与制约，对防止行政权的违法和滥用将发挥更大的作用。但是，《信息公开案件规定》在积极不作为和消极不作为案件的判决方式存在以下不足：一是如何正确处理司法权与行政权的关系，即如何正确处理"判决被告在一定期限内公开"与"判决其在一定期限内重新答复"的关系上缺乏明确规定；二是对于消极不作为判决被告在一定期限内答复，如果答复已无实际意义该怎么办？三是在政府信息公开诉讼判决方式中没有涉及赔偿判决。也许有人认为《信息公开案件规定》第 11 条的规定中有赔偿判决，但是，这里的赔偿判决只适用于反信息公开诉讼。在政府信息公开积极不作为和消极不作为案件的判决中确实没有赔偿判决。如陈某某诉如皋市人民政府一案①就存在这种情况。在该案中，原告向丁堰镇政府邮寄提出政府信息公开申请，要求公开丁堰镇政府关于原娄庄饮服商店集体资产权属争议座谈会调查笔录。经延期后丁堰镇政府作出涉案信息答复，经如皋市人民政府复议后，原告不服提起行政诉讼。其中，原告提出了国家赔偿请求。法院审理后认为，无论是丁堰镇政府的政府信息公开行为，还是如皋市政府的行政复议行为，均不属于国家赔偿法规定的侵犯公民财产权的行为，原告为信息公开、行政复议所付出的成本，也不是行政行为造成的直接损

---

① （2018）最高法行申 264 号。

失。因此，无论是原告向复议机关提出的有关政府信息公开行为的赔偿请求，以及向法院提出的有关行政复议行为的赔偿请求，均不属于国家赔偿的范围，依法不予支持。原因是我们预设了一种假设，认为经过诉讼后法院判决行政机关公开申请信息，这些信息对申请人仍然有用，所以原告期待通过诉讼获得这些信息。但是，有两种情形（应该是常见的情形）我们没有考虑到：一是申请信息开始对申请人是有用的，但是信息具有时效性，经过一个月、二个月诉讼后，公开申请信息也许对申请人已经没有用了，过时了；二是申请人申请信息主要不是对自己有用，主要是为了公众的知情权和监督权。这两种情况没有赔偿判决，则原告诉讼的动因、动力在哪里？应该设法解决原告诉讼的动力问题。

2. 原告败诉的判决

对于原告败诉的判决方式，《信息公开案件规定》第 12 条①作了规定，被告已经履行法定告知或者说明理由义务的，人民法院应当判决驳回原告的诉讼请求。这种判决方式是指人民法院经过实体审查，认为原告的诉讼请求不成立，从而对其诉讼请求不予支持的判决方式，并且列举了判决驳回原告的诉讼请求的 8 种具体情形。该条驳回原告诉讼请求的判决规定详细列举了适用的具体情形，明确了使用驳回原告诉讼请求的判决的具体范围和条件，对于法院处理政府信息公开诉讼案件具有非常重大的意义。第一，将驳回原告诉讼请求的判决取代了维持判决，为今后行政

---

① 《信息公开案件规定》第 12 条规定："有下列情形之一，被告已经履行法定告知或者说明理由义务的，人民法院应当判决驳回原告的诉讼请求：（一）不属于政府信息、政府信息不存在、依法属于不予公开范围或者依法不属于被告公开的；（二）申请公开的政府信息已经向公众公开，被告已经告知申请人获取该政府信息的方式和途径的；（三）起诉被告逾期不予答复，理由不成立的；（四）以政府信息侵犯其商业秘密、个人隐私为由反对公开，理由不成立的；（五）要求被告更正与其自身相关的政府信息记录，理由不成立的；（六）不能合理说明申请获取政府信息系根据自身生产、生活、科研等特殊需要，且被告据此不予提供的；（七）无法按照申请人要求的形式提供政府信息，且被告已通过安排申请人查阅相关资料、提供复制件或者其他适当形式提供的；（八）其他应当判决驳回诉讼请求的情形。"

诉讼法修改首开先河，较好地处理了政府信息公开诉讼中的合法
性审查与合理性审查的关系问题，而且政府信息公开案件往往涉
及判断免除公开条款的适用是否适当，涉及个人利益与公共利益
的权衡，涉及信息分割是否适当等合理性问题，驳回判决为行政
机关处理各种合理性问题留有余地，其理论意义已在前面有所论
述，不再赘述；第二，政府信息公开诉讼有许多自己独有的特
点，如原告的诉讼请求已经明确要求行政机关公开申请信息，而
不是要求法院审查行政机关拒绝公开信息的合法性，判决驳回原
告的诉讼请求，使诉讼请求与判决相对应，使人民法院的判决更
具有可操作性。另外，政府信息公开诉讼多数情况是对事实问题
的判决，判决驳回原告诉讼请求也更适合。但是，驳回判决是对
原告败诉的判决方式，对判决驳回原告诉讼请求的情形进行详细
列举是否合适也值得商榷。对判决驳回原告诉讼请求的情形进行
详细列举的优势在于，使法官更加明确，便于操作；但是，容易
出现挂十丢一的情况，使法官缺乏自由裁量的余地。这从《信息
公开案件规定》起草过程中对驳回原告诉讼请求判决的具体情形
列举的反复变化、修改可以看出。现实情况纷繁复杂，千变万
化，列举很难做到万无一失，容易出现遗漏。

第二节　美国政府信息公开诉讼的审理和判决方式

一、美国政府信息公开诉讼的审理方式

（一）简易判决

1. 简易判决的含义

简易判决是政府信息公开诉讼结案最常用的方法，诉讼当事

人可以向法院申请获得简易判决动议。所谓简易判决就是联邦法院对当事人的诉状和行政机关提供的证据进行书面审查就直接判决，不用正式开庭审理的判决方式。尽管某些案件也进行口头听审，通过证人查问一些问题，但很少有案件进入真正的庭审程序。如果有适当的证据证明不存在事实问题的争议，而且根据法律，提出申请的一方当事人有提出简易判决申请的资格，那么，适用简易判决是符合法律规定的。因为政府信息公开诉讼的争议事项比较简单，主要争议申请的信息是否属于免除公开这一法律问题，很少涉及事实问题。在政府信息公开诉讼中，原被告双方都可向法院提出简易判决动议。但是，在美国司法实践中，多少情况是被告即行政机关提出简易判决动议。联邦法院同意行政机关简易判决动议的一般条件是：第一，行政机关通过宣誓书向联邦法院提供的证据是合理充分、详细明确的，而且宣誓书对免除公开信息的描述是真实的，不是推论性的或者宽泛的；第二，原告没有提供相反的证据证明被告存在恶意；第三，没有证据证明审理的案件存在事实争议。如果审理案件存在重要的事实争论，可能影响联邦法院的判决时，则必须开庭审理，通过原被告双方当事人的质证和辩论以调查和澄清事实真相。①

2. 申请简易判决的条件

首先，被告申请简易判决的条件。在政府信息公开诉讼的开始阶段，行政机关可以申请简易判决。如果不存在事实争议，而且争议的问题仅仅是文件的法律地位是否属于免除公开的问题，那么，通过提交一份或更多宣誓书，行政机关就可以提出简易判决主张。行政机关作为申请简易程序主张的当事人，必须证明不存在实质上的事实争议问题。如果行政机关证明其已经充分地履行了自己的举证责任，如果法院认为，从基本事实和其对案件的情况判断更有利于申请人的原告，那么，就可以同意被告的简易

① ELIZABETH. Litigation under Freedom of Information Act [J]. American Jurisprudence Trials, 2010（4）.

判决要求。为了获得简易判决申请，行政机关必须证明：申请的文件已经被公开，或者不可识别，或者根据《信息自由法》的要求被免除公开，或者被申请的文件事实上不存在。在政府信息公开诉讼中，法院在考虑是否同意行政机关的简易判决申请时，可以根据行政机关提供的宣誓书进行判断，宣誓书应该描述行政机关查找文件的程序，并且应该解释做更彻底调查将是过度的和没有必要的；如果相关记录证明行政机关查找文件的充分性存在实质性疑问，那么，同意行政机关简易判决申请是不适当的。只有行政机关的行为是善意的，而且行政机关的证据证明其宣誓书无可争辩时，法院才可以同意行政机关简易判决申请。如果行政机关没有提供证明文件，或者提交的证明文件事实上存在争议，那么，法院不应同意其简易判决要求。

　　行政机关既主张申请信息免除公开又提出简易判决申请的，法院应该要求行政机关提供宣誓书或者其他材料，以充分证明原告完全不可能对抗该辩护。根据美国法律，如果行政机关要想不经过秘密审查程序，其宣誓书必须满足下列条件，才足以充分证明其简易判决申请的合理性：（1）使用足够具体的细节描述了被拒绝公开的文件并且证明了该文件不公开的合理性；（2）证明拒绝公开的文件在逻辑上属于免除公开的范围；（3）不可争辩，即行政机关的记录不可质疑并且没有证据证明行政机关存在恶意。① 如果宣誓书中陈述的观点是推断性的，从而不能用来作为申请信息免除公开的确切依据，那么，宣誓书就不能满足信息保管者支持其免除公开主张的证明责任。

　　其次，原告申请简易判决的条件。在政府信息公开诉讼中，绝大多数情况是被告提出简易判决申请，但是原告也是有资格提出简易判决申请的。如果行政机关在政府信息公开过程中存在随意和反复无常，那么，法院可以同意原告提出的简易判决申请。

---

① Kimberlin v. Department of Treasury，774 F. 2d 204（7th Cir. 1985）.

例如，行政机关以申请人申请政府信息的内容不够具体或者申请的政府信息不存在为由拒绝申请，而行政机关的记录证明其主张的理由是不正确的，在这种情况下，法院可以同意原告提出的简易判决申请。还有，如果根据行政机关提供的事实证明，申请人申请的信息不属于免除公开的范围，那么，同意申请人简易判决申请是适当的。如果申请的信息存在适用免除公开条款的可能，那么，法院不应同意原告简易判决申请，除非法院根据对沃恩索引的审查，发现行政机关不能确切地证明申请的信息应该被免除公开。

为了反对行政机关的简易判决申请，原告需要提出存在一个或多个实质性事实争议问题。例如，如果行政机关主张申请文件不存在，因此不可能公开，那么，行政机关检索的充分性就是一个事实问题。反对简易判决的原告可以对行政机关减少公开文件的策略提出质疑，或者提出行政机关行为存在不当的主张。总之，原告为了成功反驳行政机关的简易判决主张同样需要事实上的支持。

3. 适用简易判决的特殊情形考察

（1）检索充分性争议。

在政府信息公开诉讼中，如果行政机关提出简易判决申请，原告通过行政机关宣誓书所描述的对申请文件的检索存在不足而质疑宣誓书的充分性，行政机关必须证明，为了查找申请文件，其已经进行了合理适当的检索。如果对行政机关检索的充分性存在重大争议，法院不应该同意行政机关的简易判决申请，因为，这种争议表明，仍然在重要事实问题上存在争议。这里需要解决的问题是对文件的检索是否充分的问题，而不是是否可能存在其他文件能够满足申请要求的问题。检索的充分性应该根据合理性标准以及根据案件的事实来判断。为了证明检索的充分性，行政机关主要依靠善意提交的、内容具体详细而非推断性的宣誓书来完成。

如果行政机关提交的宣誓书仅仅是陈述了被申请的文件已经公开的事实，而没有详细说明检索文件的方法，或者说明所有的申请文件都已经公开了，那么，宣誓书仍然是不充分的，其不足以在政府信息公开诉讼中获得简易判决。如果行政机关的声明中不包含已经检索过的文件种类的说明，或者不包含原告合理抗辩的说明，即所有可能包含答复材料的文件都已经被检索，那么，行政机关的声明是不充分的，不能证明满足了法律规定所要求的对申请文件检索的合理性和充分性。

由于原告没有从行政机关向其公开文件的记载中发现，行政机关还可能存在符合申请要求的其他特定文件，从而没有提出行政机关检索合理性的重要的事实问题。这种由于检索方法本身没有发现已知的和可识别的申请文件，由此而从本质上质疑检索方法可行性的观点是不充分的，因为：①并不是要求行政机关履行绝对的穷尽检索，而只是要求其合理适当的检索；②在答复政府信息公开申请时，要求行政机关尽最大可能地努力检索申请文件，并没有要求行政机关为了满足申请要求而重建其检索系统；③文件曾经存在的事实，并不必然意味着该文件现在仍然存在，或者行政机关现在一直保留着该文件。①

虽然行政机关通过宣誓书主张所有答复文件已经公开，如果很久以后，行政机关又公开了一些文件，这种事实证明行政机关对申请文件检索不彻底，但是，这不能作为行政机关存在恶意的结论性证据。另外，在申请人扩大其申请公开文件的范围之后，行政机关又公开了一些文件，该证据只能证明行政机关是善意和勤勉的，而不是恶意和迟缓的。

（2）国家安全信息的免除公开。

在涉及国家安全的情况下，对行政机关关于申请文件免除公开原因的详细解释，法院必须给予实质性尊重。对于行政机关援

---

① Miller v. U. S. Dept. of State，779 F. 2d 1378（8th Cir. 1985）.

引国家安全免除公开条款免除公开申请文件的,只有在下列情况下,法院才可以裁决同意适用简易判决:①行政机关的宣誓书足够详细地描述保密文件和证明其不予公开的正当性,并且足够具体地证明,被拒绝公开的文件逻辑上属于其所主张的免除公开条款的范围;②行政机关的宣誓书既不会被对立的记录所驳倒,也不会被行政机关存在恶意的理由所质疑。①

尽管法院对行政机关的这种宣誓书给予实质上的尊重,但是,行政机关仍然有责任证明,其已经对被申请的文件进行了彻底的检索。如果行政机关没有证明其进行了彻底的检索,那么,申请人仅仅通过出示理由,认为如果行政机关认真检索了文件,那么文件就应该被找到,这些理由就足以阻止行政机关获得简易判决申请。例如,申请人通过证明文件是行政机关制作的,或者证明设立该行政机关的目的之一就是检索这类文件,就足以阻止行政机关获得简易判决申请。然而,一旦行政机关通过令人信服的证据证明,其检索是合理的,即该检索方法特别适合找到申请的文件,那么,申请人有责任提出反驳的证据,证明该检索方法事实上不是善意的。

行政机关有责任证明申请文件免除公开的适当性,如果通过空洞的没有说服力的理由主张申请的文件属于免除公开的文件,这是不能满足证明责任要求的。一般来说,行政机关通过宣誓书和沃恩索引来满足其证明责任,除非申请人可以证明宣誓书存在恶意,否则行政机关提交的宣誓书和沃恩索引就可以满足行政机关的证明责任。

(3)贸易秘密信息的免除公开。

在政府信息公开诉讼中,如果向政府提供信息的提供者也介入诉讼,并向法院提交宣誓书宣称:公开申请的信息将给竞争者提供明显的竞争优势,而原告提交的反宣誓书提出了相反

---

① King v. U. S. Dept. of Justice, 830 F. 2d 210 (D. C. Cir. 1987).

的主张，这说明，在该涉及贸易秘密的政府信息公开诉讼中存在事实争议。在这种情况下，从法律的角度来说，法院很难判断一方当事人或者另一方当事人宣誓书的真实性，因此，使用某种对抗性程序是必要的。行政机关可能通过口头证词支持其立场，如果争议可以通过对抗性程序方式予以解决，法院可能裁定运用这种方式，如质证、宣誓作证、要求供述等对抗性程序方式。

（4）隐私信息的免除公开。

如果政府信息的公开将构成对个人隐私权的不必要的侵犯，那么，行政机关应该免除公开该信息。然而，在删除免除公开的部分信息后，可合理分割的其他部分政府信息必须对申请人公开。行政机关基于隐私权利益所作出的免除公开声明，必须包含充分的可分割性方面的分析。隐私权免除公开条款要求行政机关证明信息公开将构成不当侵犯个人隐私权，所以，基于隐私权的免除公开可能引起事实争议。然而，如果一项具体的公开，如公开法官的调查文件，即使从调查文件中没有发现存在不正当的做法，这种公开将明显侵犯法官的隐私权并造成对法官履职能力的非难。在这种情况下，法院可以裁决同意行政机关提出的简易判决要求，不需要开庭审理特定案件的事实争议问题。

（二）秘密审查

1. 秘密审查的含义和目的

美国《信息自由法》552（a）（4）（B）条款规定："在这类案件中，法院应当重新审查决定有关事宜，并可以秘密审查该文件的内容，以决定该文件或其中任何部分是否属于本法（b）中免除公开条款所规定的可以拒绝公开的文件。"确立了联邦法院对政府信息公开案件的秘密审查权。所谓秘密审查是指法院的法官可以在没有当事人出庭的情况下，独自对存在争议的申请文件进行审查的制度。① 与通常诉讼中当事人出庭的对抗性的审理方式不同，秘密审查是当事人不出庭的、非对抗性的，不对外界公开的审理方式。法官通过独自对秘密文件或可能具有秘密性质的文件进行不对外界公开秘密审查，以决定文件是否具有秘密性质，或全部或部分具有秘密性质。有学者认为，秘密审查是比喻在没有光照、黑暗的环境中双方律师通过提供对抗性陈述而进行，因此，这种审查方式不受欢迎。许多法院更喜欢折中立场，用宣誓书说明解释秘密文件，以取代文件本身，防止争议文件被公开。有时也使用一种经过改良的秘密审查方式：单方面秘密审查。这里的单方面主要指行政机关单方面参加，即申请政府信息公开的申请人被拒绝参加秘密审查程序。不但原告不能参加秘密审查，而且一般情况下，在法院秘密审查期间，原告的律师也不能出庭参与秘密审查。

在根据《信息自由法》对申请公开的文件进行秘密审查的过程中，法院有权审查政府认为保密的文件，甚至可以审查最高机密性文件，这是美国国会 1974 年"水门事件"之后所作出的一个重大决策。在 1974 年《信息自由法》修订前，根据联邦最高法院对环保局诉明克一案②的判决，司法机关不能审查政府认为需要保密的文件。最高法院认为，国会不允许法院审查政府有关军事和国家秘密的文件。根据总统的命令，一旦把某一文件确定为保密文件，法院只能根据政府文件的保密确定进行裁决，或者审查其宣誓书，审查即告结束，法院对确定为保密的政府文件的秘密审查权不复存在。

对于政府保密文件的秘密审查权，一方面一直面临总统否决和批评，也一直面临行政机关的强烈反对；另一方面司法机关不愿意行使秘密审查权。所以，在 1974 年《信息自由法》进行修订时，美国国会决心重塑秘密审查权。国会明确推翻了联邦最高

---

① JAMES T O. Federal Information Disclosure [M]. 3rd. West Croup, 2000：241.

② Environmental Protection Agency v. Mink, 410 U. S. 73 (1973).

法院在环保局诉明克一案的判决，表明了其意图通过授予司法机关更严格的审查权，以进一步加强司法机关对政府信息公开进行强力监督的意图。"水门事件"及其余波，包括对整个欺骗事件的调查，法院发挥了主要作用，国会支持了案件对政府文件的秘密审查。经过1974年对司法机关秘密审查的授权，国会强调，公众对各类政府信息公开提起诉讼的，如包括行政机关有关国防类敏感信息的辩护词、宣誓书、专家证词等，将优先考虑申请人。随着该类信息免予司法审查的中止，秘密审查权扩展到所有的政府信息公开案件。

在实用主义思想的指导下，国会认为，政府信息公开并非总是考虑行政机关的利益，如果对行政机关那些有公开的公共利益而无免除公开法律依据的拒绝公开决定得不到公众的信任，与信息公开问题无利益关系的法院应该有权审查行政机关的决定。秘密审查思想为司法机关提供了一个全面地、独立地审查行政机关文件的机会，以便司法机关根据其法律地位全面地、独立地作出裁决。法官是中立者，他们可以听取双方当事人关于文件保密地位的辩护，然后秘密地审查这些文件，最后作出裁决。其反映的本质是，抗辩式的审查方式将能更好地平衡互相矛盾的利益，而不至于仅凭行政机关单方提及的文件内容做决定。秘密审查的主要优点是不同案件司法裁决的个性化，避免因免除公开条款的严格解释而存在的潜在滥用，遏制行政机关本能倾向拒绝公开政府文件而造成的不公正审查的影响。原告的律师认为，法院经过对争议文件的调查之后再作出决定，比盲目同意行政机关的主张，能更好地实现国会对拒绝公开政府信息进行全面重新审查的立法意图。

2. 法院决定秘密审查的考虑因素

在政府信息公开诉讼中，国会授予司法机关秘密审查权只是作为一项司法自由裁量的工具，因此，并非在任何情况下都使用秘密审查。是否进行秘密审查，由审理法院自由裁量决定。作为申请人的原告是没有权利要求法院对拒绝公开的文件或文件的部分内容进行秘密审查的。联邦地区法院法官认为，使用秘密审查的最终目的是为了对行政机关的免除公开主张作出一个可靠的重新审查决定。因此，审理法院在自由裁量决定是否适用秘密审查时，受到"作出一个可靠的重新审查决定"的限制。法院在行使自由裁量权决定是否进行秘密审查时需要考虑四个因素：①

（1）司法成本。即考虑诉讼涉及文件的数量。

（2）行政机关是否存在恶意。如果公开申请文件将使行政机关感到尴尬或者行政机关试图掩盖真相，在这种情况下，行政机关的宣誓书将失去可信度。

（3）是否涉及重大的公众利益。即公开可能暴露重要的政府职能中腐败的证据，这将成为不重视司法成本的理由。

（4）行政机关是否申请秘密审查。这可以减轻法院对秘密审查妨碍对抗性诉讼程序的担心或者对法院入侵行政特权领域如国家安全领域的担心。

在自由裁量决定是否适用秘密审查时，在考虑了上述所有的相关因素后，法院才能够认为秘密审查是适当的。如果法院已经确定申请文件属于免除公开的文件类型，或者已经知道申请文件在法律上属于应该公开的文件，那么，法院可以拒绝对申请文件进行秘密审查。

在通常情况下，宣誓书是否可以为法院不进行秘密审查提供充分依据，在法官之间一直存在争议。有关宣誓书和秘密审查程序上的争议，已经成为激怒行政机关的主要根源，其已经成为来自原告和行政机关：如联邦调查局和中央情报局的最大质疑。长期以来，哥伦比亚特区巡回上诉法院适用的衡量行政机关宣誓书适当性的标准是，要求行政机关说明其宣誓书必须满足如下几个条件。其缺乏一个或几个条件就可能导致强制性要求地区法院对

---

① Ingle v. Department of Justice, 698 F. 2d 259 (6th Cir. 1983).

所有争议文件进行秘密审查。这些条件是：

（1）宣誓书不能是推论性的陈述。

（2）宣誓书不应该只是重申法律规定的标准，而应该是事实性陈述和解释性陈述。

（3）宣誓书的主张不应该太模糊或太笼统。

（4）宣誓书的内容应该足够证明该政府信息属于法律规定的免除公开信息的种类。

（5）宣誓书与记录或者与其他事实不应存在冲突，如一个有争议的事实主张关系到拒绝公开文件的内容和重要性的说明。

（6）不存在证明行政机关存在恶意的证据。

如果这些标准是令人满意的，行政机关的宣誓书将被接受，而对文件的秘密审查就没有必要了。①

在政府信息公开案件中，秘密审查的使用已经成为一个主要的争议话题。行政机关认为申请人应该接受其宣誓书；申请人认为行政机关应该逐一解释被申请文件；法官认为审查大量的秘密文件并找到适当的、可公开的解决方案将极大增加其工作量。哥伦比亚巡回上诉法院在秘密审查时，根据其自由裁量权已经明确：在秘密审查事项上，国会留给地区法院很大的自由裁量权，不需要其提供适当使用自由裁量权的任何证明。秘密审查使用的根本准则其实很简单，即在行政机关主张免除公开的诉讼中，不论联邦地区法院法官认为秘密审查是否是必须的，他们也必须对免除公开主张重新作出审慎的决定。但是，该法院也提出了两种可能性：秘密审查需要讲究诉讼效率和节约资源，因此法院在政府信息公开诉讼中不能循规蹈矩。当行政机关宣誓书或其他证明是明确而具体的时候，就没有进行秘密审查的必要。

秘密审查受到了来自政府和一些学术界的强烈批评。政府的一些法律顾问坚持认为，通过严格和明确的法律规则，可以消除

---

① Ray v. Turner, 587 F. 2d 1187, 1195 (D. C. Cir. 1978).

一些不必要的诉讼。例如，美国政府律师委员会对审理法院要求其对拒绝原告秘密审查要求承担举证责任提出争辩。根据这种观点，法院审查政府文件的结果是不可预知的，由于法律缺乏明确的文件保密确定规则，法院按照这种文件保密确定规则来规制政府信息公开，不顾及个案审查，造成长时间拖延和高成本的诉讼开支。在某种情况下，这种个案审查对于联邦地区法院的法官来说是一种沉重的负担，他们不适合在政府信息公开案件中承担监督行政官员的角色。学术界已经注意到，法院审查结果的不可预知性的主要因素：一是由于缺乏对方当事人充分的陈述，二是缺乏以法官为中心的自由裁量权。

3. 秘密审查适用的具体情形

法律没有明确规定对申请信息进行秘密审查的具体情形，虽然法院可以对行政机关拒绝公开文件进行秘密审查，但是，它不应该被用来作为替代行政机关提供详细宣誓书的义务。并不是每个案件都需要进行秘密审查，秘密审查是例外而不是原则，不应该轻易同意进行秘密审查。秘密审查是政府信息公开的辅助工具，而不是法定首先考虑的程序，也不是普遍受欢迎的程序。只是在行政机关拒绝公开文件的少数案件中使用：如行政机关在提供关于申请文件性质的详细描述、文件制作或使用的目的以及类似的相关因素的说明后，未能满足其证明责任；证明拒绝公开的文件适用特定的法定免除公开条款，或者特定的申请文件不属于行政机关的文件。一般认为，以下情形可以进行秘密审查。

（1）为了进行利益权衡。

如果法院必须审查裁决允许文件公开对公共利益可能带来的损害是否超过公开所获得的利益，或者当法院通过申请文件的普通法利益来权衡原告获得文件的公共利益与被告或者第三人要求对文件保密的利益时，法院可能需要通过秘密审查以决定，行政机关拒绝公开文件的理由是否足够充分，是否超出了支持公开文件的重大公共政策。如果公开构成对个人隐私的明显不当的侵犯，考虑到这种情况的特殊性，通过秘密审查申请文件决定是否公开是适当的。在没有审查文件的情况下，法院不能平衡文件中提及的个人隐私利益与要求公开文件的公共利益的大小，在这种情况下，法院适用秘密审查，不需要在要求行政机关提供申请文件以备秘密审查前寻找合适的理由。

（2）宣誓书不够具体详细。

法院自由裁量决定进行秘密审查的首要考虑因素是能否运用沃恩索引来解决争议。如果行政机关在其宣誓书或沃恩索引中对其所主张的免除公开理由仅仅引用了法定的标准，即提出一个推断性的免除公开主张时，应该考虑适用秘密审查。如果行政机关最初只是提供了证明其免除公开主张正当性理由，而未能提供足够的最终决定理由，法院在寻求秘密审查申请文件以及非公开的宣誓书之前，可以要求政府提供更为详细的公开的宣誓书。应该给行政机关提供机会，通过详细的宣誓书或者口头证明的方式证明，某些文件或者文件的部分内容是免除公开的，并且只有当行政机关没有满足证明责任时，法院才考虑进行秘密审查。如果行政机关不能在法律上证明，申请公开的所有文件事实上都是免除公开的，那么，法院可以要求进行秘密审查。因此，如果公开的宣誓书提供的理由不充分，不足以证明行政机关拒绝公开决定的合理性，那么，对申请文件进行秘密审查是适当的。如果行政机关提供的宣誓书足够详细，能够为法院裁决免除公开文件提供足够的理由，审理法院可以合理地拒绝对文件进行秘密审查的要求。

（3）申请文件简短量少。

对申请文件进行秘密审查只在少数案件中使用，即案件涉及的争议文件相对简短、数量很少，并且涉及极少数的免除公开条款。当申请的文件数量很少并且篇幅很短时，法院使用秘密审查可以节省时间和费用。当审查的文件数量太大需要付出大量的劳动时，法院可以基于合理理由拒绝进行秘密审查。对大量文件进行秘密审查，是对法院提出不切实际和不可持续的要求，因此，其必须被要求提供宣誓书和索引或者进行对抗式的审查方式所取代。由于受秘密审查程序的影响，法院在没有听取当事人对该问题特别发表的意见之前，命令秘密审查大量的文件是错误的。

（4）有证据证明行政机关存在恶意。

如果有证据证明行政机关存在恶意，为了确保行政机关不滥用免除公开条款恶意拒绝公开文件，对被拒绝公开的文件进行秘密审查是必要的。但是，仅仅泛泛地主张行政机关存在恶意不能削弱行政机关提交的宣誓书的充分性。原告必须提供行政机关存在恶意的确凿证据，如果没有提供这种证据，法院不应怀疑行政机关提交的宣誓书的真实性。在当事人向法院提起政府信息公开诉讼之后，行政机关公开了（或者部分公开了）其最初拒绝公开的文件，这不能作为证明行政机关在检索申请文件上存在恶意的证据。

（5）文件内容存在争议。

如果争议是由于申请文件的内容引起的，法院对其进行秘密审查是有帮助的。然而，如果争议并不集中于文件的内容，而集中在当事人对有关免除公开条款是否适用于该文件存在不同解释，秘密审查是不适用的。例如，为了确定被拒绝公开的文件是否确实包含有关贸易秘密的信息，法院决定对其进行秘密审查是适当的，不应该在没有进行审查的情况下，裁定放弃贸易秘密特权而公开申请文件。

（6）对文件内容的描述将披露文件内容。

在某些政府信息公开案件中，为了国家安全，行政机关主张对文件免除公开，如果行政机关对免除公开的文件和免除公开的理由进行公开描述，可能恰好泄露行政机关主张免除公开的信息。在这种情况下，法院不能要求行政机关详细说明危及文件机密的反对公开意见。在这类政府信息公开案件中，联邦地区法院有进行秘密审查的自由裁量权。特别是当行政机关为了国家安全的理由不能肯定或者否定某些文件的存在时，谎称申请的文件"不存在"时，进行秘密审查是适当的。然而，秘密审查不限于涉及第 1 免除公开条款（国家秘密信息免除公开）的案件，秘密审查已经被适用于涉及第 4 免除公开条款（商业秘密信息免除公开）、第 5 免除公开条款（内部管理信息免除公开）、第 6 免除公开条款（个人隐私信息免除公开）和第 7 免除公开条款（执法信息免除公开）的案件中。

4. 秘密审查程序

如前所述，秘密审查是指法院的法官可以在没有当事人出庭的情况下，独自对存在争议的申请文件进行审查的制度。与通常诉讼中当事人出庭的对抗性的审理方式不同，秘密审查是当事人不出庭的、非对抗性的、不对外界公开的审理方式。有时秘密审查程序通常是单方面的，这里的单方面主要指行政机关单方面，即渴望获得申请文件的申请人被拒绝参与秘密审查程序。不但原告不能参加秘密审查，而且一般情况下，在法院秘密审查期间，原告的律师也不能出庭参与秘密审查。在秘密审查过程中，法院要求提交的任何保密信息应该以书面形式并作为档案的一部分包含在案卷中。任何在政府信息公开诉讼秘密审查期间在法院作出的单方面的口头陈述都应该被记录在案，并在上诉期间提供给上诉法院审查。在秘密审查之后，法院不需要分别描述每一个被审查的文件，也不需要具体说明其每一个被审查文件适用的免除公开条款。若公开描述免除公开的文件就不能实现秘密审查的目的，可能泄露秘密文件的内容。

秘密审查是一种工具。其是否使用，由法院自由裁量决定，审理法官可以自由裁量决定是否接受行政机关提交的宣誓书，以取代花费大量时间和精力审查申请文件。司法实践中，一个经常出现的有争议的问题是：原告要求参与秘密文件的审查。特别是法官允许行政机关律师单方面参与时，有利于被告对免除公开的辩护，只有允许原告参与申请文件的审查，才能形成一种真正的对抗。原告坚持认为，原告律师出庭参与法官对文件的审查，这种对抗性程序设计的收益超过其风险。但是，法院基本上都拒绝原告的出庭要求，特别是在有关国家安全的政府信息公开案件中。

在政府信息公开诉讼中，法院的注意力应该主要集中在有关免除公开条款的适用是否适当的对抗性争论中，法院的秘密审查不能取代行政机关证明其拒绝公开政府信息正当性的义务。在实践中，争论最大的问题是，行政机关提供的对文件进行说明的宣誓书是否足够详细。行政机关通常认为，其提供的宣誓书已经足够详细；但原告一般认为，其还不够详细，因此，对行政机关文件进行秘密审查是必要的。原告也可以坚持认为行政机关不够诚实，如果存在支持不够诚实指控的事实，或原告能够提供反驳行政机关的证据，那么，该文件就不能免除公开。

在涉及行政机关内部人事规则、已经确定为国家机密的文件、行政机关内部备忘录等案件中，秘密审查的使用非常频繁。因为，从过去的情况看，行政机关拒绝公开这三类文件已经被扩大和滥用，法院通常采取积极的姿态，即通过秘密审查那些被不当拒绝公开的政府文件。在其他类型的案件中，如果宣誓书在事实问题上出现了冲突，那么，法院可能拒绝适用简易程序，而根据法院的自由裁量权进行秘密审查。在涉及金融机关的信息、石油和天然气井信息等事项的免除公开案件中很少使用秘密审查。在涉及贸易秘密、个人隐私、执法记录等事项的免除公开案件中也只是有限地使用秘密审查。

为了克服沃恩索引的不足，在司法实践中，联邦法院对秘密审查进行了改良。如果沃恩索引以及合理详细的描述不能解决争议，那么法院可以使用一种改良过的秘密审查方式，以便改善全面秘密审查的局限性。秘密审查的改良方式是随机抽样审查。如果在司法审查过程中公开宣誓书将危害国家安全或侵犯个人隐私权，那么，就秘密审查宣誓书和经过处理的沃恩索引，对被封存的申请文件、证言等进行随机或者代表性抽样，并进行秘密审查。为了确定申请文件在删除个人信息、商业秘密或者类似信息后，是否还存在任何可向原告公开的可合理分割的部分文件内容，法院可以对申请文件进行秘密审查。不过，也有人认为，在准备沃恩索引时，分割和公开不属于免除公开的信息是行政机关的责任，法院为查明可公开的又可合理分割的文件内容而秘密审查申请文件，是不明智的并浪费司法审查的时间。为了减轻法院的负担，法院的法官可以命令行政机关提交供其秘密审查的文件摘要和抽样文件。法院的法官也有权自由裁量责令行政机关在提交秘密文件时附带提交文件的沃恩索引。法官也可以委任一位特别聆案官对申请文件进行评估。

初审法院通过秘密审查结案可以减少败诉方上诉，因为，初审法院在秘密审查中可以根据具体事实对原被告的观点给予全面的衡量。原告不能以法院对文件的误读为由而进行抗辩，并且原告的这种抗辩上诉也不可能使行政机关考虑和解。但是，当原告秘密审查的申请被拒绝且判决被告胜诉的，原告提出上诉时，上诉法院在审理判决过程中，地区法院所依据的行政机关的宣誓书就成为一个关键因素。

因为上诉法院不太可能推翻地区法院是否进行秘密审查的选择，所以，在每一个案件中，地区法院法官可以相对自由地按照自己的意志决定是否进行秘密审查。在某些情况下，地区法院的法官可能因为行政机关对公开问题提出独特见解而特别尊重行政机关的要求。地区法院法官也可以独自决定，与政府律师举行一次单方会议，专门讨论行政机关的抗辩的理由。当然，上诉法院也可以自由裁量决定对争议文件进行秘密审查，如果在上诉过程中还存在事实问题的争议，就更加适宜选择秘密审查的方式。

二、美国政府信息公开诉讼的判决方式

根据美国《信息自由法》552（a）（4）（B）条款的规定，美国政府信息公开诉讼的主要救济方式是制止令救济，即法院有权制止行政机关拒绝公开文件或责令行政机关向原告提供其不当拒绝公开的文件。除此之外，还有执行令救济等其他救济方式。

（一）制止令救济

《信息自由法》授予联邦地区法院司法管辖权，有权制止行政机关拒绝公开文件或责令行政机关向原告提供不当拒绝公开的文件。如果申请人适当地证明行政机关的决定违反了政府信息公开方面的法律，那么，法院就可以适用制止令救济。《信息自由法》特别授予法院实施制止令救济的司法管辖权，事实上并不意味着法律规定了执行法律公开要求的特殊方法，并且，也没有限制联邦地区法院在适用制止令救济时使用其固有的衡平法上的权力。① 在20世纪60年代，很多法院认为其有政府信息公开诉讼的衡平法上的管辖权，可以在《信息自由法》免除公开之外，对公开可能引起重大损害的文件，根据衡平法的原则禁止公开。但是，从70年代以后，美国联邦法院几乎一致认为，行政机关可以免除公开的文件仅限于《信息自由法》规定的9项免除公开，法院不能在此之外创造新的免除公开。虽然《信息自由法》本身不能命令恢复已经遭到破坏的文件，但法院可以发布一个制止令，强迫行政机关遵守联邦记录法关于档案保护的规定。如果主张免除公开的文件的部分内容可以被合理分割，那么，法院可以要求公开不属于《信息自由法》免除公开的部分文件内容。

在决定制止令救济是否适合于解决政府信息公开争议时，法

---

① Renegotiation Bd. v. Bannercraft Clothing Co., Inc., 415 U.S. 1 (1974).

院主要考虑的应该是公开或不公开对公众的影响。一旦法院全面履行了这些职责，并行使其自由裁量权同意或者拒绝实施制止令救济，只有在基于错误的法律原则或滥用自由裁量权决定的情况下，法院制止令救济决定才可能被推翻。如果没有证据证明行政机关不遵守法院的判决拒绝公开文件，一般认为，《信息自由法》并未授权法院实施证据开示类型的制裁，或者命令要求行政机关今后遵守其规定。《信息自由法》并不要求行政机关收集制作不存在的文件信息。因此，法院不能要求行政机关向原告提供一份其工作人员是否积极作为的书面评价。

　　制止令救济的一个重要作用是阻止行政机关再次违法。如果法院发现行政机关将来有可能再次违法，那么，法院可以适用制止令判决以制止将来可能发生的违法行为。如果行政机关存在不遵守法律规定的先例，并且将来也可能违反法律规定，那么法院适用制止令救济是适当的。如果行政机关已经自动停止违法行为，但是，之后又长时间拖延反复阻碍及时公开应该公开的文件，那么，联邦地区法院应该认真考虑违法行为再次发生的可能性，对行政机关明确表示遵守规定的诚意、停止违法行为的有效性、以及之前违法行为的性质进行考量。[①]

　　制止令救济的另一个作用是制止行政机关拖延执行。虽然联邦最高法院已经注意到，联邦地区法院在裁决政府信息公开诉讼时保有其固有的衡平法上的权力，但是，对于行使司法管辖权以制止行政机关拖延执行政府信息公开诉讼的行为，联邦地区法院不能最后确定其行为是适当的，或者在什么情况下是适当的。法院认为，为了制止行政机关拖延执行政府信息公开诉讼，进行重新协商是不恰当的，但是，如果决定是基于重新协商过程的特殊性质作出的，其强调非正式的协商和交涉，并在索赔法院向立约人提供重新审查程序，那么，这种非正式的协商是可行的。为了

———————————

[①]　Long v. U. S. I. R. S., 693 F. 2d 907 (9th Cir. 1982).

解决这一问题，法院经过慎重考虑认为，虽然联邦地区法院有司法管辖权可以制止行政机关拖延执行政府信息公开诉讼，但是，地区法院也只有在特殊情况下才能这么做。① 如果行政法院的法官认为被申请的信息无关，或者原告不能证明其他救济途径不充分，也不能证明如果法院不授予制止令，他将遭受不可挽回的侵害，那么，法院不应该颁布制止令。

（二）执行令救济

根据一些州法律，对抗行政机关拒绝公开政府信息的适当救济方式是提起执行令诉讼，或者提起执行令性质的民事诉讼。尽管执行令在某种程度上取决于衡平法的原则，但这不表明法院可以任意行使衡平法上的自由裁量权拒绝颁发执行令状，如果法院行使这种衡平法上的自由裁量权，将是违反州政府信息公开法律的整体规定的。②

尽管存在滥用政府信息的可能性，但是立法已经对公众获取政府信息的权利与滥用政府信息的可能性进行了平衡，法院的职责就是实施法律的规定，保障公众获得政府信息的权利。因此，如果申请人提出了获取政府信息的申请，而且不存在法定的免除公开情形，或者普通法上的限制公开的情形，政府文件的保管者也没有具体说明不公开文件的充分理由，那么，法院必须颁发执行令以强制行政机关公开被申请的政府文件。

如果州政府信息公开的法律规定了法定的执行令，根据该法律规定，申请人只需要证明行政机关没有遵守法律规定即可申请执行令，适用普通法上的执行令规则可能是有用的，但不是决定性的。相反，行政机关未能提供政府信息明显违反了法律规定的

---

① Sears, Roebuck & Co. v. N. L. R. B. , 473 F. 2d 91 （D. C. Cir. 1972）.

② Industrial Foundation of the South v. Texas Indus. Acc. Bd. , 540 S. W. 2d 668 （Tex. 1976）.

职责，法定的执行令是适当的救济措施。[1]

由于执行令不能阻止将来损害的发生，如果存在将来违反法律规定的可能，法院应适用制止令。

（三）惩罚性损害赔偿

在美国的政府信息公开诉讼中，不存在侵权行为赔偿之诉。[2]为什么《信息自由法》不对胜诉的诉讼当事人提供损害赔偿呢？尽管没有什么理由可以阻止原告寻求损害赔偿，但是，可以确定的是，在《信息自由法》救济中没有规定损害赔偿救济，并且与《隐私权法》同时期通过的《信息自由法》修订也没有包含损害赔偿救济的条款，因此，对不适当拒绝公开申请信息的，原告不能对行政机关或其工作人员提出金钱损害赔偿的诉讼请求。法院应该拒绝受理这种诉讼请求，因为，法律已经全面明确列举了政府信息公开诉讼的救济途径，其明显没有授予个人提起金钱损害赔偿诉讼的规定。

如果行政机关在拒绝或延迟公开政府信息和提供政府文件复印件时行为专断或反复，或者行政机关或者政府官员故意拒绝申请人的申请，那么，根据特定的法律，申请人也可以获取惩罚性的损害赔偿。例如，美国有一个州的法律规定，如果申请人彻底胜诉或者实质性胜诉，法院可以给予不少于100美元的损害赔偿以及其他实际的费用支出补偿。即使没有获取补偿性损害赔偿的证据，申请人有权获取法定的最低标准的损害赔偿。[3] 如果被告拒绝或延迟公开申请信息构成违反《信息自由法》规定的行为存在专断或者反复无常的，申请人可以获取惩罚性损害赔偿，如果初审法院没有就被告延迟履行原告的申请是否存在专断和反复无

---

① Texas Dept. of Public Safety v. Gilbreath, 842 S. W. 2d 408 (Tex. App. Austin 1992).

② Daniels v. St. Louis VA Regional Office, 561 F. Supp. 250 (E. D. Mo. 1983).

③ State ex rel. Young v. Shaw, 165 Wis. 2d 276, 477 N. W. 2d 340, 71 Ed. Law Rep. 255 (Ct. App. 1991).

常的行为作出裁决，则应该发回重审。

根据《信息自由法》，"故意"和"反复无常"的表述得到法律的普遍认可和适用。如果行政机关"故意"或者"反复无常"地拒绝或延迟公开文件和提供申请文件的复印件，那么，申请人可以获取特定数额的惩罚性损害赔偿。[①] 但是，如果行政机关最初错误地声称，行政机关没有申请人申请的文件，只要行政机关作出答复时没有恶意，当时确实没有找到申请文件，那么，申请人就不能获取惩罚性损害赔偿。相似地，如果行政机关未能履行申请要求是依据其他法律规定（刑事案件中的信息公开只有依据刑事程序法才能被允许），即使行政机关的决定是错误的，申请人也不能获取惩罚性损害赔偿。

（四）对职员的违纪处罚

《信息自由法》552（a）（4）（G）条款规定："如果发生不服从法院裁定的情况，联邦地区法院可以以藐视法庭罪处罚负有责任的职员。"此外，国会已经指示功绩制保护委员会的特别法律顾问采取行动，根据法院的特定调查结果，进一步确定是否对应该承担责任的职员进行违纪处罚。这种处罚已经纳入《信息自由法》552（a）（4）（G）（F）（i）条款[②]，国会希望通过这种措施克服政府官员惯常拒绝公开政府信息的官僚主义态度。如果法院裁定行政机关承担合理的律师费和其他诉讼费用，并另外附

---

① Laracey v. Financial Institutions Bureau, 163 Mich. App. 437, 414 N. W. 2d 909 (1987).

② 5 U. S. C. A. §552（a）（4）（G）（F）（i）条款规定：每当法院责令行政机关向原告提供不当拒绝公开的文件，并裁定联邦政府承担合理的律师费和其他诉讼费时，法院还应当附带发布一个书面裁定指出，围绕拒绝公开的问题，行政机关工作人员是否在拒绝公开上存在专横或任意性的行为。特别律师应当迅速启动一个程序，以确定对于拒绝公开负主要责任的官员或职员是否需要给予纪律处分。在对所提交的证据进行调查核实后，特别律师应当向有关行政机关的主管部门提出自己的调查结论和建议，并将该结论和建议的副本送达负有责任的官员或职员或其代理人。主管部门应当按照特别律师的建议采取纠正措施。

带发出一个书面调查决定，对行政机关拒绝公开的情形提出质疑，即对行政机关工作人员作出拒绝公开决定是否存在专横或任意行为提出质疑，那么，在法院发布命令责令行政机关提供不当拒绝公开的文件之后，特别法律顾问必须按照法院的调查决定迅速进行调查。如果法院调查发现行政机关拒绝公开文件是适当的，那么，对确定行政机关职员是否存在妨碍合法的信息公开请求事项，法院没有举行听证的管辖权。虽然律师费的裁决是开启违纪处罚程序的先决条件，同时还必须满足另一个先决条件：即法院责令行政机关公开文件，这就意味着，如果是行政机关自愿公开文件，但是在其延迟公开文件之后法院裁决给予律师费补偿的，就不能启动违纪处罚程序。对行政机关行为是否存在专横或任意提出质疑并附带决定进行调查是必须的，但是，在法院裁决行政机关承担律师费和责令行政机关公开文件之前不能作出违纪调查决定。

在特别法律顾问调查和核实提交的证据后，特别法律顾问应当向有关行政机关的负责人提交自己的调查结果和建议，并将调查结果和建议的副本送交法院的官员和有关的职员或其代理人。最后，行政机关负责人必须按照特别法律顾问的建议采取纠正措施。

第三节 我国政府信息公开诉讼的审理和判决方式的完善

美国是政府信息公开诉讼研究比较成熟的国家，其构建的政府信息公开诉讼制度对世界其他国家产生了深远的影响。在审理方式上美国主要通过简易程序和秘密审查制度进行；在判决方式上主要有制止令和执行令两种判决方式，加上惩罚性损害赔偿和对职员违纪处罚共同构成美国完整的救济制度。我国在审理方式上也有简易程序和不公开审理；在判决方式上有履行判决和驳回原告诉讼请求的判决。但是，相比之下，我国政府信息公开诉讼在审理方式和判决方式方面还是存在以下不足，需要进一步改革完善。

一、我国政府信息公开诉讼审理方式的完善

（一）关于简易程序的完善

如前所述，根据我国《行政诉讼法》第82条的规定，我国政府信息公开诉讼简易程序制度存在两个不足：一是将所有政府信息公开案件全部纳入简易程序；二是简易程序实行审判员一人独任审理。首先，政府信息公开诉讼案件是否应该全部纳入简易程序的范围。美国并不是把所有政府信息公开诉讼案件都纳入简易程序判决，其纳入的前提条件是：不存在事实问题的争议。只有纯粹的法律问题存在争议时，即适用免除公开条款适当性存在争议时，才适用简易程序判决。如果是被告行政机关提出简易程序判决要求，另加条件是行政机关提供的宣誓书详细、充分，而且不存在恶意；如果是原告即信息申请人提出简易程序判决要求，另加条件是行政机关存在随意和反复无常，或者申请的信息明显不属于免除公开政府信息的范围。我国行政诉讼法虽然明确列举将政府信息公开诉讼案件纳入了简易程序范围，但是，也是有前提条件的，即"认为事实清楚、权利义务关系明确、争议不大的"。相比之下，存在两点区别：一是是否进行事实和法律问题区分。我国的"事实清楚，争议不大"讲的是事实问题，只是要求事实争议不大，与美国的"不存在事实问题的争议"还是有区别的。"权利义务关系明确，争议不大"讲的是法律问题，也

就是说，即便存在法律问题，只要争议不大的，也可以适用简易程序。美国区分法律问题和事实问题，我国不区分法律问题和事实问题，只区分争议大小。二是对证据是否有要求。美国对原告、被告提出简易判决的证据有明确要求，我国"认为事实清楚、权利义务关系明确、争议不大的"条件当然也需要有证据证明，但是，没有明确提出，而且通过什么证据，有何要求也不明确。之所以存在上述不同，关键在于两国简易程序上的差异。

在简易程序判决上，我国要求的是审判员一人独任审理，应当在立案之日起 45 日内审结。即简易程序判决还是要开庭审理的，只是庭审法官只有审判员一人。我国的开庭审理包括公开开庭和不公开开庭，政府信息公开诉讼应该选择不公开开庭，但是，不公开开庭无法避免被审查的信息对当事人保密。美国简易程序判决不太关注审判人员的多少，核心是不开庭审理，即类似于我国二审中的书面审查。因此，政府信息公开诉讼简易程序问题，不是政府信息公开诉讼该不该纳入简易程序的问题，或者纳入多少的问题，关键是针对政府信息公开诉讼的特殊性，将开庭审理改为书面审查。

（二）关于不公开审理的完善

如前所述，政府信息公开诉讼标的特殊性，即审查申请信息是否应该免除公开，在审理过程中一定要保证申请信息不被泄露，包括不向诉讼当事人泄露，因此，对审理方式有特殊要求。由于《信息公开案件规定》中没有明确审理方式，所以只能根据我国《行政诉讼法》的规定适用不公开开庭审理。但是，不公开开庭审理不能避免国家秘密、商业秘密、个人隐私向当事人及其诉讼代理人泄露，因此，这种审理方式也是不可行的，所以，唯一可行的方法是在立法上明确政府信息公开诉讼的秘密审查制度，或者类似于我国二审的书面审理制度。美国在《信息自由法》中明确规定了秘密审查制度，实践中，这种秘密审查制度又分为不开庭的秘密审查，即简易程序判决的秘密审查程序和开庭的单方秘密审查，即行政机关单方参加的秘密审查。同时司法实践中还创立了两种秘密审查的替代性方法：即审查宣誓书和沃恩索引、秘密文件的随机抽样。我国《行政诉讼法》第86条对书面审理的适用问题进行了规定。根据该规定，我国书面审理的适用条件为：第一，书面审理方式只能适用于行政诉讼的二审程序；第二，审查的内容是双方当事人提交的上诉状和有关的诉讼档案材料，包括证据资料等；第三，不需要原告、被告、第三人以及其他诉讼参加人到庭参加审理；第四，与开庭审理相比较诉讼程序简单，不包括法庭调查和法庭辩论阶段；第五，案件必须是事实清楚，双方当事人没有提出新的证据或者理由。从书面审理的这些适用条件可以看出，书面审理需要较为严格的条件，其中最核心的是"案件事实清楚"和"没有提出新的证据资料"。因此，对于政府信息公开诉讼而言，只要案件事实清楚，不存在事实争议，证据充分，足以证明申请信息是否属于免除公开的范围，就可以进行书面审理或者叫作秘密审查。因此我国行政诉讼法规定的书面审理制度与美国政府信息公开诉讼的秘密审查制度有异曲同工之妙。目前，我国政府信息公开诉讼并没有明确规定采取何种审理方式，只是规定"视情况采取适当的审理方式"。因此，笔者认为，应该在我国政府信息公开诉讼中确立书面审理方式，即如果政府信息公开案件涉及国家秘密、商业秘密或者个人隐私，那么人民法院可以在原被告不在场的情况下对案件进行书面审理，或者只是被告单方在场的情况下对案件进行单方秘密审查。

二、我国政府信息公开诉讼判决方式的完善

根据《信息公开案件规定》，在政府信息公开诉讼中，对于原告胜诉的，规定了积极不作为和消极不作为两类判决，这与美

国的制止令判决：制止行政机关拒绝公开文件或责令行政机关向原告提供其不当拒绝公开的文件相类似，只是我国对积极不作为判决进行了细分。首先，关于正确处理判决公开与判决重新答复的关系问题。《信息公开案件规定》中规定了"判决被告在一定期限内公开"与"判决其在一定期限内重新答复"两种行政机关不作为的判决方式。但是对如何正确处理判决公开与判决重新答复的关系上缺乏明确规定，造成司法实践的混乱。如何正确处理司法权与行政权的关系，特别是不能用司法权取代行政权，这是该判决需要特别注意的问题。笔者认为，在政府信息公开诉讼中，没有对申请信息的公开性进行审查辩论，或者在审查过程中没有充分证据证明申请信息应该公开的，应该判决行政机关重新答复。法院的主要职责是判决行政机关的政府信息公开决定是否合法，申请信息是否应该公开的问题属于行政职能事项，应该由行政机关来决定。其次，关于消极不作为判决被告在一定期限内答复，如果答复已无实际意义如何处理问题？在黄某某诉广西壮族自治区人民政府一案①中就存在这个问题。原告向广西区政府提交政府信息公开申请表，申请书面公开原告房产所在区域地块相关资料，具体包括四大类二十多份材料。被告收到原告的政府信息公开申请之后未作出答复。经复议后，原告不服，起诉至法院，请求确认被告不履行公开政府信息法定职责的不作为行为违法，并责令被告公开相关信息。法院审理后判决：（1）确认被告对原告要求公开相关政府信息的申请不予答复的行为违法；（2）驳回原告黄某某的其他诉讼请求。该案中，在判决履行无意义（该信息已经通过其他途径公开）的情况下，只能判决确认违法。但是，判决违法又有什么意义呢？所以，美国针对这种情况设置了律师费制度，判决原告胜诉的，由被告承担原告的律师费和其他诉讼费用，该问题将在第七章中专题研究。关于我国政府信息公

---

① （2014）桂行终字第 40 号。

开诉讼赔偿判决的问题。其实，美国政府信息公开诉讼中也没有赔偿之诉，只是在反信息公开诉讼中确立有赔偿之诉。这点与我国完全相同。我国在《信息公开案件规定》第 11 条的规定就是美国所说的反信息公开诉讼，其中规定了赔偿判决。为什么反信息公开诉讼有赔偿判决，政府信息公开诉讼没有国家赔偿？笔者认为主要是因为政府信息公开侵权的特殊性所致，政府信息公开侵权行为往往不是直接侵犯人身权、财产权，侵犯的是知情权、监督权。而我国目前侵犯知情权、监督权没有纳入国家赔偿的范围。而反信息公开侵犯的是隐私权、商业秘密，侵犯隐私权、商业秘密就是侵犯人身权、财产权或者与人身权、财产权、精神损害等有关，属于国家赔偿的损害的范围。但是，我国政府信息公开诉讼由此带来了另外一个问题：即由于没有赔偿判决，在下列两种情况下，直接影响或决定原告诉讼的动因和动力：一是判决公开申请信息对申请人已经没有用了，过时了；二是申请人申请信息主要是为了公众的知情权和监督权利益。美国为了解决这一问题，建立了律师费制度。有关律师费制度，在第七章有详细论述，在此不再赘述。我国应该建立律师费制度，否则，原告起诉只能是基于对自己"有用"，严重制约原告的诉讼权和诉讼积极性，也不可能真正建立起基于知情权的政府信息公开制度而达到监督政府依法行政的目的。

对于原告败诉的判决。《信息公开案件规定》第 12 条对适用情形进行了详细列举。但是，对判决驳回原告诉讼请求的情形进行详细列举是否合适也值得商榷。首先，从技术上说，如果对原告胜诉案件与败诉案件的具体情形都做列举的话，容易出现中间地带，没有列举的情形，法院反而不好处理。如果只列举原告胜诉的判决，其余的都应该判决原告败诉，法院反而更好处理。其次，现实情况纷繁复杂，千变万化，详细列举很难做到万无一失，容易出现遗漏。所以，笔者认为，比较科学的做法是，对驳回原告诉讼请求的判决适用情形进行概括性规定，不做详细列举，由法官自由裁量决定。类似于我国《行政诉讼法》第 69 条的规定，可以规定为：拒绝公开政府信息行为证据确凿，适用法律、法规正确，符合法定程序的，或者原告申请被告履行法定职责或者公开义务理由不成立的，人民法院判决驳回原告的诉讼请求。

第七章　政府信息公开诉讼的律师费制度[*]

---

　　* 本章部分内容以《美国政府信息公开诉讼中的律师费制度及启示》为题，作为国家社科基金项目"政府信息公开诉讼的原理与技术研究"（项目编号：13BFX043）的阶段性成果之一，刊载于《广西师范大学学报》，2014 年第 3 期。

虽然我国建立有国家赔偿制度，但是，司法实践中有些问题我们无法回避：当信息公开有利于促进公众知情权、监督权而对申请人本人意义不大时，个人花钱为公众的知情权进行诉讼的动力或利益何在？有些信息具有时效性、及时性，原告胜诉后法院判决信息公开，可能该信息已经过时而对原告没有用了，原告的诉讼积极性何在？如果诉讼后法院判决确认行政机关拒绝公开信息的行为违法，以进一步要求对行政机关的侵权行为承担赔偿责任，但政府信息公开中侵犯的主要不是一般的人身权、财产权，而是知情权，侵犯知情权时又该如何赔偿？等等。从美国政府信息公开立法和六十多年来的实践情况看，在政府信息公开诉讼中，律师费制度是解决以上问题的可行办法。

第一节　美国政府信息公开诉讼律师费制度的主要内容

在政府信息公开诉讼中最早确立律师费制度的当属美国。美国诉讼中的律师费与诉讼费制度有两项独特的规则，一是胜诉方与败诉方分摊诉讼费的规则；二是允许胜诉取酬制规则。除此之外也有其他例外，如一些旨在保护个人权利的法律规定，胜诉的原告可以追索律师费和其他诉讼费。因此，美国法院传统上对缺乏明确法律授权的胜诉方当事人拒绝裁决给予律师费，[①] 而裁决

---

① Alyeska Pipeline Co. v. Wilderness Soc'y, 421 U. S. 240（1975）.

给予律师费只是一种例外。美国《信息自由法》要求行政机关最大限度地向公众公开政府信息。当行政机关拒绝公开申请的信息时，受到侵害的一方当事人有权利对行政机关的决定寻求司法审查。1966 年，美国国会在政府信息公开诉讼中对各种费用授权时特别排除了律师费。1974 年，美国国会在修改《信息自由法》时意识到，长期以来，只有经济上"富有的"原告能够负担得起根据该法提起诉讼的费用。行政机关使用公共资源与并不富裕的个人进行诉讼，那么，公众对抗行政机关蓄意隐匿政府信息的诉讼的动力就会渐渐地消耗殆尽，国会听到许多信息公开的申请人无力通过诉讼维护其法定权利的抱怨。因此，为了与国家支持政府信息公开的重要政策相一致，美国国会在 1974 年修改《信息自由法》时引入了律师费条款，授权法院对胜诉的原告裁决给予律师费。即增加了 552（a）（4）（E）（i）条款，其规定："在根据本条提起的诉讼中，如果原告已经实质上胜诉，法院可以裁决联邦政府承担合理的律师费和该案发生的其他合理的诉讼费。"[①] 美国国会意图通过律师费条款以消除许多诉讼当事人面临的经济障碍，从而促进公民对该法的执行。此外，美国国会期望该条款可以阻止政府对该类诉讼的不重视。

一、美国《信息自由法》律师费条款的目的和含义

（一）《信息自由法》律师费条款的目的

《信息自由法》的立法历史表明了该法的三个立法目的：一是实现公民对该法的执行；二是惩罚试图阻挠合法信息申请的行政机关；三是通过消除诉讼当事人面临的经济障碍促进个人对该法的执行。《信息自由法》依靠公民的执行以实现该法的目标。

---

① 5 U.S.C. § 552（a）（4）（E）（i）.

美国国会没有授权任何行政机关专门执行该法，参议院认为，个人的参与对提供全面保护以防止政府权力滥用是必要的。对于监督政府的信息活动，与行政机关的自我监督机制相比，公民个人的执行是更为有效的手段。因此，美国国会意图鼓励最大可能通过司法程序推动该法的执行。立法的历史表明，律师费条款是为了通过惩罚不遵守该法的行政机关和通过消除诉讼的经济障碍加强公民参与该法的执行。

在考虑《信息自由法》适当执行机制的时候，美国国会表示担忧：行政机关将通过昂贵的和耗时的法院诉讼阻挠合法的信息申请。参议院的《信息自由法》报告指出，律师费条款意图引导行政机关只对很有可能获胜的案件进行诉讼。① 在众议院听证会上，代表莫尔赫（Moorehead）质疑：律师费条款是否有足够强大的威慑力足以阻止不合理的政府信息公开诉讼？一名证人回答，如果裁决的律师费从行政机关的预算经费中支付，而不是从国库中支付，那么，律师费条款就可能影响行政机关的决定。美国国会采纳了这一建议，表示其渴望通过律师费条款促进行政机关遵守《信息自由法》。

美国国会制定《信息自由法》律师费条款的主要理由是消除诉讼的经济障碍。然而，1966 年《信息自由法》通过之后，② 许多公民并没有根据该法行使他们的权利，使得该法的目标未能实现。于是美国国会开始担忧并研究该法的问题，以加强该法的执行。提出律师费条款的参议院《信息自由法》报告指出，一个主要的执行问题是，要获得拒绝公开的信息需要通过"繁琐的和昂贵的法律救济途径"。该报告承认，投入必要的时间和费用以赢得诉讼使得"诉讼在许多情况下不具有可行性"。该报告指出，"即使是最简单的《信息自由法》案件……涉及的法律费用也超过1000 美元"，参议院司法委员会得出结论认为，"目前的障碍……

---

① S. REP. NO. 854, 93d Cong., 2d Sess. 17 (1974).

② Pub. L. No. 89-554, 80 Stat. 383 (1966).

通常是一般申请信息的人难以承受的，从而使得政府逃避遵守该法"，并建议加强律师费条款。因此，立法的历史表明，通过消除诉讼当事人所面临的经济障碍以促进该法的执行是美国国会坚定的意图。

（二）《信息自由法》律师费条款的含义

《信息自由法》律师费条款的目的是通过确保没有财政作为后盾的原告当事人能够根据《信息自由法》提起诉讼，以实现公开政府信息的重要国家政策。这些费用的支付可以超出有关行政机关的预算，这意味着，根据《信息自由法》，行政机关即使没有从美国国会那里获得拨款，也可能被强迫要求向胜诉的原告支付律师费。[①] 在政府信息公开诉讼中，如果联邦行政机关在原告起诉后公开了信息，此时尽管原告再次要求公开信息已经变得毫无意义，但是，原告律师费和其他诉讼费的提起并不是毫无意义，律师费和其他诉讼费的问题附属于主要诉讼，但根据法院衡平法上的司法管辖权，律师费诉讼也可以独立存在。

政府信息公开诉讼律师费条款中的"在根据该条提起的诉讼"中的"该条"是指根据《美国法典详解》第5篇第552条，即根据《信息自由法》提起的诉讼，它排除了原告在没有申请信息公开或没有获得《信息自由法》救济时的律师费裁决。然而，一般认为，在根据《信息自由法》和《行政程序法》纠正有瑕疵的行政行为而提起的律师费诉讼的裁决是适当的。[②]

一般认为，政府信息公开诉讼律师费条款中的"律师费"，是指原告在政府信息公开诉讼中聘请律师所支付的费用。至于原告代理自己诉讼和作为律师的原告代理自己诉讼胜诉的是否应该裁决给予律师费，在美国存在争议，有的法院认为应该裁决给予律师费，有的法院认为不应裁决给予律师费，该问题我们在后面

---

① Rocap v. Indiek，539 F. C. 174（D. C. Cir. 1976）.

② Nichols v. Pierce，740 F. 2d 1249（D. C. Cir. 1984）.

专门讨论。政府信息公开诉讼律师费条款中的"其他诉讼费"不限于在《美国法典详解》第 28 篇第 1920 条列举的费用，该条款列举了联邦法院法官裁决的应该缴纳的各种诉讼费。"其他诉讼费"包括复印、邮寄、包装、展示、打印、运输和停车费等费用。其他诉讼费不包括从图书馆中很容易获得的法律书籍的费用。[①] 但是，在政府信息公开诉讼中，其他诉讼费用不包括从图书馆中借阅法律书籍的费用，也不包括过分冗长的宣誓书的复印费或者过多的电话费用开支。当案件由于行政机关延迟履行义务而使诉讼变得没有实际意义的时候，即在原告起诉后公开了信息，在行政机关没有公开信息之前所发生的诉讼费用是可以依法获得诉讼费赔偿的，除非法院自由裁量决定判决赔偿诉讼费不适当。

政府信息公开诉讼律师费条款中的"原告已经实质上胜诉"是法院裁决给予律师费的关键。在《信息自由法》案件中，律师费的裁决是否适当，取决于一个"两步走"的调查：第一步，原告必须通过其实质上胜诉以证明其有"资格"获得律师费。然而，仅仅"有资格"还是不够的。第二步，原告必须证明其有"权利"获得律师费。[②]

二、原告获得律师费和其他诉讼费的条件

（一）原告获得律师费和其他诉讼费的"资格"

美国《信息自由法》552（a）（4）（E）条款规定："（i）在根据本法提起的诉讼中，如果原告已经实质上胜诉，法院可以裁定联邦政府承担该案发生的合理的律师费和其他诉讼费用。（ii）为本条款之目的，如果原告通过如下方法获得了救济，那么就认为原

---

①　Kuzma v. I. R. S. , 821 F. 2d 930 (2d Cir. 1987).

②　Hill Tower, Inc. v. Department of Navy, 718 F. Supp. 568 (N. D. Tex. 1989).

告已经实质上胜诉：（Ⅰ）司法裁决令、可强制执行的书面协议或和解协议；（Ⅱ）即使原告的诉讼主张是非实质性的，行政机关自愿或单方面改变拒绝公开立场。"原告提出律师费主张必须向法院提供以下证明：（1）根据《信息自由法》向行政机关提出信息公开的申请；（2）申请被拒绝或者延迟答复；（3）申请人作为原告提起诉讼；（4）申请的一些或者所有文件应该公开。如果原告既没有根据《信息自由法》寻求救济，也没有实质上获得救济，则不能根据该条款裁决给予律师费补偿。但是，一般认为，如果根据《信息自由法》和《行政程序法》的规定，行政机关的行为都是有瑕疵的，为纠正行政机关行为提起诉讼，在这种情况下，法院裁决给予政府信息公开诉讼律师费补偿是适当的。在政府信息公开诉讼中，如果原告已经实质上胜诉，法院可以裁决行政机关承担合理的律师费和该案发生的其他合理的诉讼费。因此，为了证明有"资格"获得律师费和其他诉讼费，原告必须证明其在获取申请文件时已"实质上胜诉"。在决定原告是否实质上胜诉时，首先应该考虑的是从行政机关获得文件的数量：原告获得了大量其要求获得的文件的，可以获取律师费和其他诉讼费用补偿；反之，如果法院拒绝公开绝大多数申请的文件，原告就不能得到律师费和其他诉讼费用补偿。如果法院命令公开的文件实际上只是申请公开文件的不重要的部分，那么，原告不能算是实质上胜诉。即使原告没有获得申请的全部文件，如果其至少获得其中"关键"的文件，原告也算是实质上胜诉。与行政机关自愿公开文件的数量相比，即使原告在诉讼中获得文件的数量相对较少，如果因此获得的文件具有"决定性"意义，那么，仍然可以认为原告获得实质上的胜诉。①

原告在案件中胜诉，这并不意味着原告在诉讼中获得胜诉的判决，即法院命令要求行政机关公开文件不是获取律师费补偿的

---

① Cazalas v. U. S. Dept. of Justice, 709 F. 2d 1051 (5th Cir. 1983).

先决条件。只要存在行政机关自愿公开文件的事实，法院就可以裁决对原告给予律师费补偿。但是，一般认为，如果在判决前行政机关主动公开了文件，原告没有获得胜诉的判决，原告必须证明，其已经"实质上胜诉"需要以下两个方面令人信服的证据：（1）认为起诉对于获得申请信息是必要的，即必要性要素；（2）起诉对于提供信息产生了实质性诱发作用，即因果关系要素。① 最终的判决或命令不是判断当事人胜诉的必要的前提条件，因为立法的目的是鼓励行政机关自愿遵守法律规定。如果行政机关在迫使当事人提起诉讼且通过获得信息公开之后，政府可以剥夺当事人获得费用补偿的权利，那么就无法实现政府信息公开立法的目的。即行政机关就不会自愿遵守法律规定，只有当事人向法院提起诉讼之后才公开信息。诉讼可能"促进"行政机关答复申请的事实，并不足以构成获得律师费之目的的实质上胜诉。在特殊情况下，当事人是否已经证明该诉讼是合理必要的，以及在诉讼与信息的提供之间是否存在因果关系，也就是说，当事人是否实质上胜诉，是法院需要解决的一个事实裁定。在政府信息公开案件中，当存在有关当事人是否已经实质上胜诉的事实争议，对于法院来说进行开庭审理以解决该争议是明智之举。对该问题的证明责任在原告方。如果行政机关迅速行动并及时认真处理政府信息公开申请；如果该案件在起诉状和内容上不是政府信息公开案件；或者如果公开的文件相比整个申请只是一小部分。就是行政机关胜诉，法院可以裁决拒绝支付律师费等费用。如果公开的信息来源于其他行政机关，作为被告的行政机关不能基于申请文件事实上来源于其他行政机关而阻止原告获得律师费。在政府信息公开诉讼中，申请获得律师费对公开文件的来源机关是其他行政机关还是被告行政机关并没有限制。

1. 原告实质上胜诉的必要性要素

行政机关反对原告申请律师费最典型的理由是，如果没有原

---

① Matlack, Inc. v. U. S., E. P. A., 868 F. Supp. 627（D. Del. 1994）.

告过早的诉讼，文件也会公开。如果原告在法定期限过期之前起诉，该辩护套路尤其适用。原告也可以接受行政机关提供的部分公开，但是，只要行政机关在法律问题上获胜，就不需要承担对方律师费等费用，因为原告没有"实质上胜诉"。即使行政机关错过了最后期限公开，仍然存在这种情况，即行政机关造成了工作积压并通知申请人有关延误的时间，导致诉讼存在没有必然公开正当理由的裁决。在政府信息公开诉讼中，仅仅有公开并不意味着公开是申请引起的诉讼诱发效果。因此，决定原告是否实质上胜诉的一个重要因素是：诉讼的提起对于促使行政机关公开信息是否是合理必要的。① 如果行政机关最初不当地拒绝向原告公开信息，在原告提起诉讼后公开了信息。行政机关就不能因为在诉讼期间公开了信息而使其获得律师费和其他诉讼费用的主张变得无实际意义，说明诉讼对于促使行政机关公开信息发挥了重要作用。决定申请人是否有必要提起政府信息公开诉讼，必须从一个理性的人的角度考虑，即一个理性的人如何看待原告提起政府信息公开诉讼的目的。如果其申请公开已经被公开的文件，根据政府信息公开诉讼律师费条款的目的，提起政府信息公开诉讼是没有必要的。相反，如果原告合理地认为若不提起诉讼，行政机关将不会无条件地公开文件，那么诉讼就是必要的。在政府信息公开案件中，申请人在提交政府信息公开申请后，如果打电话给行政机关与提起政府信息公开诉讼效果是一样的，那么法院裁决拒绝给予律师费是合理的，就不是滥用自由裁量权。如果对原告是否已经说明了政府信息公开诉讼理由存在质疑，或者没有证据表明申请人在提出适当的申请后行政机关拒绝提供文件，那么法院可以拒绝裁决给予律师费。

2. 原告实质上胜诉的因果关系要素

法院裁定要求行政机关公开申请文件不是获得政府信息公开

---

① Exner v. F. B. I. , 443 F. Supp. 1349（S. D. Cal. 1978）.

诉讼律师费的先决条件。仅仅存在行政机关自愿公开文件的事实不能拒绝裁决给予律师费。还必须建立政府信息公开诉讼与行政机关公开某些申请文件之间是否存事实上的因果关系。① 在政府信息公开案件中，决定当事人是否已经实质上胜诉很大程度是因果关系问题。如果政府信息公开诉讼实际上导致了行政机关公开申请文件，那么政府信息公开诉讼与行政机关公开文件的因果关系就建立起来了。尽管行政机关不能以原告仅仅是获得申请的文件，但没有获得法院胜诉的裁决为由阻止法院裁决给予原告律师费，但是，仅仅因为原告提起诉讼而随后行政机关公开了文件，也是不足以建立诉讼与公开文件之间的因果关系。然而，在决定因果关系是否存在时，政府信息公开诉讼与文件公开之间的先后关系可以考虑进去，但时间关系自身以及连同任何其他特定因素，都不能建立起某一法律问题的因果关系。相反，原告必须证明，政府信息公开诉讼对促成文件公开的必然性。诉讼必然导致申请文件公开，否则没有诉讼，申请文件肯定不会公开。另外，如果没有明显的证据证明行政机关延迟答复，只是在原告提起政府信息公开诉讼以后行政机关才公开申请文件，这种情况下法院也可以裁决给予原告律师费补偿。因为，在行政机关公开文件之前，原告可以采取诸如提起诉讼、要求沃恩索引等各种措施。

如果行政机关没有答复信息申请的真正原因不是害怕法院的不利裁决，而是缺乏对申请的实际告知，或者由于在行政程序中由于审慎调查而造成不可避免的延迟，那么，不能证明原告实质上胜诉。② 如果行政机关由于与诉讼无关的行政政策的变化而让步，申请人也不能被认为是实质上胜诉而获得裁决给予律师费和其他诉讼费。证明原告的诉讼与行政机关文件公开之间的直接原因和因果关系的证明责任归原告，这种证明责任是一种严格的证

---

① Republic of New Afrika v. F. B. I., 645 F. Supp. 117 (D. D. C. 1986).

② Church of Scientology of California v. U. S. Postal Service, 700 F. 2d 486 (9th Cir. 1983).

明责任。在政府信息公开诉讼中，在缺乏最终对原告有利裁决的情况下，决定当事人是否实质上胜诉，在很大程度上取决于因果关系。

（二）原告获得律师费和其他诉讼费的"权利"

美国《信息自由法》规定，法院可以裁决联邦政府承担合理的律师费和其他诉讼费用，这意味着承担律师费补偿的裁决取决于法院有效的自由裁量权，即使原告已经实质上胜诉，法院也不一定裁决给予律师费补偿。在政府信息公开案件中，法院没有支持裁决给予律师费补偿的绝对权利，也不能推定法院应该裁决给予律师费补偿。法院在根据《信息自由法》律师费条款裁决给予胜诉的当事人有权获得律师费时，应考虑包含在美国参议院报告中的四个因素，[①] 这四个因素没有纳入《信息自由法》的最后文本，因为参加会议的议员认为，详细列明标准界限会造成"界定过死而没有必要"，这四个因素是：（1）信息公开的公共利益；（2）信息公开的商业利益；（3）原告申请信息公开利益的性质；（4）政府拒绝公开信息是否存在合理的法律依据。然而，这四个因素并不是详尽的列举，也不是密不透风不存在任何漏洞的必不可少的先决条件。只满足四个标准因素中的三个因素，诉讼当事人也许可以被允许获得律师费，而且，法院不应该给予其中任何一个特定因素以决定性的分量。一些法院也注意到其他的因素，如原告的财务状况，但是政府信息公开诉讼律师费的裁决不受贫困状况的限制。在其他条件适合的情况下，法律并没有排除公司或富人获得律师费。在行政机关事实上并没有拒绝公开申请信息的情况下，也不会仅仅为了惩罚行政机关的拖延而裁决给予律师费。

1. 信息公开的公共利益

在政府信息公开诉讼中，法院是否应该裁决给予胜诉的原告

---

① H. R. No 93 – 1380 and S. R. No 93 – 1200. at 9.

获得律师费时应考虑的第一个因素是案件是否包含公共利益。实际上，在政府信息公开案件中，裁决原告有权获得律师费补偿时，法院考虑的最重要的因素就是信息公开中是否包含公共利益。[1] 如果信息的公开对于公众而言不具有明显重大的公共利益，即使满足了其他标准，法院也可以行使有效的自由裁量权裁决拒绝给予原告律师费补偿。法院可以在更有利于公众的政府信息公开案件中裁决给予原告以律师费补偿，但是，如果信息公开将有助于私人利益或商业利益，法院则不太可能裁决给予律师费补偿。公共利益因素要求申请的信息总体上与公共利益有关。

公共利益因素不要求申请的信息本身属于通常的公共利益，只要公开信息事实上能够获得公共利益就可以了。[2] 申请人与保密文件存在重大的个人利益并不必然与申请文件具有同样重大的公共利益相矛盾。个人希望获得信息并不总是可以推定不是为了公共利益。在某些情况下，是为了实现申请人自身合法的个人利益，如保持合法移民身份的利益或者学术研究中的信息使用，但是，这并不意味着信息公开没有公共利益。当原告获得一个独立的有利裁决并不能证明符合公共利益标准的时候，法院可以考虑这样一个事实，即当裁决原告有权获得律师费的时候，原告事实上已经胜诉，通过胜诉，原告提供给公众一个重大的利益：即法院的判决确认了公众获得政府信息权利的重要性，并且不支持行政机关阻碍这一权利行使的立场。该裁决证明了行政机关没有根据特定免除公开条款拒绝公开特定信息是有利于公众的。而且，通过原告传播这些信息，这些信息是否对公众有用也是裁决公众是否从政府信息公开中获得利益所依据的一个因素。总的说来，信息是否对公众有用判断的标准是：政府信息公开大体上是否有助于公众对政府的活动作出合理的判断，以及该信息是否有可能

---

[1]　Miller v. U. S. Dept. of State, 779 F. 2d 1378 (8th Cir. 1985).

[2]　O'Neill, Lysaght & Sun v. Drug Enforcement Admin. , 951 F. Supp. 1413 (C. D. Cal. 1996).

增加公民的信息储备，以使其在作出重大的政治选择时可能使用这些信息。

关于法院在裁决是否给予政府信息公开诉讼的原告以律师费补偿时，考虑公共利益的另一因素是：如果信息公开的根本目的是执行联邦法律包含重要的国会政策，那么信息公开就体现了重大的公共利益。法院裁决是否应该给予政府信息公开诉讼中实质上胜诉的原告以律师费补偿时考虑的公共利益因素可能通过法律的履行得以满足。① 新闻媒体申请人的信息申请，明显代表了公共利益，但是并不能否认私人当事人也可以扮演这种角色。例如，研究人员和作家，他们也可以申请公开某些政府行为以及有新闻价值事件的内幕。反过来，申请人的申请仅仅有作为翔实资料的事实，并不能保证在申请公开特定文件中存在实际上的公共利益。

2. 信息公开的商业利益

在政府信息公开诉讼中，法院在是否应该裁决给予胜诉的原告获得律师费时应当考虑的第二个因素是原告的商业利益。即原告申请政府信息公开是为了商业目的。只有存在确切清楚的证据证明信息公开具有实质性的公共利益的情况下，法院才可以裁决给予原告律师费补偿，也就是说，最低限度的、附带的、推测性的公共利益不足以支持裁决给予原告律师费补偿。

对在政府信息公开诉讼中存在商业利益的原告，法院通常拒绝裁决给予律师费补偿，因为一般认为，这种案件中的原告有足够的动力持续诉讼直到案件最终判决。就为其自身商业利益寻求政府信息诉讼的申请人来说，政府信息公开诉讼是原告自己关心和承担花费的事项，并不主要服务于公共利益。在政府信息公开诉讼中对主张商业利益的原告作出有利裁决，不太可能导致该信息的广泛公开传播。但由于信息在新闻媒体上的传播，公众可能

---

① Seegull Mfg. Co. v. N. L. R. B. , 741 F. 2d 882 (6th Cir. 1984).

极大受益，因此，新闻利益不应被作为商业利益而成为拒绝原告追索律师费的理由。新闻的、学术的和其他公共利益所关注的事项，都值得通过裁决律师费的方式给予特别的鼓励。为了商业利益提起政府信息公开诉讼的原告不能获得裁决给予律师费补偿，但是，在政府信息公开案件中，裁决给予律师费的商业利益标准必须包含足够的金钱刺激，以使得裁决给予律师费没有必要。例如，美国法院认为，旨在恢复公职人员工资的政府信息公开不是为了商业利益的诉讼，不属于为了商业利益而提起的政府信息公开诉讼类型。

在政府信息公开诉讼中，只为申请人商业利益而使用的信息是裁决律师费原则中所指的为了商业目的申请的信息。[①] 其提出政府信息公开申请和提起诉讼的目的是原告个人的利益，不应该要求公众为提出政府信息公开诉讼的原告诉讼提供经费。在政府信息公开案件中，如果申请人事实上没有从信息公开中获得商业利益，这对支持裁决给予原告律师费而言有一定作用，因为《信息自由法》中关于律师费裁决规定的目的是，试图鼓励实质上缺乏金钱刺激的原告提起政府信息公开诉讼以实现其主张。如果信息公开所获得的商业利益很小或者基本是没有商业利益，法律认为裁决给予律师费对原告是一个必要的鼓励。当然，如果强制公开信息有足够的公共利益，或者行政机关拒绝公开信息的行为是恶意的，缺乏合理的法律依据，那么，政府信息公开诉讼原告获得的商业利益不能妨碍其获得律师费补偿。

3. 原告申请信息公开利益的性质

在政府信息公开诉讼中，法院在是否应该裁决给予胜诉的原告获得律师费时应当考虑的第三个因素是原告在申请文件中具有的利益的性质。根据政府信息公开诉讼律师费裁决的目的，申请人利益的性质是指申请人是否存在个人的私利，而且这种个人利

---

① Kendland Co., Inc. v. Department of Navy, 599 F. Supp. 936 (D. Me. 1984).

益通常是金钱性质的利益。由于原告信息公开的"商业利益"与原告申请信息公开"个人利益性质"之间的相互作用，因此，在确定原告是否有权获得律师费时，这两个要素通常一起考虑。这两个要素的目的是区分以下两种政府信息公开案件：第一种案件是，申请人申请信息公开有明确的金钱或其他经济利益，以致没有必要增加刺激以促使其提出政府信息公开诉讼；第二种案件是，如果获得律师费和诉讼费补偿的可能性不大，由于行政机关的顽固和缺乏费用支持，那么对行政机关提起政府信息公开诉讼是不太可能的。作为政府信息公开诉讼律师费条款的目的，申请人利益的性质指的是申请人自己是否存在金钱性质的私人利益。当《信息自由法》申请人申请信息的目的明显代表了公共利益，或者申请信息的目的是纯粹的学术目的时，原告就有可能是为了促进政府信息公开法律目的的实现；相反，如果申请人的行为的主要利益是为了纯粹的个人目的时，原告不太可能是为了促进政府信息公开法律目的的实现。考察原告申请信息公开的利益性质，以决定原告是否应该根据《信息自由法》裁决给予律师费时，法院应该考察原告申请信息是否是为了保护私人的、纯粹的商业利益，不是为了学术的、新闻的或其他的公共利益。当然，即使存在金钱性质的私人利益，如果政府官员顽固拒绝合法信息公开主张或从事其他顽固行为，也不能排除裁决给予律师费。

在政府信息公开诉讼中，由于公众从新闻媒体的信息传播中极大受益，因此新闻利益不是禁止原告获得律师费补偿的商业利益。新闻的、学术的和公共利益所关注的事项，值得通过裁决给予律师费补偿的方式给予特别的鼓励，法院也应该裁决给予研究人员和作家作为原告时以律师费补偿，他们为公众寻求关注监督政府的行为以及设法揭露政府工作中有新闻价值的事件内幕。法院认可代表公共利益的诉讼当事人获得律师费补偿，如果报社提起政府信息公开诉讼是为了保证重要的公共权利，即强制行政机关公开法律规定其应该向公众公开的文件，那么，即使报社提起诉讼可能具有私人利益，无论是经济利益或其他利益，当然这利益都比较小，报社都应该被认为是代表公共利益的诉讼当事人。然而，如果出版者出版的某些资料没有广泛的阅读群体，出版者为了出版的某些资料申请政府信息公开，被申请的信息已经被公众所知晓，而且其他出版商也同样关注这一问题，因而，这种信息公开几乎不具有公共利益，那么出版这些资料的出版商没有权利获取律师费补偿。通常，法院优先给予新闻机构以律师费补偿。

4. 行政机关拒绝公开信息的合理法律依据

在政府信息公开案件中，确定裁决给予律师费适当性的第四个因素是：行政机关对信息的拒绝公开是否有合理的法律依据。[①]从根本上说，如果行政机关基于合理的依据认为政府信息公开的法律并不强制其公开申请文件，如行政机关认为可以适用特定的免除公开条款，并把此事交由司法部作进一步的调查，那么，法院将裁决行政机关不用给予原告律师费补偿。但是，如果法院发现行政机关对免除公开条款的解释不能证明其拒绝公开行为的合理性，那么，法院将裁决行政机关给予原告律师费补偿。在判断行政机关拒绝公开的法律依据是否"合理"时，法院必须首先考虑行政机关引用的支持其立场的法律依据，并且确定在目前的情况下，该法律依据是否为拒绝公开提供了积极的理由，或者一个理性的人是否能够得出结论，即被引用的法律依据是否适用该案件。然后法院必须研究行政机关在书面文件中提供的依据，考虑原告是否提供了行政机关忽视或者未能区分的相反的依据。如果行政机关提供的法律依据不支持其拒绝公开的决定，而原告的权威引证支持公开，那么，原告已经承担了其证明责任。如果法院裁定，行政机关不能通过任何《信息自由法》免除公开条款的合理解释来证明其拒绝公开的正确性，则应该裁决给予律师费。为

---

① Wiley, Rein & Fielding v. U.S. Dept. of Commerce, 793 F. Supp. 360 (D. D. C. 1992).

了政府信息公开诉讼律师费的目的，行政机关对文件的拒绝公开要有合理的法律依据，而不是似是而非的拒绝公开依据。行政机关由于粗心大意没有公开明显应该公开的文件，与行政机关由于错误的法律观念认为其应该合法保护而没有公开申请文件相比，更值得裁定给予律师费。如果申请的信息还未经行政机关的核实，那么行政机关拒绝公开信息可能具有合理的依据，但是，如果在法院作出裁决之后，行政机关才作出拒绝公开的决定，行政机关拒绝公开信息不具有合理的依据。如果行政机关的决定没有法律上的或判例法上的依据，法院可以裁决给予原告律师费。法律要求行政机关以合理的依据支持其拒绝公开的决定，说明该法律要求赋予行政机关以职责，要求其分析相关的法律并识别出先前的案件规则不适用于目前案件的区分因素并对案件进行详细调查，当然，倾向于支持拒绝公开决定的案件除外。如果行政机关最初有拒绝公开文件的合理依据，但是，在其适用的免除公开依据失效后还继续拒绝公开文件，法院可以裁决给予发生在免除公开条款失效后的律师费。

三、原告获得律师费和其他诉讼费用的计算方法

根据《信息自由法》的规定，裁决给予律师费的多少取决于特定律师服务的合理价值。一旦法院已确定裁决给予律师费和其他诉讼费是合适的，法院必须确定裁决给予律师费和诉讼费的数额。在确定律师费数额时，法院一般采用"律师小时计费"法，即当事人的律师所合理花费的小时数乘以合理的小时工资。然后，法院可以通过考量其他因素，如所涉及问题的难度，律师的经验、名气和能力，原告胜诉的程度等对每小时的收费价格进行适当调整。法院同样可以考虑律师或其所属的律师事务所习惯上的收费价格，以及法院在类似案件中裁决给予原告律师费补偿的价格标准。律师费仅仅是对律师在法院的诉讼过程中提供服务的

补偿，而不是对律师在最初的行政程序期间及政府信息公开期间提供的服务予以补偿。胜诉的政府信息公开案件原告没有权利就与诉讼没有实际关系的花费的时间获得律师费补偿，或者就原告最终没有实质上胜诉的问题上花费的时间获得律师费补偿。在一些案件计算律师费的时候，由于对花费在案件上的时间提供的证明文件不充分，法院拒绝裁决给予律师费，律师应该提供花费在案件上的时间的详细和全面的记录，以证实他要求的律师费是合理的。

实际上，确定律师费数额的理论基础是机会成本理论，即法院应该基于律师的机会成本来确定裁决给予律师费。诉讼过程中律师花费时间的机会成本包括两个变量：花费的时间数量及其价值。在决定律师费的时候，花费的时间数量是可计量的、很容易确定。而花费的时间价值并没有一个固定的标准，通常可以通过市场价值予以计算，即通过时间在劳动力市场上的销售价格进行计算。尽管机会成本可能被看作是一种抽象的概念，但美国联邦法院已经完全具备了计算各种各样无形资产的能力，根据机会成本计算律师费并不是什么困难的事情。

许多法院已经认识到机会成本是法律分析中的一种合法要素，并用以评估一个企业的投资成本，确定从事一项活动的成本等。重要的是，许多联邦法院已经广泛使用机会成本分析确定适当的律师费。一般来说，法院通常使用如下 12 个因素来确定适当的律师费：（1）花费的时间和劳动；（2）提出问题的复杂性和难度；（3）正确完成法律服务所需要的技能；（4）在诉讼中律师的机会成本；（5）该工作的习惯费用；（6）在开始诉讼时律师的预期；（7）委托人或环境施加的时间限制；（8）争议的金额和需要取得的结果；（9）律师的经验、声望和能力；（10）在诉讼提起时案件在法律界不受欢迎的程度；（11）律师和客户之间职业关系的性质和程度；（12）在类似的案件中裁决给予律师费的情况。虽然律师的机会成本作为被考虑的因素之一被专门列出，但几乎所有的其他因素在接受案件时都参与衡量律师的机会成本。一些因素用于衡量准备案件所必要的精力和时间数额，其他因素用于衡量律师时间的价值。另外几个因素，如"工作的习惯费用"，用于衡量律师进行诉讼所丧失的商业机会的价值。[①] 因此，法院使用机会成本计算裁决给予原告律师费并不是一个十分困难的问题。

在政府信息公开诉讼中，在根据《信息自由法》要求获取律师费和其他诉讼费的时候，因为存在需要应急费用的风险从而要求提高律师每小时的收费价格通常是不允许的。但是，如果满足了严格的法律规定，提高律师每小时的收费价格作为补偿是适当的。条件是申请人必须证明：（1）如果没有必要的风险应急费用，胜诉的当事人在当地或者其他相关市场上寻找律师将面临实质性的困难；（2）关于案件中发生的应急费用的市场补偿价格不同于补偿价格特定的案件，无论胜诉或败诉。《信息自由法》排除因为费用收取的延迟而增加律师费作为对律师的补偿。

第二节 代理自己诉讼的原告或者律师的律师费问题

《信息自由法》没有提及代理自己诉讼的原告或者代理自己诉讼的律师是否有权获得律师费，以及裁决给予律师费的范围和标准。因此，法院必须解释该法文本和立法历史以确定，是否对代理自己诉讼的原告和代理自己诉讼的律师裁决给予与该法的目的和基本政策相一致。由于立法的缺失，造成司法实践中的混乱

---

① Johnson v. Georgia Highway Express, Inc., 488 F. 2d 714 (5th Cir. 1974).

和激烈争论。许多法院认为，不是律师身份的人，代理自己诉讼而胜诉的，根据《信息自由法》是不能获得律师费补偿的。原因是律师费条款的目的是使诉讼当事人只以当事人的身份出现，不以律师的身份出现，并且，代理自己诉讼的当事人不需要支出律师费，"律师费"的前提是使用律师服务并支付律师费，因此，只有存在律师与当事人的代理关系时才能获得裁决给予律师费补偿。但是，第二巡回上诉法院认为，代理自己诉讼的当事人没有权利获得律师费。但是，也有法院明确表示反对第二巡回上诉法院的观点认为，对于能够证明为了提起政府信息公开诉讼放弃了其他获得收入机会的当事人，法院可以裁决给予这些代理自己诉讼的当事人律师费。

尽管法学界普遍强烈批评拒绝给予代理自己诉讼的原告以律师费，第六巡回上诉法院裁决拒绝给予代理自己诉讼的律师以律师费。[1] 然而，第五巡回上诉法院认为，虽然可以拒绝给予代理自己诉讼的原告律师费，但是这种考量不适用于代理自己诉讼的律师，[2] 应该裁决给予代理自己诉讼的律师以律师费，因为他们在调查、提交诉状和为案件进行辩护方面承担了律师的角色，法院应该对他们的努力给予补偿；或者因为更大的公共利益的目的给予代理自己诉讼的律师以律师费。

一、裁决代理自己诉讼的原告或者律师的律师费的争论原因

《信息自由法》552（a）（4）（E）条款授权法院"裁决联邦政府承担合理的律师费和合理发生的其他诉讼费"。该规定提出了两个需要解释的重要问题：一是"发生"的"合理的律师费"必须是可以补偿给当事人的；二是如何正确解释"发生"一词？

---

① Falcone v. IRS, 714 F. 2d 646, 647–48 (6th Cir. 1983).

② Cazalas v. Department of Justice, 709 F. 2d 1051, 1057 (5th Cir. 1983).

根据哥伦比亚特区巡回上诉法院，在裁决行政机关承担律师费时，不需要以"发生"作为先决条件。[①] 该法院认为，"合理发生的"一词仅仅修饰"其他诉讼费"，因为"合理的"一词在"律师费"之前。其他法院不同意哥伦比亚特区巡回上诉法院的观点，认为"合理发生的"一词修饰较大的短语"合理的律师费和其他诉讼费"。根据他们的解释，"合理的律师费"一词要求：计费率本身是合理的，"合理发生的"一词要求，根据案件的具体情形，律师合理的实际上完成的工作。[②]

"发生"一词本身就很模糊。在解释律师费裁决时，联邦法院对"发生"的解释也不一致。例如，法院对代理胜诉的原告但没有收取费用的合法援助团体裁决给予律师费。然而，有些法院对代理自己诉讼的原告拒绝给予律师费，因为他们不可能发生对其自己的实际支付义务。因此，联邦法院对是否应该要求以实际支付义务作为费用"发生"的先决条件仍不清楚。

《信息自由法》的立法历史既没有表明是否补偿代理自己诉讼的原告，也没有表明是否补偿代理自己诉讼的律师。然而，其明确了制定律师费条款的两个主要原因：消除诉讼费用对普通公民的抑制作用，阻止政府不合理拒绝公开信息。立法的历史也表明了一种担心：律师费条款可能被滥用，即无论是否可以裁决给予律师费，原告对自己已经发生的费用都通过诉讼寻求补偿，也可能被那些没有必要提起诉讼而把之作为一种收入来源的当事人滥用。因此，该条款的参议院版本列出了具体的范围标准，以在确定律师费资格时为法院提供指导。许多法院采用了参议院的标准作为指导方针以评价原告是否有权获得律师费。因此，尽管立法的历史没有明确讨论裁决给予代理自己诉讼的律师以律师费，但它提供了法院在裁决是否给予律师费时应该使用的指导方针。

---

① Cuneo v. Rumsfeld, 553 F. 2d 1360, 1366 (D. C. Cir. 1977).

② Cunningham v. FBI, 664 F. 2d 383, 385 (3d Cir. 1981).

二、裁决代理自己诉讼的原告或者律师的律师费的争论焦点

许多法院裁决认为，根据《信息自由法》552（a）（4）（E）条款，代理自己诉讼的原告无权获得律师费。这些法院已经拒绝给予代理自己诉讼的原告律师费，因为这些当事人缺乏客观性、缺乏训练以及很难计算那些不是律师完成的法律工作的报酬。他们还表示担心，如果法院对代理自己诉讼的原告裁决给予律师费，对提起诉讼提供没有必要的激励，那么，该条款可能被用于增加收入，对行政机关造成潜在的惩罚效果。争论焦点主要有：

（一）是否提供客观有效的法律代理

一些法院已经拒绝给予代理自己诉讼的原告律师费，其理论基础是，代理自己诉讼的原告不能提供"客观和超然"的有效法律代理。① 虽然法院提出的这一必要条件的来源尚不清楚，既不是来源于法条，也不是来源于《信息自由法》552（a）（4）（E）条款的立法历史，但是该意见表明，只有当原告具有与客观的第三方发生咨询利益时，才能裁决给予律师费。然而，国会的确表明，律师的法律代理是该条款寻求促进的目标之一。在各种法律解释律师费条款的时候，最初决定由于缺乏"客观性"拒绝给予律师费的法院把"客观性"定义为：需要公正的第三方提供国会所期望有效的法律代理。② 然而，法院后来扩展了这一原理，拒绝向代理自己诉讼的律师给予律师费，把代理自己诉讼的律师的地位等同于缺乏能力的当事人，过于宽泛的定义"客观性"。如果法院真的试图促进有效的法律代理，那么，他们应该仅仅对那些被证明确实缺乏客观性的代理自己诉讼的律师拒绝给予律师费。

---

① Cunningham v. FBI, 664 F. 2d 383, 386 (3d Cir. 1981).

② Barrett v. Bureau of Customs, 651 F. 2d 1087 (5th Cir. 1981).

在采用客观性因素的第一个判决：怀特诉阿伦物业发展公司一案①中，第四巡回上诉法院裁决拒绝给予代理自己诉讼的律师以律师费，认为，法律代理需要"超然和客观的视角"，这是代理自己诉讼的律师所不能提供的。法院通过审查案件中的记录支持该观点并得出结论：如果律师亲自卷入诉讼是不可行的，缺乏客观性。在该案审判期间，原告不仅失去了对案件的自我辩护，而且被法院多次警告。原告承认，他高估了自己的能力，并且他事实上不可能为自己获得胜诉的辩护，除非他是独立的律师。因此，对于原告自己的案件由于缺乏客观性确实妨碍了他代理自己诉讼案件的能力。

在法尔科恩诉美国国税局一案②中，第六巡回上诉法院引用怀特一案的裁决意见拒绝裁决给予在政府信息公开诉讼案件中代理自己诉讼的出庭律师以律师费。该法院认为，"在诉讼中自我代理的律师是不可能有'超然和客观的'视角以履行该法的目标"。但是，第六巡回上诉法院认为，怀特一案的裁决意见过于宽泛，而且过于依赖记录以支持其律师缺乏客观性的结论。该裁决应该被限制在证明确实缺乏客观性的情形。第六巡回上诉法院没有提及任何事实以证明缺乏客观性，以此支持其结论。而且，原告在本案中实质上胜诉没有得到其他律师的帮助。因此，没有理由相信法尔科恩的自我代理妨碍了其作为自己代理人的能力。

第五巡回上诉法院对《信息自由法》552（a）（4）（E）条款是否需要客观的第三方代理存在内部争议。在其早期的巴雷特诉海关总署一案③的判决中，第五巡回上诉法院拒绝给予代理自己诉讼的原告律师费并声称，潜在诉讼当事人应该咨询律师。该法院认为，律师将在当事人之间充当解释者和谈判者的角色，并鼓励行政机关遵守法律，减少不必要的诉讼。

---

① White v. Arlen Realty Development Corp. 614 F. 2d 387, 388 (4th Cir.).

② Falcone v. IRS 714 F. 2d 646 (6th Cir. 1983).

③ Barrett v. Bureau of Customs 651 F. 2d 1087 (5th Cir. 1981).

在之后的卡茨雷斯诉司法部一案的判决①中，第五巡回上诉法院对代理自己诉讼的律师裁决给予了律师费。没有提及巴雷特一案的裁决意见，卡茨雷斯一案的多数拒绝给予律师费的意见认为，律师费条款的目的是确保客观代理。相反，卡茨雷斯多数裁决意见认为，该条款试图鼓励有力的辩护，这是代理自己诉讼的律师不能提供的。然而，少数不同意见引用巴雷特一案的判决作为权威并评论道，《信息自由法》需要客观性，但卡茨雷斯一案的记录证明，原告自己被卷入了争议中。

允许代理自己诉讼的律师获得律师费是与巴雷特一案的意见相矛盾的。巴雷特一案的法院认为，训练有素的辩护人比未经训练的当事人更有可能确保遵守《信息自由法》而不需要诉诸法律。代理自己诉讼的律师是训练有素的辩护人，同时也意识到实际诉讼所需要的第三方律师的额外努力。假设不是为了获得律师费，如果他们可以以更有效的方式解决纠纷，代理自己诉讼的原告通过诉讼解决纠纷是没有好处的。

怀特案多数意见和卡茨雷斯案的反对意见都认为，代理自己诉讼的律师不能理性地、客观地评估他们的法律地位。虽然在这些特定的案件中这也许是真的，但法院不应假定代理自己诉讼的律师总是缺乏客观性的。当律师为了风险代理费安排诉讼时，其经常对诉讼结果设下赌注，然而律师行业接受这样的安排。此外，职业责任道德规范禁止律师提起无意义的诉讼，代理自己诉讼的律师与代理自己诉讼的原告的义务是有区别的。

法院在确定裁决给予律师费的数额时也可以使用其自由裁量权。如果代理自己诉讼的律师在处理其诉讼时实际上缺乏客观性，法院可以拒绝给予所要求的律师费的数额。法院在确定律师费数额考虑的因素包括所花费的时间和劳动、争辩问题的难度、诉讼开始时律师的期望。在其裁决中法院使用这些因素进行评

---

① Cazalas v. Department of Justice 709 F. 2d 1051 (5th Cir. 1983).

估，律师寻求补偿的工作是必要的还是无意义的？如果法院认为律师的工作超出了纠纷解决的范围并不是必要的，法院可以拒绝给予律师费。因此，法院应该确定代理自己诉讼的律师实际上是客观的，他们不应该推定代理自己诉讼自动地妨碍有效的法律工作。

（二）是否按要求提供了训练有素的辩护

法院经常拒绝给予代理自己诉讼的原告律师费，因为他们不愿意补偿当事人的法律工作。他们担心补偿那些不是律师的人的工作，违反法律的规定，而且，他们不想资助那些不是训练有素的、拙劣的辩护。法院担忧，裁决给予代理自己诉讼律师费违反法律的规定，无论法院采用文字的或功能的"律师"定义，都不适用于代理自己诉讼的注册律师。同样地，法院不愿资助当事人完成的不适当的法律工作，但是这不应该延伸到代理自己诉讼的律师，因为其受到了与独立律师相同的训练，并受相同道德规范的约束。

（三）是否有可能导致该条款的滥用

许多法院强调指出，对代理自己诉讼的原告裁决给予律师费，将鼓励当事人使用司法制度增加收入。他们担心，这可能创造一个"家庭手工业"，当事人提起诉讼可能不是为了维护个人或公共权利，而是为了获得律师费。法院也拒绝给予代理自己诉讼的原告律师费以补偿其时间和精力，因为当事人在准备案件时帮助他的律师所花费的时间和精力不能得到补偿。补偿无代理的当事人律师费将构成原告的"意外收获"，法院也表达了类似的担忧：裁决给予代理自己诉讼的律师以律师费将给律师一种激励，起诉仅仅是为了创造一种积极的实践。然而，法院拒绝给予代理自己诉讼的律师以律师费，是因为低估了其他合格律师费要求的限制性影响。

参议院版本的《信息自由法》律师费条款包含几个确定裁决给予律师费资格的标准。法院已经采纳了这些标准。根据其中的一个标准，如果原告获得该文件，法院必须确定其是否将因此获得商业利益。如果获得商业利益，法院就不应裁决给予律师费。法院已经使用了这一最低要求拒绝给予那些起诉仅仅为了律师费的代理自己诉讼的律师以律师费。信息申请是为了"公共利益"的要求进一步限制了代理自己诉讼的律师通过律师费条款获得收入的可能。按照这一要求，为自己案件辩护的律师如果申请信息不是为了别的目的，只是因为他有权获得该信息而申请律师费，法院不能裁决给予其律师费。

"意外收获"的观点不能适用于代理自己诉讼的律师，因为法院可以使用其自由裁量权以确定律师费的数额。被代理的当事人花费在准备其案件的时间和精力不能得到补偿。当法院裁决给予被代理的当事人律师费，他们这么做仅仅是为了执行法律工作。同样的区别也适用于代理自己诉讼的律师。例如，法院可以对花费在文职工作或花费在法庭上等待审判的时间拒绝给予律师费补偿，因为这种类型的工作可以由没有经过法律培训的人完成。然而，在相同的案件中，法院可以对律师花费在需要法律培训工作上的时间给予补偿。

（四）是否对行政机关造成不必要的惩罚

许多法院一直不愿对代理自己诉讼的原告裁决给予律师费，因为他们觉得，如果裁决给予没有实际"发生"的律师费，将会对行政机关施加国会并不意图施加的惩罚。虽然法院没有明确指出这一观点的依据，他们实际上假设国会不意图惩罚行政机关，因为无论在法律还是在立法历史中都没有提及对行政机关的惩罚。但是，学者们普遍批评这一结论：即裁决给予代理自己诉讼的原告律师费是对行政机关的惩罚。因为，如果行政机关可以根据原告的身份不适当的决定拒绝公开信息，那么，552（a）（4）

（E）条款将对行政机关没有震慑作用。有学者认为，如果行政机关知道他们的对手因为是代理自己诉讼而不能获得律师费，那么，行政机关可能会拖延诉讼，并希望原告气馁而放弃诉讼；或者如果其认为代理自己诉讼的原告产生的花费将得不到补偿，而这将阻止任何寻求司法索赔，那么，行政机关可能决定完全拒绝公开文件。因为这个原因拒绝公开文件是与国会的意图相悖的。

（五）是否达到立法所期望的激励目的

一些法院拒绝给予代理自己诉讼的原告律师费，因为他们没有实际发生支付费用的义务。这些法院认为，方便原告并因此作为一种激励私人执行《信息自由法》补偿的诉讼费是没有必要的。但是，这种观点忽视了当事人诉讼的机会成本。为了诉讼，当事人需要放弃其他增加收入的活动，可能产生巨大的实际发生支付金钱义务的经济障碍。同样的，如果律师费没有实际发生就不存在经济障碍的论点也被适用于拒绝给予代理自己诉讼的律师身上。然而，代理自己诉讼的律师在几个方面与代理自己诉讼的原告存在不同。首先，裁决给予代理自己诉讼的律师以律师费与裁决给予法律援助和公共利益组织的律师以律师费的原理是一致的。原告对作为法律援助和公共利益组织委托人没有义务支付法律服务费，而原告对于获得这种代理不存在经济障碍。这种情况虽然没有"发生"支付费用义务，但仍然应该裁决给予律师费。虽然这个原理强烈主张支持对所有代理自己诉讼的原告裁决给予律师费，这对代理自己诉讼的律师特别有说服力，因为对代理自己诉讼的律师和法律援助组织都裁决给予律师费以补偿律师完成工作。因此，法律援助原理可以被视为一种提供法律代理激励的方式。此外，因为代理自己诉讼的律师可以提供这种代理，补偿他们的时间与该原理是一致的。代理自己诉讼的律师与代理自己诉讼的原告相比，代理自己诉讼律师的"机会成本"具有更多的抑制作用。代理自己诉讼的原告所放弃的工作的价值可能是推测性的和难以计算的，而代理自己诉讼的律师的"机会成本"很容易计算。因为律师费的支付是通过在诉讼中所花费时间的价值进行计算的，而不是为其他当事人代理所产生的收入，应该给律师提供激励以鼓励提起政府信息公开诉讼。因此，如果希望为私人执法提供激励，通过补偿律师使用其法律技能进行代理自己诉讼是最好的方式。

（六）律师费用是否可计算

法院通常拒绝给予代理自己诉讼的原告律师费，是因为这些费用是推测性的。实践证明代理自己诉讼的原告的时间价值的计算非常困难，因为既没有公认的普通当事人法律工作的市场价格，也没有作为价值标尺的所发生的服务成本。另外，代理自己诉讼的律师的时间价值的计算相对简单，因为法院使用既成事实的方法计算律师完成工作的价值，而这个方法不能适用于代理自己诉讼的原告。

三、应该裁决给予代理自己诉讼的律师以律师费

联邦法院应该对代理自己进行政府信息公开诉讼的合格律师裁决给予律师费。根据大多数法院拒绝给予代理自己诉讼的原告律师费的政策分析表明，这些观点，除了无意施加惩罚之外，不适用于代理自己诉讼的律师。除了代理自己诉讼的原告和代理自己诉讼的律师之间在培训和经验上的明显区别之外，其他几个区别对于计算和裁决给予律师费是非常重要的。代理自己诉讼的律师的法律辩护技巧和法院使用现有的司法标准可以缓解法院对缺乏客观性的担忧。同样地，法院可以使用现有的标准以限制代理自己诉讼的律师仅仅为获取律师费而诉讼的能力。另外，给诉讼提供经济激励需要和希望促进私人执行《信息自由法》对代理自己诉讼的律师裁决给予律师费是更有说服力的论据。因此，法院

不应该通过原告的身份作为确定给予律师费的条件，而应该使用现有的标准对滥用该条款的律师排除给予律师费。

另外还有一个问题，即政府信息公开诉讼中是否可以裁决临时性律师费？从美国的司法实践看，在政府信息公开诉讼中，当事人可以裁决获得临时性律师费和其他诉讼费用。因为，国会试图使政府信息公开案件中的律师费补偿与美国法典中有关法律类似条款以同样的方式运行，这些条款明确规定当事人可获得临时性费用补偿。在政府信息公开案件中，如果裁决给予临时性律师费对那些有重大价值的诉讼继续进行是必要的，那么，法院可以裁决给予临时性律师费。也就说，如果不裁决给予临时性律师费，某些有重大价值的诉讼将由于缺乏经费支持而无法继续进行。在处理原告临时性律师费申请的过程中，法院把政府信息公开诉讼分成两个独立的阶段：第一阶段是原告证明其有资格获得所有非免除公开的文件；第二阶段是逐个处理被告主张的免除公开条款的适用所产生的争议。

裁决给予临时性律师费仅仅适用于拒绝公开非免除公开文件的诉讼，相反，由于申请文件适用于某个特定免除公开条款而产生争议，由此而要求获得律师费的主张只有在诉讼结束时才可裁决，因此，如果诉讼的第一阶段没有结论，那么，裁决给予临时性律师费补偿还为时尚早。在决定是否允许获得临时性费用补偿的时候，法院应该考虑以下四个因素：一是直到诉讼结束再裁决给予律师费会给原告和原告的律师造成维系诉讼的困难程度；二是作为当事人的行政机关是否存在不合理的拖延；三是在临时性律师费申请前案件悬而未决持续的时间的长度；四是到诉讼结束可能需要的时间。法院裁决给予临时性律师费补偿必须谨慎，而且只有在原告声称诉讼持续存在极大困难的情况下才能裁决给予临时性律师费补偿。

第三节　我国政府信息公开诉讼律师费制度的构建

我国的《信息公开条例》将政府信息公开诉讼纳入行政诉讼的范围，《信息公开案件规定》搭建了我国政府信息公开诉讼制度的基本框架，但其都没有规定类似于美国的律师费条款。

一、构建政府信息公开诉讼律师费制度的必要性

（一）现行国家赔偿制度难以适应政府信息公开诉讼的需要

美国建立律师费制度的一个重要原因是政府信息公开诉讼不能附带提起国家赔偿（在反信息自由法诉讼中可以提起国家赔偿，该问题将在第八章中讨论）。根据美国《信息自由法》，对不适当拒绝公开申请信息的，原告不能对行政机关或其工作人员提出金钱损害赔偿的诉讼请求。法院已经明确拒绝受理这种诉讼请求，因为，法律已经非常明确地列举了政府信息公开诉讼的救济途径，其明显没有授予个人提起金钱损害赔偿诉讼的规定。根据美国法律规定，如果行政机关在拒绝或延迟公开政府信息和提供政府文件复印件时行为专断或反复，或者行政机关、政府官员故意拒绝申请人的申请，根据美国《行政程序法》的规定，申请人也可以获取惩罚性的损坏赔偿，即如果被告拒绝或延迟公开申请信息构成行为专断或者反复无常的，申请人可以获取惩罚性损害赔偿。

我国现行的国家赔偿制度是否可以解决政府信息公开诉讼中的赔偿问题呢？虽然《信息公开案件规定》第 1 条第 2 款对政府

信息公开诉讼的赔偿问题作出了规定。第 11 条对反信息公开诉讼情形下的赔偿问题作出了规定。但是，该规定中没有具体规定如何赔偿，这方面，现行的《国家赔偿法》以及相关司法解释都没有作出明确的具体化规定。[①] 政府信息公开诉讼是一种特殊的诉讼，其侵犯的客体不是一般的人身权和财产权，而是知情权。通过政府信息公开诉讼，判决行政机关不予公开政府信息的行为违法，并责令行政机关向信息申请人公开信息；或者确认行政机关不予公开信息的行为违法，如果该违法行为侵犯公民的合法权益造成损害的，可以一并或单独提起国家赔偿。但是，有时随着诉讼过程对时间的耗费，胜诉后责令行政机关向申请人公开信息，该信息可能已经过时而变得毫无意义；行政机关拒绝公开信息的行为违法，并不一定直接造成公民的人身权或财产权等合法权益损害，政府信息公开侵犯的主要还是公众的知情权。按照现行国家赔偿法的规定，人身权或财产权以外的其他权利包括知情权受到侵害，很难获得国家赔偿。知情权侵害也很难纳入《国家赔偿法》第 35 条规定的精神赔偿的范围，我国现行国家赔偿制度以直接损害为主，原则上不赔偿间接损害。只有当行政机关滥用自由裁量权违法公开了不应公开的涉及他人商业秘密的信息时，才有可能侵犯信息提交者的财产权。如果作为信息申请人的原告胜诉后法院判决公开，因信息过时而对原告无意义，又难以获得国家赔偿，或者信息公开对申请人意义不是很大，而对公众知情权、监督权意义重大，那么，原告的政府信息公开诉讼将因缺乏动力而难以维系。因而我国现行的国家赔偿制度难以满足政府信息公开诉讼救济的特殊需要。律师费制度可以解决原告诉讼的经济障碍，调动原告诉讼的积极性。

---

① 江必新. 最高人民法院关于审理政府信息公开行政案件若干问题的规定解释与适用 [M]. 北京：中国法制出版社，2011：147.

（二）政府信息公开诉讼特殊性决定了需要构建律师费制度

1. 是保障公众知情权的需要

建立政府信息公开制度的核心目的是促进公众的知情权而非仅仅对申请人有用。我国的政府信息公开制度源于人民主权思想和人民代表大会制度。以人民代表大会制度为基础建立国家机构的核心是对人民负责、受人民监督。所以政府必须对人民负责、受人民监督。而人民监督政府的前提是人民有知情权，政府信息应该对人民公开。因此，申请人申请要求公开政府信息也许对申请人有用，有商业或其他利益，但这并不是建立政府信息公开制度的最主要目的，政府信息公开的核心目的是促进公众的知情权，以便监督政府，实现人民当家作主的目的。无救济则无权利，所以，《信息公开条例》第51条首先确立了政府信息公开的诉讼制度。但是，由于该诉讼制度是基于申请的信息对申请人有用而不是基于促进公众知情权，当申请的信息由于过时而对申请人无用时，当原告诉讼的花费远远大于通过诉讼所获得的利益时，如何保证原告为公众的知情权而诉讼？律师费制度充分考虑了申请人的诉讼动因，保证了原告诉讼的顺利进行，以促进政府信息公开制度核心目标的实现。

2. 是遏制行政机关违法拒绝公开政府信息行为的需要

从内在需求和行为动因看，政府通常本能地倾向不愿公开其信息，对申请人的信息公开申请总是想法设法拖延和拒绝。因此建立完善可行的政府信息公开保障机制非常重要。《信息公开条例》的实施，除了行政机关的自觉遵守和内部监督以外，主要依靠公众和社会的监督，而诉讼是公众监督的主要法定渠道。因此，公众积极参与诉讼，对《信息公开条例》的实施提供全面的保护，以防止政府权力滥用极为重要。与行政机关的自我管理和监督机制相比，公众参与《信息公开条例》的实施是更为有效的手段。在《信息公开条例》实施过程中，令人担忧的情况是：行政机关可以通过国家给的钱应对昂贵的和耗时的政府信息公开诉讼，阻挠申请人申请信息公开。而律师费制度可以控制和引导行政机关只对很有可能获胜的案件进行诉讼。也许有人会质疑：律师费条款是否有足够强大的力量足以阻止不合理的政府信息公开诉讼。美国的做法是，律师费从行政机关现有的预算经费中支付（不增加预算），他们认为这样就可能影响行政机关的决定。因此，必须尽最大可能鼓励公众通过司法途径使《信息公开条例》得以贯彻实施。而律师费制度可以通过惩罚行政机关违反《信息公开条例》的行为，加强公众对《信息公开条例》的执行。

3. 是解决原告诉讼经济困难、提高申请人诉讼积极性的需要

《信息公开条例》自 2008 年实施以来，提起政府信息公开诉讼的情况并不多，这使得《信息公开条例》的作用大打折扣。一个非常现实的问题是，要想从行政机关获得拒绝公开的信息或者防止行政机关拖延公开信息，需要通过繁琐的和昂贵的诉讼救济途径。我们不得不承认，投入大量的时间和费用以赢得诉讼使得政府信息公开在许多情况下不具有可行性。按照我国现有情况估计，即使是简单的政府信息公开案件，如果请律师辩护，涉及的诉讼费用成本也可能超过几千元。因此，政府信息公开诉讼的最大障碍是一般信息申请人难以承受诉讼费用，申请人对行政机关随意拒绝公开政府行为或者拖延公开信息行为也只能感到无奈，从而使得政府逃避履行国务院《信息公开条例》规定的职责。

二、构建我国政府信息公开诉讼律师费制度需要解决的主要问题

（一）确立知情权理论基础，解决"信息仅仅对申请人有用"的问题

《信息公开条例》第 1 条对政府信息公开立法目的作了规定。

从该条款的文本含义看，目的有三个：保障公民知情权、监督政府依法行政、对申请人有用。但是，从《信息公开条例》对我国政府信息公开法律制度的构建和实施情况来看，我国政府信息公开诉讼制度的核心目的在于最大限度地保障相对人获取政府信息的权利、充分发挥政府信息对人民群众生产、生活和经济社会活动的服务作用。① 也即把保障公民知情权和监督政府依法行政这两个目的放在一边，原《信息公开条例》第 13 条规定使得该法的立法目的明显限于"对申请人有用"。按照该条款的规定，除政府主动公开的信息以外，公众申请政府信息公开应该与申请人的自身生产、生活、科研等特殊需要相关。政府应该主动公开的信息没有主动公开的，公众申请公开政府信息时，是否也要与申请人的"三需要"相关呢？就我国的实际操作情况看，回答是肯定的。因此，原《信息公开条例》所确立的政府信息公开主要目的是基于对申请人自己需要或有用，而不是基于公众的知情权和监督权。也就是说，我国目前的政府信息公开中，对申请人的资格是有严格限制的，即使申请的信息对公众知情和监督政府极为重要，如果与申请人自己无关，也不能申请公开。这一理念会造成两个不利后果：一是极大地限制政府信息公开的范围，严重影响和制约公众的知情权和监督权；二是申请人只有在拒绝公开信息影响了其使用时才提起政府信息公开诉讼，如果拒绝公开信息影响知情权和监督权时，就没有必要也不能提起政府信息公开诉讼了。虽然新《信息公开条例》删除了相关规定，但是，其立法目的并没有因此而改变。

政府信息公开的理论基础是基于公众的知情权，知情权的核心是"知道政府做什么"，其背后的理论基础是监督权。因此，只要能反映政府运作和政府绩效的信息，公众都有知情权，政府应该将这些信息向公众公开。公众申请信息公开不是主要基于对

---

① 江必新. 最高人民法院关于审理政府信息公开行政案件若干问题的规定解释与适用 [M]. 北京：中国法制出版社，2011：149.

自己需要或有用，而是基于对监督政府有用。所以，公众申请公开政府信息不应该需要任何身份条件和资格，也与申请人申请信息的动机和目的无关。即"任何人"可以依法申请公开"任何政府信息"。在这个问题的认识上，美国也有过一个逐步深化的过程。美国在1946年《行政程序法》中也有申请条件的限制，规定"被申请的信息与申请人存在适当的和直接的关系"。这一规定遭到公众的广泛批评，被认为是《行政程序法》中影响政府信息公开的三大障碍之一，成为《信息自由法》立法过程中需要突破和改革的重点。后来美国在《信息自由法》立法中明确了"任何人可以依法申请任何政府信息"的基本原则。如果我国政府信息公开制度确立了知情权理论基础，那么，既可以解决"任何人"可以申请"任何政府信息"的问题，也可以为律师费制度奠定理论基础。

（二）改革和完善国家赔偿制度

如上所述，我国《信息公开条例》所确立的政府信息公开主要目的是基于对申请人自己需要或有用，而不是基于公众的知情权和监督权。即政府信息公开对申请人有用，且经过诉讼后判决信息公开能够满足信息申请人的需要，所以，申请人肯定会对政府拒绝公开信息的行为向法院提起诉讼。政府信息公开的核心目的是促进公众的知情权和与之相关的监督权，不仅仅是对申请人有用。为了达到《信息公开条例》第1条所确立的三个方面的立法目的，使侵犯知情权、监督权的情形得到司法救济，必须改革和完善现行国家赔偿制度，即根据政府信息公开可能侵犯公民权利的具体情形，把其分为侵犯商业利益、侵犯隐私权、侵犯知情权三种情形。当政府信息公开侵害商业利益时，即我们通常所说的反信息公开诉讼中侵犯商业利益的情形，通过现行的国家赔偿制度，按照《信息公开案件规定》第1条第2款规定和第11条规定予以解决；当政府信息公开侵害隐私权利益时，可以对现行的国家赔偿制度进行改革，把隐私权利益纳入精神赔偿的范畴；当行政机关拒绝公开申请信息或者拖延公开申请信息，或者行政机关不主动公开法律规定要求公开的政府信息，因此侵犯申请人或者公众的知情权、监督权利益时，只能通过建立律师费制度予以解决。

（三）通过立法建立政府信息公开诉讼的律师费制度

律师费制度是政府信息公开诉讼制度得以落实的重要制度，我国在下一步的《信息公开条例》修改或制定"政府信息公开法"时必须增加类似于律师费条款的规定：在法律中确立我国的政府信息公开诉讼的律师费制度——如果原告已经实质上胜诉，法院可以裁决行政机关承担合理的律师费和该案发生的其他合理的诉讼费用。

在获得和承担律师费的主体上：在政府信息公开诉讼中，已经实质上胜诉的原告可以裁决获得律师费；代理自己诉讼的律师可以裁决获得律师费；代理自己诉讼的非律师原告，即没有聘请律师的不能裁决给予律师费，但可以裁决给予其他诉讼费用。律师费的申请者只限于原告，行政机关不能在政府信息公开诉讼中申请裁决获得律师费和其他诉讼费用。律师费和其他诉讼费由败诉的行政机关承担，从行政机关现有预算经费中支出。在我国政府信息公开诉讼中，还有一种被告：法律法规授权的组织，其也应该承担败诉的律师费。美国有类似的规定。根据美国《信息自由法》，律师费应该从有关行政机关的预算中支出，这意味着，行使管理公共事务职能被认为是"行政机关"的政府公司，也可能被强迫向胜诉方的原告支付律师费，即使该公司没有获取国会的拨款。

在获得律师费的资格和条件上：原告获得律师费和其他诉讼费用的资格是，原告在政府信息公开诉讼中已经实质上胜诉，即判决行政机关公开申请的信息或裁定行政机关拒绝公开信息的行为违法，并且原告提起的政府信息公开诉讼与行政机关公开申请信息之间存在因果关系。在此基础上，原告获得律师费和其他诉讼费用的条件是，原告的政府信息公开诉讼可以促进公共利益，即促进公众的知情权、监督权。纯粹是为了个人目的和个人商业利益的诉讼，不能获得律师费和其他诉讼费用，原告获得律师费和其他诉讼费用还取决于行政机关拒绝公开信息是否有合理的法律依据。

在律师费的标准和计算办法上：必须根据我国的具体国情由国务院统一确定一个适当的律师费和其他诉讼费用的标准，同时赋予法院一定的自由裁量权。法官可以采用小时计费法裁定，也可以通过考量其他因素，如所涉及问题的难度，律师的经验、名气和能力，原告胜诉的程度等对费用数额进行裁量决定。

第八章　反信息公开诉讼制度

政府信息公开既有积极作用也有消极作用。其积极的作用体现在，政府信息公开为公众知情权保驾护航，增加政府透明度，实现公众对政府的监督。政府信息公开的消极作用是，政府手中所掌握信息存有大量的公民个人隐私或者企业商业秘密内容，政府公开这些信息，可能导致公民个人隐私和企业商业秘密的泄露。因此，必须设立一种保障机制，在保证政府信息公开的同时，不至泄露公民的个人隐私和企业的商业秘密等信息。反信息公开诉讼就是试图建立这样一种保障机制。反信息公开诉讼并不是简单的反对政府信息公开，而是指如何在保证第三人的隐私权、商业秘密等权利的基础上，更好地保证信息公开，保障公民的知情权。我国目前研究反信息公开诉讼的论著不多，名称也不统一，比如"反公开诉讼""反信息公开诉讼""反政府信息公开诉讼""信息公开防御诉讼"等，著名学者王名扬先生在其所著《美国行政法》中，由于其将《信息自由法》翻译为《情报自由法》，所以将"反信息公开诉讼"称作"反情报自由法诉讼"，综合考虑各种因素，笔者将这一诉讼命名为"反信息公开诉讼"。

第一节　反信息公开诉讼制度概述

一、反信息公开诉讼的概念和特征

（一）反信息公开诉讼的概念

如何给反信息公开诉讼下一个定义？目前学术界对此专门研

究的不多，还没有形成统一的认识。但是，目前不少国家已经在法律上建立起了这一制度。就目前信息公开制度比较发达的国家来看，为了在政府信息公开中保护第三人的利益，会在政府信息公开诉讼中明确第三人有权对政府公开与其有关的信息提起诉讼。美国在政府信息公开诉讼方面发展较早，制度比较成熟，其反信息公开诉讼制度也相对比较完善。早在 1979 年，美国在克莱斯勒诉布朗案中，通过判例法确立了反信息公开诉讼制度。克莱斯勒诉布朗案判决依据主要是美国法典第十八编第 1905 节以及《行政程序法》第 702 节的相关规定。① 加拿大《信息公开法》规定，如果行政机关决定全部或部分公开或不公开申请人申请公开的政府信息，应当以书面形式告知与该信息相关的第三人；如果第三人在收到告知通知后有异议，应当在 20 日内向联邦法院提起诉讼。② 日本政府信息公开相关法律规定，如果行政机关决定公开的信息涉及第三人，那么第三人可以向法院起诉，要求法院撤销政府的公开决定或者中止行政机关公开该信息。③ 韩国政府信息公开的相关法律规定，如果申请人申请公开的信息与第三人有利害关系，行政机关在作出公开决定前应该及时告知有利害关系的第三人。第三人可以要求行政机关不公开该信息，如果行政机关坚持公开该信息，第三人可以采取提出书面异议、提起行政裁决、提起行政诉讼等方式进行救济。④ 从世界各国来看，在建立了政府信息公开制度的国家，往往在政府信息公开法律制度中确立政府信息公开诉讼制度的同时，确立反信息公开诉讼，这也证明了反信息公开诉讼与政府信息公开制度的内在关联性。

如何对反信息公开诉讼进行界定，答案只能从各国相关法律

---

① 王名扬. 美国行政法 [M]. 北京：中国法制出版社，2005：1006.

② 周汉华. 外国政府信息公开制度研究 [M]. 北京：中国法制出版社，2003：361 – 364.

③ 盐野宏. 行政法总论 [M]. 杨建顺，译. 北京：北京大学出版社，2008：229.

④ 周汉华. 外国政府信息公开制度研究 [M]. 北京：中国法制出版社，2003：4.

制度中寻找。学者们根据对不同国家或者地区法律制度的规定，抽象和概括出各自不同的定义。王名扬先生在其著作《美国行政法》中提出，反情报自由法诉讼指的是向行政机关提供信息的人，为了阻止行政机关将其提供的信息透漏给第三人而提起的诉讼。① 汤德宗教授在《政府资讯公开法之比较评析》一文中将反信息公开诉讼定义为，原始的提供信息者阻却行政机关按照申请公开其提供的信息的诉讼。② 江必新、李广宇在《政府信息公开行政诉讼若干问题探讨》一文中也对反信息公开诉讼进行了界定。③ 在该文中，其对反信息公开诉讼进行的界定是：行政机关按照申请对政府信息作出公开决定，如果第三人认为公开的信息涉及了个人隐私或者商业秘密，而作出机关未书面形式征求第三人的意见，或者第三人明确表示不同意公开但行政机关依然作出公开决定的，第三人就有可能对此提起诉讼，该行政诉讼就属于反信息公开诉讼。从以上学者的观点可以看出，反信息公开诉讼有以下几个共同点：一是原告是政府信息的提供者；被告是拟公开政府信息的行政机关；起诉的原因是拟公开的政府信息涉及信息提供者的个人隐私或者商业秘密；起诉的主要目的是阻止行政机关公开与其相关的政府信息。通过以上分析，笔者认为，反信息公开诉讼的概念可以界定为：认为拟公开的政府信息涉及其个人隐私或者商业秘密的公民、法人和其他组织，依法向法院提起诉讼阻止行政机关公开该政府信息的制度。

根据提起诉讼时行政机关的行政行为是否已经给行政相对人造成了不利后果，可以将行政诉讼划分为事后救济之诉和事前预防之诉。绝大部分行政诉讼属于事后救济之诉。所谓事后救济之诉，是指在行政机关的行政行为已经给行政相对人造成了实际的

① 王名扬. 美国行政法 [M]. 北京：中国法制出版社，2005：1006.

② 汤德宗. 政府资讯公开法之比较评析 [J]. 台湾大学法学论丛，2010，35 (6)：51.

③ 江必新，李广宇. 政府信息公开行政诉讼若干问题探讨 [J]. 政治与法律，2009，(03)：17.

损害之后，行政相对人为了恢复或者补偿其受到损害的合法权益而向法院提起行政诉讼。事前预防性之诉则相反，是在行政相对人还未受到实际损害之前，由于自己的合法权益受到损害威胁，预先向法院提诉，以防止自身合法权益免受损害的诉讼。根据我国现行行政诉讼法的规定，行政相对人只有在行政机关或者行政机关工作人员的行政行为已经侵犯了其合法权益并造成实际损害时，才有权向法院提起行政诉讼。因此，我国目前的行政诉讼制度只有事后救济之诉。而反信息公开诉讼与我国目前的行政诉讼制度不同。为了防止行政机关侵犯其合法权益，在行政行为作出之前，公民、法人或者其他组织就可以提起诉讼，我们把这类诉讼归类为预防性诉讼。事后救济之诉的一个重要缺陷是，有时，在行政相对人合法权益受到实际损害后，无法将受侵害的权益恢复或者完全恢复到原有状态。也就是说，行政相对人的有些权益，一旦受到损害就无法恢复。因此，世界上许多国家开始尝试建立预防性诉讼，在实际损害还没有发生之前，就通过向法院起诉阻止这种损害的发生。例如德国行政法当中的"预防性确认之诉""预防性不作为诉讼"，日本行政法当中的"禁止之诉"，英国行政法当中的"禁令""禁止令"，等等。

（二）反信息公开诉讼的特征

反信息公开诉讼不同于政府信息公开诉讼，也不同于一般行政诉讼。与其他诉讼类型相比，其主要有下列特征。

1. 预防性

反信息公开诉讼从诉讼类型划分看属于事先预防之诉，它的最明显特征就是预防性，即预防损害之发生是反信息公开诉讼最本质的特质，这是由这种诉讼的对象——政府信息自身的特点所决定的。保密的政府信息一旦泄露，就不可挽回。也就是说，公民具有个人隐私、商业秘密的信息一旦被公开，其损害将不可逆转。我国《信息公开条例》在制定过程中广泛征求专家的建议，在建议稿里，很多专家就建议，行政机关在公开涉及公民个人隐私和企业商业秘密的政府信息时，应该征求该公民或者企业的意见，行政机关在征求相关公民或者企业的意见过程中，不能向申请人公开该信息。专家们的建议就是基于对政府信息保密性不可逆转的特性而提出来的。在行政机关还没有公开政府信息之前、在实际损害还未发生之前，就采取措施预防和避免损害结果的发生。但是，一般行政诉讼领域有一个重要的原则就是成熟原则。在行政行为还未作出之前、在损害还没有发生之前，行政权受到司法权的干预，这是否与一般行政诉讼理论的"成熟原则"相冲突。所谓成熟原则就是指一个行政行为只有其自身发展运行过程到了完结的程度，对行政相对人的权利义务产生实际影响时，才能够允许司法权的介入或者干涉，从而避免司法权对行政权的过早干预或阻碍。① 行政诉讼法设立成熟原则的目的就是为了保障行政机关行政活动的顺利进行，避免人民法院过早无端介入，影响行政机关行政活动的正常开展。成熟原则是行政诉讼的一般原则，通常情况下提起行政诉讼必须遵守成熟原则。但是，成熟原则也有例外，政府信息公开的不可逆转性决定了其相应诉讼活动的特殊性：只能进行事前防范，不能进行事后救济。但是，随着法治的发展和社会的进步，司法权的影响和活动空间也在逐步扩大，由传统的单一的解决矛盾纠纷功能逐步发展到制约和控制权力等各种功能。行政诉讼制度确立了司法权对行政权的监督制约制度，这种监督制约主要通过事后救济发挥作用，当然也不排除事前监督制约：如司法建议和预防性诉讼。司法机关对行政权运行过程的提前介入有其积极意义：防止侵权发生。反信息公开诉讼允许与申请信息相关的第三人在行政机关公开信息之前有权向人民法院起诉，以阻止其公开信息，防止自己的合法权益造成损害。而传统的普通的事后救济行政诉讼不能有效保护与申请信息

---

① 弗里·德赫尔穆. 行政诉讼法 [M]. 胡芬，莫光华，译. 北京：法律出版社，2003：298.

相关的第三人的合法权益：即个人隐私或者商业秘密。所以，最近几年世界各国高度重视预防性诉讼，并在政府信息公开诉讼中依法确立这种制度。

2. 暂时停止执行性

行政法的一个重要原则是不停止执行原则，即不能因为当事人向人民法院提起了行政诉讼而停止行政机关生效行政行为的执行。在我国一般行政诉讼理论中，考虑到行政行为的效力：即公定力、确定力、拘束力和执行力以及行政管理的效率，规定行政行为不因当事人提起行政诉讼而停止执行。行政行为是行政机关所作出的对外发生法律效力的对行政相对人的权利义务产生实际影响的行为，是行政机关运用了行政权作出的属于执行职务的行为，一旦作出即具有公定力、确定力、拘束力和执行力。行政行为不因起诉而停止执行，以体现行政行为的权威和效力，也有利于保证行政管理的连续性和行政效率，防止因行政相对人的任意停止执行而影响行政机关行政管理活动的顺利高效运行，损害国家和社会的整体利益。反信息公开诉讼的一个重要特点就是在提起诉讼时可以要求行政机关暂时停止执行：即暂时停止公开政府信息。在反信息公开诉讼中，第三人基于行政机关拟公开的信息的保密性质向人民法院提起诉讼，而政府信息从决定公开到实际公开传播需要一定的时间，因此，在政府信息公开诉讼中，赋予原告有权在提起诉讼的同时要求行政机关暂时停止公开申请信息，以避免申请信息的公开和传播，实现反信息公开诉讼的目的——防止原告的合法权益造成实际损害。

国务院颁布的《信息公开条例》在制定过程中的专家建议稿规定："第三人对行政机关公开之决定提出书面异议与向法院提起诉讼之期间内，行政机关不得公开相关之信息"即暂时停止执行行政行为。在人民法院审理政府信息公开案件的过程中：即与申请公开信息相关的第三人向法院提起诉讼之后到法院最终作出判决之前，人民法院应该向行政机关发布一个禁止令：即预先禁止行政机关向申请人公开申请信息。我国行政诉讼法停止执行的相关规定中也有类似禁止令的相关规定。如我国《行政诉讼法》第56条当中就有诉讼不停止执行的例外的相关规定。在反信息公开诉讼中，赋予人民法院有权审查行政机关是否应该暂停申请信息的公开，既可以防止因行政机关错误的公开申请信息而使与信息相关的第三人的合法利益造成损害，又可以避免因第三人的不当主张而导致行政过程的无故停止和拖延，影响行政行为的效力和行政管理活动的顺利进行。

二、建立反信息公开诉讼制度的目的和意义

（一）建立反信息公开诉讼制度的目的

作为一种公民个人权利对抗公权力的反信息公开诉讼制度，设定这种制度的主要价值取向就是为了制约政府公权力、保障公民个人基本权利的目的。政府主动公开或者基于申请人申请而公开信息的行为是一种特殊的行政行为，其目的就是实现和保障公众的知情权和以此为前提的监督权，它是现代有限政府、服务政府、法治政府以人为本服务理念的体现，也是政府民主行政、参与行政、依法行政的具体要求。但是，由于政府信息中有些信息涉及公民的个人隐私或者企业的商业秘密，政府如果不负责任地随意公开这些信息，就会造成与该信息相关公民的个人隐私和企业商业秘密的泄露，既不利于公民个人权利的保护，也影响公众对政府的信任。因此，建立反信息公开诉讼制度的目的就是既要保证政府信息公开，保证公众知情权、监督权与保护公众的个人隐私或者企业商业秘密之间实现一种平衡，又要通过赋予第三人对于侵害其合法权利的政府信息公开行为进行诉讼，从而在保证公众知情权、监督权的同时，实现对公民个人合法权利的有效保护。反信息公开诉讼不是一般的保证公民合法权益受到非法侵犯

后得到救济的制度，而是一种不同于一般行政诉讼的新型的行政诉讼类型，建立和探讨反信息公开诉讼，可以发展和丰富我国行政法和行政诉讼法基本理论。通过对行政机关公开有关侵害公民个人隐私或者企业商业秘密信息行为进行诉讼，可以促进行政机关依法行政，保护信息相关人的个人隐私和商业秘密。

1. 保护个人隐私

在网络时代，公民个人的信息安全是公众最为关注的热点问题，个人信息安全既关系到公民个人隐私权的保护，也关系到市场主体的交易安全和财产安全。随着信息时代的深入发展，公民个人信息泄密、盗卖现象频频发生，这不得不引起公众对于自身个人信息安全保护的忧虑和重视。通过法制手段建立信息保护制度，保护公民个人信息，是世界各国法治政府建设的重要内容，是法治政府、法治社会的基本要求，是法治政府建设的重要价值追求。而法律制度中对公民个人隐私权和企业商业秘密的保护是公民个人信息保护的重要内容之一。[①]

在现代社会，宪法所保护的公民的最基本和最重要的权利之一就是隐私权，公民隐私权的宪法保护体现了宪政时代以公民权利为中心的基本价值理念。行政法是宪法的执行法，在行政法中把依法保护行政相对人的隐私权作为行政机关的基本职责，对于行政机关侵犯公民隐私权的行为应当承担相应的责任，是对宪法规定的保护公民个人隐私权基本权利的具体落实，是实现保护公民个人隐私权的重要法律途径。世界各国都在相关行政法律规范中明确规定行政机关对保护公民个人隐私权的具体要求，要求行政机关在实现行政行为公开透明的同时保证公民个人信息不被泄露，保证公民的信息安全，实现公民个人隐私权的有效保护。

行政机关作为国家公权力的代表，在进行公共管理的过程中会收集和整理大量的公民个人信息，行政机关掌握的这些公民个

---

① 禾主. 亚洲信息法研究 [M]. 北京：中国人民公安大学出版社，2007，4：136.

人信息是行政管理的重要手段，是行政机关行动和决策的重要依据，也与行政相对人的权利义务密切相关。因此，行政机关对行政管理过程中掌握信息的公开，关系到公众的知情权、参与权、监督权；行政机关对与行政相对人的权利义务密切相关的个人信息进行充分保护，又关系到公民个人的基本人权——隐私权。因此，行政机关信息的公开与保护涉及相互矛盾的利益冲突，这就需要确定一种信息保护法律制度，来平衡两者之间的利益，在保证政府信息公开的前提下，保护公民隐私权不会因行政机关信息公开行为受到侵害，这种法律机制就是反信息公开诉讼制度。

2. 保护商业秘密

商业秘密信息是市场主体在经营活动过程中那些与其核心技术相关的各种生产经营活动的重要信息，是市场主体核心竞争力的重要体现，是建立市场经济公平法治环境的重要内容，是事关市场主体经营成败的重要保障，应当得到保护，不得被非法侵犯。但是，政府作为市场秩序的维护者，其行为是否公平公正至关重要，因此，政府的行为应该受到市场主体和公众的监督，而监督的最好方式就是将其管理过程或者管理过程中的信息向社会公开。随着市场经济的发展和网络时代的进步，政府管理过程中泄露商业秘密的事件频繁发生，导致市场公平竞争环境遭到破坏，市场主体的合法权利受到不法侵害。因此，公平竞争环境强力呼吁国家建立保障商业秘密的法制机制，对于泄露和侵犯市场主体商业秘密的行为进行依法追究和严厉打击。

在市场经济发达的国家，依法保护商业秘密信息是通行做法，各国往往通过完善的法律制度，保障行政机关在管理过程中、在政府信息公开过程中不泄露市场主体的商业秘密，保障市场主体在经营活动中不侵犯他人的商业秘密，并对泄露或者侵犯商业秘密的行为规定严厉的惩罚措施。美国是政府信息公开制度最完善的国家之一，其对商业秘密的保障制度也最为完善，美国的商业秘密保护制度主要是通过国会立法和法院的判例法所逐步发展和完善起来的，从而促进了美国经济的发展和商业的繁荣。自由经济时期，经济的发展主要靠市场来调节。自 20 世纪以来，资本主义自由经济的发展出现了许多问题，垄断、经济危机、两级分化，等等，于是经济的发展越来越依靠政府的监管和宏观调控。政府在对经济发展进行监管和宏观调控的过程中，市场主体向政府提供了大量的具有商业秘密的信息。如果政府对于市场主体向其提供的商业秘密信息随意泄露、非法公开，就会破坏市场主体的公平竞争环境，妨碍市场主体的研发和创新动力，严重损害市场主体的合法权益。为了防止行政机关随意泄露市场主体的商业秘密信息，美国通过立法确立了反信息公开诉讼制度，即反信息自由法诉讼，明确规定向政府提供商业秘密信息的提供者，对于行政机关非法公开其提供的信息侵权其合法权益的行为有权向法院提起诉讼，使信息提供者自身的合法权益得到法律的保护。

随着我国社会主义市场经济的不断发展和繁荣，市场主体对于其商业秘密的保护需求也日益强烈和迫切。现实生活中，公众的商业秘密保护意识相对较差，商业秘密盗窃、侵犯事件频频发生。而有些行政机关工作人员由于缺乏商业秘密保护意识，在行政管理过程或者政府信息公开工作中泄露商业秘密的事件也时有发生，我国保护商业秘密的法律制度还不完善。我国在 1991 年公布实施的《民事诉讼法》的相关条款中第一次使用"商业秘密"一词。接着，最高人民法院在 1992 年公布的司法解释的相关规定中对商业秘密进行概述。① 1993 年全国人大常委会制定的

---

① 《最高人民法院关于适用〈中华人民共和国民事诉讼法〉若干问题的意见》第 154 条："主要是指技术秘密、商业情报及信息等，如生产工艺、配方、贸易联系、购销渠道等当事人不愿公开的工商业秘密。"

《反不正当竞争法》相关条款对商业秘密进行了系统的定义。[①] 至此，我国法律对商业秘密的保护有了比较具体的法律规范。法治政府理念要求建设服务型政府，行政机关掌握的信息应该向公众公开，为公众提供更多的信息服务；法治政府理念要求建立诚信政府，政府应该向为其提供信息的提供者承担秘密义务；赋予信息提供者对政府侵犯其商业秘密的行为提起诉讼是法治政府建设的基本要求，有利于调动市场主体的创新创造积极性，保护市场主体的合法权益，符合我国建设法治国家、法治政府、法治社会的基本理念。

（二）建立反信息公开诉讼制度的意义

《信息公开条例》为公众获得政府信息提供了最基本的法规依据，但是该制度还很不健全，特别是在如何保障公民知情权、监督权的同时，不给公民的个人隐私权和企业的商业秘密造成侵犯是一个值得重视和研究的重要课题。随着政府信息公开制度的不断发展和完善，将反信息公开诉讼作为一种新的诉讼形式纳入我国政府信息公开诉讼、行政诉讼的视野，既是对我国政府信息公开诉讼制度、行政诉讼制度的发展和完善，也是对我国行政法、行政诉讼法理论的丰富和创新，同时也可以使政府信息公开制度的原则和精神得到更好的落实，在依法保护公民个人隐私和企业商业秘密的基础上，实现公众的知情权、参与权和监督权。

第一，在政府信息公开与不公开之间实施利益平衡。反信息公开诉讼制度体现了政府信息公开制度所蕴含的利益平衡原则。根据《信息公开条例》第 1 条的规定，政府信息公开的首要目的是建立公开透明政府，保证政府信息最大限度地向公民、法人和其他组织公开。但是该条例第 15 条又规定了不得公开政府信息

[①] 1993 年《反不正当竞争法》第 10 条第 2 款："本条所称的商业秘密，是指不为公众所知悉、能为权利人带来经济利益、具有实用性并经权利人采取保密措施的技术信息和经营信息。"

的情形：涉及商业秘密、个人隐私等公开会对第三方合法权益造成损害的政府信息，行政机关不得公开。如何平衡政府信息公开与不公开之间的利益呢？确立反信息公开诉讼，在政府信息公开工作中将行政机关决定信息公开与不公开的利益权衡纳入司法权的监督和控制之下，使行政机关任意决定政府信息公开与不公开的行为得到有效控制。对此，著名学者王名扬先生有过精辟的论述："政府文件的公开和不公开同时构成情报自由法的主要内容，是同一事物的两个侧面。这两个侧面构成矛盾的对立和统一，在这个矛盾的统一体中，行政公开是主要的矛盾，起主导作用。行政公开是情报自由法的主要目标，免除公开起制约和平衡作用。"① 实现这种平衡的方法，一是明确政府信息公开中免除公开的范围，二是确立反信息公开诉讼，在政府信息公开中保护公民个人的隐私权和企业的商业秘密。

第二，有效地保护公民个人的隐私权和企业的商业秘密。政府信息公开制度在于保障公众知情权的实现，而反信息公开诉讼保证公众知情权不被滥用。随着网络时代的快速发展，政府在行政管理过程中收集信息、储存信息和传播信息的能力都得到了极大的增强。② 比如公民个人的身份信息、家庭成员信息、财产信息、房产信息等都属于具有个人隐私性质的信息；企业的发明专利信息、新型设计信息、销售方法和技术信息等属于具有企业商业秘密性质的信息。目前这类信息越来越多被掌握在行政机关手里，这些信息对公民个人隐私保护和企业的生存和发展都至关重要，所以行政机关对该类信息不能随意向公众公开。实际生活当中不乏通过盗卖个人隐私信息非法牟利，通过窃取企业商业秘密信息进行不当竞争的违法犯罪行为。按照目前的法律，当事人对于行政机关泄露信息利益受到侵害的，只能提起事后救济，即向

---

① 王名扬. 美国行政法 [M]. 北京：中国法制出版社，2005：967.

② 乔立娜，李鹏. 政府信息公开工作制度与实践 [M]. 北京：中国人事出版社，2011：167.

法院提起行政诉讼并申请国家赔偿寻求救济。事后救济有时虽然能够使当事人在受损利益上得到补偿，但是，有时当事人受损权益是无法恢复的，可能造成无法挽回的损失。所以，必须尽快制定和完善相关法律制度，加强对涉及公民个人隐私和企业商业秘密信息的保护。根据反信息公开诉讼的制度设计，司法机关可以提前介入行政机关的信息公开侵权，可以在信息还没有被泄露之前介入，属于预防性救济，更有利于个人隐私和商业秘密的保护。

第三，扩展行政诉讼类型，丰富我国行政诉讼理论。我国行政诉讼可以划分为哪些类型，学术界对其进行了很多有意义的探讨。政府信息公开诉讼是一种新型的行政诉讼类型，而反信息公开诉讼又是其中一种更为特殊的诉讼类型，它与我国普通的事后救济的诉讼类型不同，属于法理上的事前预防性诉讼。按照普通的行政诉讼规则，行政行为不因当事人起诉而停止执行。而根据预防性诉讼规则，行政机关对行政相对人违法作出了某一行政行为，如果该行政行为立即执行就会损害行政相对人合法权益而且事后无法恢复和弥补，为了防止侵权行为的发生，在行政机关还没有执行该行为前，行政相对人可以依法向法院起诉，由人民法院暂时制止该行政行为的执行并审查该行为的合法性。[①] 如前所述，我国目前的行政诉讼类型以事后救济诉讼为主，反信息公开诉讼作为一种预防性诉讼，是对我国诉讼制度的重要补充。对于那些被行政行为侵害后无法弥补的行政相对人的合法权益起到更好的保护作用。

第四，有利于增强政府的责任意识，预防和控制权力腐败。确立反信息公开诉讼制度，可以有效增强政府工作人员的责任意识，防止权力腐败。一方面，之所以要求政府公开信息，其核心目的是为了通过信息公开为公众了解政府、监督政府、参与公共

---

① 陈光中. 诉讼法理论与实践（下） ［M］. 北京：中国政法大学出版社，2004：447.

管理过程提供条件。但是，在面对公众知情权公开的公共利益与个人隐私和商业秘密的保密利益的冲突和权衡中，政府会本能地倾向公共利益而忽视个人利益。也就是说，如果公众向政府提出信息公开要求而没有得到满意答复，公众就会将矛头指向政府。在政府信息公开过程中，政府为了迎合公众，可能忽视对个人隐私或商业机密的保护。通过建立反信息公开诉讼制度，可以增强政府机关工作人员在信息公开工作过程中的责任意识，更加慎重地决定信息的公开与不公开。另一方面，政府手中所掌握的政府信息也可能成为权力寻租的手段。有些企业为了在市场竞争中获得有利地位，获得高额利益，不把主要精力放在产品的研发和创新上，而是通过不正当手段从政府那里获取其他企业的商业秘密，而某些政府机关工作人员在巨额利益的诱惑下，可能对信息提供者的保密利益于不顾，将其掌握的重要秘密信息泄露给其他企业组织。通过建立反信息公开诉讼制度，可以预防和减少权力寻租，使政府的信息公开腐败行为得到有效遏制。

第二节 我国反信息公开诉讼法律规定及不足

我国目前没有反信息公开诉讼制度的专门法律规范，现有规定只是在政府信息公开诉讼的相关规定中有所涉及。因此，这些规定是相对零散的、不系统的，存在很多缺陷及不足，有待于进一步发展和完善。

一、关于受案范围的规定及不足

在我国，对行政机关的某项侵权行为能否提起行政诉讼需符合行政诉讼范围的规定，即应该属于司法的主管范围。反信息公开诉讼是否属于司法主管范围我国行政诉讼法没有直接规定。但是，从目前相关法律、法规和司法解释看，一些事项已经纳入了反信息公开的范围，说明我国已经确立了反信息公开诉讼制度。我国《行政诉讼法》第2条对原告提起行政诉讼的条件作出了明确规定，《信息公开条例》第51条对原告提起政府信息公开诉讼的权利予以明确。我国《行政诉讼法》第25条又对与行政行为有利害关系的原告的起诉权作了明确规定。从以上规定可以看出，只要是认为行政机关或者行政机关工作人员的行政行为侵犯其合法权益，无论是行政相对人还是其他与行政行为有利害关系的公民、法人或者其他组织，无论是一般行政行为还是信息公开行为，都可以依法向人民法院提起行政诉讼。对于反信息公开诉讼，针对行政机关的信息公开行为，无论是信息申请人还是其他与申请公开信息有利害关系的第三人，都可以提起政府信息公开诉讼。反信息公开诉讼的原告一般不是行政相对人，即政府信息公开申请人，主要是其他与与申请公开信息有利害关系的公民、法人或者其他组织，即与政府信息公开相关的第三人。但是，政府信息公开诉讼的上述规定有两个问题没有解决：一是"行政行为"的范围，是否受到《行政诉讼法》受案范围规定的限制。特别是其中行政机关主动公开信息的行为是否属于这里的"行政行为"的范围？二是"合法权益"的范围，是否受到《行政诉讼法》第12条第1款第（十二）项关于"人身权、财产权"范围的限制？对此，《信息公开案件规定》第1条第1款第（三）项作了明确规定，行政机关主动公开政府信息的行为是行政诉讼法规定的"行政行为"；行政机关侵犯公民、法人或者其他组织商业秘密、个人隐私的都属于行政诉讼法规定的"人身权、财产权"的范围。另外，《信息公开案件规定》第1条第2款进一步明确了行政机关侵犯公民、法人或者其他组织商业秘密、个人隐私的"人身权、财产权"行政赔偿的合法权益的范围。

反信息公开诉讼主要涉及公民的个人隐私和企业的商业秘密信息。那么，侵犯个人隐私或者商业秘密利益是否属于法律、法规明确规定的需要保护的合法权益？《信息公开条例》第15条对此作出了规定，一般情况下，行政机关不得公开涉及企业商业秘密和公民个人隐私的信息。但是，也存在两种例外情况：一种情况是信息所有人同意公开的；另一种情况是行政机关认为信息不公开将对公共利益造成重大影响的。所以，《信息公开条例》第32条对行政机关在政府信息公开前书面征求第三方意见的程序作出规定，并要求行政机关在对政府信息公开可能对公共利益造成的影响进行评价后再决定是否公开。该规定对行政机关在政府信息公开工作中保护第三方的商业秘密、个人隐私提出了程序要求：一是信息公开前行政机关应当书面征求第三方的意见；二是第三方有权提出异议，第三方不同意的，行政机关不得公开政府信息；三是遵循公共利益优先原则，即如果行政机关不公开该信息对公共利益造成的损害明显大于公开该政府信息给第三方个人利益所造成的损害的，应当予以公开。

从以上规定看，我国目前关于反信息公开诉讼受案范围的规定比较全面，基本能够满足司法实践的需要。但是，在司法实践中也还存在一些值得讨论的问题，如行政机关主动公开政府信息的行为是否是行政行为？如何把握政府信息公开诉讼的原告？等等。

二、关于举证责任的规定及不足

如前所述，《信息公开条例》第32条对政府信息公开涉及第三方商业秘密、个人隐私的提出了程序要求。对政府信息公开涉及第三方商业秘密、个人隐私的，应当书面征求第三方的意见；对政府信息公开涉及公共利益的，应当对信息公开可能对公共利益造成的影响进行评估。行政机关是否履行了该程序要求，在诉讼中其必须承担证明责任。对此,《信息公开案件规定》第 5 条第 2 款已经明确规定,政府信息公开涉及商业秘密或者个人隐私的,作为行政诉讼被告的行政机关应当对公开政府信息对公共利益造成影响评价的理由进行举证和说明,这是我国司法解释对反信息公开诉讼举证责任的明确规定。《信息公开条例》对此也有规定,从该条例相关规定来看,反信息公开诉讼的举证责任主要包括四个方面:第一,行政机关决定公开的政府信息是否涉及第三方的商业秘密或者个人隐私;第二,行政机关决定公开的政府信息是否可能侵犯第三方的合法权益;第三,行政机关是否已经通过书面方式征求了第三方的意见,第三方是否同意公开该政府信息;第四,如果行政机关不公开该政府信息可能对公共利益造成重大不利影响。但是,从《信息公开案件规定》来看,只明确了被告行政机关对"认定公共利益以及不公开可能对公共利益造成重大影响"承担举证责任,对于第三个方面即征求第三方的意见,根据《信息公开条例》第 32 条的规定,书面征求第三方的意见作为行政机关的法定义务,当然应该由行政机关举证。但是,对于前两个方面的举证责任到底由原告还是由被告承担是不明确的。

三、关于判决方式的规定及不足

对于反信息公开诉讼的判决方式,《信息公开案件规定》第 11 条作了具体规定。该条款规定了我国反信息公开诉讼的三种判决方式,一种裁决方式:即判决确认公开政府信息行为违法,责令采取相应的补救措施。一种判决被告承担赔偿责任,判决行政机关不得公开。一种裁定暂时停止公开。这些裁判或者裁决方式,充分体现和适应了反信息公开诉讼的特点,对我国原有的行政诉讼的裁判方式进行了创新和突破,是对我国行政诉讼裁判理论的丰富和发展,有重要的理论和现实意义。

1. 判决确认公开政府信息行为违法，责令采取相应的补救措施

《信息公开案件规定》第 11 条对该种判决方式作出了规定。该种判决方式也可以从我国《行政诉讼法》第 74 条相关规定中找到依据：行政行为违法，但不具有可撤销内容的，而且又不需要判决撤销或者履行的，人民法院可以判决确认行政行为违法。如果行政机关作出决定，并且已经公开了涉及第三方商业秘密或者个人隐私的信息，该行政行为不具有可撤销内容，或者说该信息已经公开，判决撤销该公开行为已经没有任何意义，法院只能作确认判决，判决确认行政机关公开信息的行为违法。但是，仅仅是确认违法，往往难以从根本上及时纠正行政机关的错误，避免被泄露的商业秘密或者个人隐私信息传播范围的进一步扩大，根据我国《行政诉讼法》第 74 条的规定，人民法院在判决确认行政机关行政行为违法或者确认其无效的同时，可以判决责令作为被告的行政机关采取相应的补救措施。如果行政机关的行政行为给原告合法权益造成损失的，人民法院可以依法判决行政机关承担相应的赔偿责任。这里也存在一个问题，在反信息公开诉讼中，行政机关采取什么样的补救措施对挽回公开了不该公开的信息有实际意义呢？

2. 判决被告承担赔偿责任

与政府信息公开诉讼不同，反信息公开诉讼的一个重要特点是其可以提起赔偿诉讼。关于反信息公开诉讼的赔偿问题在《信息公开案件规定》第 1 条作了规定，原告认为行政机关的信息公开行为侵犯其个人隐私或者商业秘密的合法权益并造成实际损害的，可以在提起反信息公开诉讼的同时一并或单独提起行政赔偿诉讼。加上《信息公开案件规定》第 11 条中有关的赔偿判决规定，构成了完整的反信息公开诉讼的行政赔偿制度。该规定有两点值得注意：一是该规定没有明确赔偿诉讼只是针对反信息公开诉讼提起的，其他政府信息公开诉讼是否也包括行政赔偿诉讼。二是如何认定赔偿责任。是否根据原告请求认定赔偿责任？赔偿

范围是否限于"人身权、财产权",是否限于"直接损害"?

3. 判决行政机关不得公开

《信息公开案件规定》第11条对该种判决方式作出了规定。该种判决方式也被称为禁止令判决,是反信息公开诉讼最具特点的判决方式,是对我国行政诉讼判决方式的创新。针对行政机关的违法行为,传统的判决方式是撤销判决和确认违法的判决。如果行政机关已经作出了行政行为,在通常情况下,人民法院可以适用确认违法的判决或者撤销判决。但是,对于反信息公开诉讼这种预防性诉讼,有时原告为了阻止行政机关公开信息,起诉时,行政机关可能并没有正式作出信息公开的决定,此时撤销判决和确认违法无法适用。因此,创新禁止令判决方式非常必要。其不足是没有将判决行政机关不得公开与裁定暂时停止公开的适用情形明确区分开来。"政府信息尚未公开的"就"判决行政机关不得公开"吗?

4. 裁定暂时停止公开

行政行为不因行政相对人申请复议或者提起诉讼而停止执行是行政法的基本原则,但是也有例外。我国《行政诉讼法》第56条对行政行为停止执行的例外作了规定,如果原告或者与行政行为有利害关系其他人申请停止执行的,或者人民法院认为该行政行为应该停止执行,而且该行政行为的停止执行不会损害公共利益的可以停止执行。《信息公开案件规定》第11条的规定,对行政诉讼法不停止执行的例外又进行了创新。该条款规定,在反信息公开诉讼过程中,对于涉及原告商业秘密或者个人隐私的政府信息,如果原告申请要求行政机关停止公开,人民法院审查后认为要求停止公开的理由成立的,而且该政府信息停止公开不损害国家和社会公共利益的,可以依照我国现行《行政诉讼法》第56条的规定,裁定暂时停止公开。所不同的是,我国《行政诉讼法》第56条规定的情形是行政机关已经作出了行政行为,在诉讼期间,原告申请停止执行;而《信息公开案件规定》第11条规定的情形存在两种可能:一是行政机关已经决定公开申请人申请的信息，在没有公开前，原告提起诉讼并申请停止公开；二是行政机关拟决定公开被申请的政府信息，但是还没有作出公开决定前，原告提起诉讼并申请停止公开。对于后面这种情况，其实是不属于我国《行政诉讼法》第56条规定的情形的。因为，行政机关还没有作出行政行为，就不存在停止执行的问题，因此，属于反信息公开诉讼的一种创新。这种预先禁止信息公开命令是属于反信息公开诉讼所特有的制度。因此，其不足也就显现了出来：一是暂时停止公开是一种程序性处理措施还是一种实体性判决方式？其适应情形有何限制？与撤销判决的关系如何？还有就是如何权衡暂时停止公开对公共利益的影响是一个难题。

第三节 美国反信息自由法诉讼制度

一、美国反信息自由法诉讼制度的产生和发展

典型的反信息自由法诉讼是指，向行政机关提供信息的人——即被要求提交有关其策略、经营或产品的各种资料的公司或其他商业组织，在行政机关应第三方的信息公开申请决定公开其信息时向法院提起诉讼，要求禁止行政机关向第三方公开其提供的秘密信息的诉讼。[①] 提起诉讼的原告一般是公司或企业的经营者，后来反信息公开诉讼的原告范围有所扩大，包括了向行政机关提供涉及其隐私信息的信息提供者。该诉讼与政府信息公开诉讼的目的相反，政府信息公开诉讼的目的是要求行政机关公开信息，而反信息公开诉讼的目的是阻止行政机关公开信息，因此被称为

---

① CNA Financial Corp. v. Donovan, 830 F. 2d 1132 (D. C. Cir. 1987).

"反信息自由法诉讼"。企业的某些信息如贸易秘密和商业或金融信息是其所独有的、具有财产价值的信息，它使企业在竞争中处于优势地位。因此，贸易秘密的保护和窃取成为当代企业竞争的重要阵地。个人隐私是受宪法和法律保护的基本权利，对确保公民正常生活意义重大。反信息公开诉讼的诉讼目的就是为了保护公民的个人隐私或者企业的商业秘密。行政机关决定公开涉及公民的个人隐私或者企业的商业秘密信息的理由通常是，认为申请信息不属于《信息自由法》免除公开的范围，从而要求强制公开这些信息，或者认为即使这些信息属于某个或几个免除公开条款的范围，但是基于正当理由行政机关行使自由裁量权也可以决定公开这些信息。反信息公开诉讼就是通过人民法院对行政机关决定公开信息的行为进行审查，以规范和制约行政权，保护公民的隐私权和企业的商业秘密的诉讼活动。

在政府信息公开制度方面，美国的《信息自由法》成为了世界各国法律制度的典范，在第三方诉讼方面，美国《信息自由法》的制度设计也有自己独有的特色，涵盖了反信息公开诉讼的诸多细节，并且其反信息公开诉讼制度是通过总统专门的行政命令所确立的，一旦政府信息公开制度中出现了侵犯公民的隐私权和企业的商业秘密的情况，就能够通过反信息公开诉讼制度寻求司法救济。在《信息自由法》制定的最初 20 年时间里，美国也没有反信息公开诉讼制度。美国反信息公开诉讼制度产生的契机始于美国著名的克莱斯勒诉布朗案。

1979 年，美国发生了著名的克莱斯勒诉布朗案。① 美国最高

---

① 克莱斯勒诉布朗案的大致案情是：克莱斯勒是一家汽车制造公司，经常与政府部门有交易。1970 年，该公司和美国国防部合作，提交了"平权措施计划"指定的有关资料。1975 年 5 月，国防部在一个工会组织的申请下，在通知该公司之后，向工会组织公开了这些信息资料。但是，克莱斯勒公司认为，该公司提供的这些信息资料属于商业机密，国防部虽然通知了该公司，但并没有得到该公司的同意，就擅自把该信息提供给第三方，实际上是泄露了该公司的商业秘密，然后克莱斯勒公司一纸诉状把国防部部长布朗告上了法院，最终上诉到最高法院。

法院在处理该案的过程中，明确了反信息自由法诉讼，该案件引起了学术界的广泛关注。在该案中，克莱斯勒公司根据《信息自由法》有关贸易秘密和金融信息免除公开条款提起诉讼，同时也认为符合《美国法典》关于保护贸易秘密的第 1905 条款规定。[①]但是在联邦最高法院对该案的判决中，所依据的这两项法律都被驳回，认为原告提起的不是行政诉讼，也不是一般的政府信息公开诉讼，其提起的是反信息自由法诉讼。美国联邦最高法院最初坚决反对反信息公开诉讼，认为原告适用法律错误，即反对将《信息自由法》的免除公开条款看作是强制性的禁止公开的规定，信息提交者不能根据《信息自由法》针对行政机关提起诉讼禁止行政机关公开信息。联邦最高法院认为，《信息自由法》没有提供个人诉权以禁止行政机关公开信息，反信息公开诉讼的联邦管辖权不能根据《信息自由法》确立，只能在其他法律中寻找法律依据。

"联邦问题"司法管辖权和《行政程序法》司法审查条款为反信息公开诉讼提供了司法管辖权的根据，即根据该司法管辖权，向政府提供信息的提交者可以向法院寻求制止政府向第三方公开信息。《美国法典详解》第 28 篇第 1331 条规定，联邦地区法院对产生于联邦宪法、法律或条约的一切民事诉讼有初审管辖权。《行政程序法》第 702 条规定，当行政相对人受到行政机关违法行政行为的侵害或者不利影响时，受到不利影响的任何公民有权向联邦法院请求其对该行政行为进行审查。根据《行政程序法》，关于政府信息不包括贸易秘密以及政府信息属于可以公开的政府信息的决定，可以被认为是"审判程序"过程中行政机关的决定。在行政机关作出决定之后，申请人，或者向行政机关提供政府信息的提供者，对于行政机关的信息公开决定可以依法向联邦法院提起诉讼。信息提供者由于行政机关的信息公开决定公开了其商业秘密或者个人隐私，因此是受到行政机关行政行为不

---

① 王名扬. 美国行政法 [M]. 北京：中国法制出版社，2005：1006.

利影响的当事人，可以根据该法第 702 条提起诉讼。而且，由于反信息公开诉讼是根据行政程序法提起的，而不是根据特别法律提起的诉讼，因此，提起诉讼的当事人不需要履行特别法律如社会保障法中规定的穷尽行政救济的要求。如果申请政府信息公开的申请者撤回其申请，那么向行政机关提交文件的信息提交者制止行政机关公开文件的反信息公开诉讼的诉由就消失了。另外，原告根据什么法律主张要求禁止行政机关向第三方公开其提供的秘密信息呢？当然不是《信息自由法》，因为《信息自由法》只有禁止拒绝公开信息的规定，没有禁止公开信息的规定。原告能够主张的法律必须是禁止公开贸易秘密和个人隐私信息的法律。《美国法典详解》第 18 篇第 1905 条款是可适用的法律，因为该法规定行政机关对贸易秘密和商业或金融信息的秘密具有普遍的保密义务；552（a）条款的《隐私权法》对个人隐私信息提供了法律保护。

美国的里根总统在 1987 年 2 月发布了 12600 号总统令，该总统令明确要求，行政机关在决定公开政府信息前应该事先通知并征求信息所有人意见，在信息所有人答复之后才能够决定是否公开申请人申请公开的信息。另外，如果行政机关决定公开，其有义务将公开的理由告知信息所有人，信息所有人可以凭此理由申请司法审查。虽然这项总统令没有明确将该类型的诉讼称为反信息自由法诉讼，但是该总统令颁布的目的就是为了避免因为《信息自由法》的信息公开要求而给信息所有人的利益造成损害，一旦发生该类纠纷，信息所有人就可以通过司法途径寻求救济。

有了该总统令之后，美国的反信息自由法诉讼在全国范围内被迅速推广开来，并且通过联邦法院的司法判例逐步发展、完善。反信息自由法诉讼一反传统联邦法院司法审查中固有的"穷尽行政救济""成熟原则"等司法审查原则，这种司法审查制度可能规避行政复议前置的程序要求，也可能对行政机关还没有作出最终决定的行政过程进行干预，因而具有不同于一般司法审查所具有的预防性诉讼的特点。在反信息公开诉讼中，由于法院的司法审查需要经过一定的期限，所以原告在提起反信息公开诉讼后，在判决前可以请求联邦法院发出预先禁止令，要求行政机关在诉讼期间暂时不向申请政府信息公开的申请人提供申请的信息。原告也可以在提起反信息公开诉讼时，同时提出确认判决和预先禁止令请求，要求联邦法院判决确认申请人申请公开的某一文件具有保密地位。虽然确认判决后不需要对违法行政行为进行强制执行，但是由于确认判决的请求与预先禁止令请求同时提出，所以能够有效制止行政机关不当公开申请信息，以保护企业的贸易秘密和公民的个人隐私信息。

二、美国反信息自由法诉讼的条件

（一）有关司法管辖权问题

如前所述，反信息自由法诉讼是否能够向联邦地区法院提起，也就是说联邦地区法院是否有司法管辖权，在美国现有的法律规范中并没有直接明确的规定。但是，美国法典的有关规定明确赋予了联邦地区法院有权管辖本地区的所有行政案件。所以，从该规定可以得出，联邦地区法院对反信息自由法诉讼应该具有司法管辖权。因此，从管辖权的角度，凡是涉及反信息自由法诉讼的案件，与政府信息公开诉讼一样，联邦地区法院由初审管辖权。如果被告行政机关所在地与原告的住所地或者经常居住地不同，原告可以选择一个方便自己诉讼的法院进行起诉。

（二）有关原告适格问题

反信息自由法诉讼可以由信息提交者提起，信息提交者是指在《美国法典详解》第 702 条含义中所指的，如果行政机关决定公开该信息，其"合法权益因为行政机关的行为而受到侵犯的人"。[①] 尽管权威的观点认为，已经向行政机关提交信息的人，不

---

① Chrysler Corp. v. Schlesinger, 565 F. 2d 1172 (3d Cir. 1977).

能基于《信息自由法》免除公开条款的禁止公开理论提起诉讼，制止行政机关公开这些信息。但同时也有观点认为，如果法院认为行政机关公开信息的决定可能对该信息的提供者的利益造成不利影响，在这种情况下，信息提供者有资格提出自己的诉求对抗行政机关公开信息的决定。信息一旦向申请人公开就无法控制其传播，因此，信息提供者在反信息公开诉讼中有资格提出对申请信息进行保密的请求。

在反信息自由法适格原告认定方面，美国法律规定的应该遵循的有关规则是，利益受到行政机关信息公开行为不利影响的个人或者组织。由于行政机关不当公开政府信息，个人或者组织合法权益受到该违法行为的侵害，该个人或者组织就可以成为反信息自由法诉讼的原告。根据美国司法审查规则，反信息自由法诉讼的原告还应具备两个条件：第一，原告是被申请公开信息的持有人；第二，原告是与申请公开信息有利害关系的利益相关人。但是，由于在美国信息自由法中没有原告资格的明确规定，所以反信息自由法诉讼原告资格缺乏相关法律依据。通过克莱斯勒诉布朗案，联邦最高法院允许信息提供者依据《行政程序法》的有关规定提起诉讼，主张行政机关公开政府信息的行为违法，以有效维护信息提供者的合法权益。美国的有关法律规定在确定反信息公开诉讼原告的具体范围时，范围宽泛，没有什么限制。无论是公民个人还是其他组织，只要自己的合法权益受到行政机关信息公开行为的不利影响，即行政机关的信息公开行为侵犯了公民的个人隐私权或者企业的商业秘密，都可以要求联邦法院进行司法审查。① 因为行政机关掌握了大量的公民个人隐私信息和企业商业秘密，行政机关一旦泄露这些信息，就会造成对信息所有人合法权益的不当侵犯。因为政府信息公开往往涉及信息提供者的利益，所以行政机关在决定信息公开前应当事先征求信息提供者

---

① 马元峰. 对我国政府公开救济制度的思考——比较、反思与构建［J］. 云南行政学院学报，2010（2）：14.

的意见，根据信息提供者的意见决定是否公开信息。如果行政机关不经过征求意见程序，无视信息提供者的合法权益，随意公开政府信息，信息提供者有权维护自己的合法权益，甚至可以向联邦法院提起反信息自由法诉讼。

（三）有关被告适格问题

在反信息公开诉讼中，根据美国的法律，被告问题比较明确，就是被申请公开信息的行政机关。根据《行政程序法》第702条规定，任何人由于行政机关的行为而受到违法的侵害或不利影响时，有权请求法院对该行为进行审查。因此，在反信息公开诉讼中，行政机关是适格的被告。但是，就行政复议行为提起的诉讼而言，一般来说，联邦反信息公开诉讼是针对指定进行复议的联邦官员或职员提起的，不需要将行政机关或联邦政府作为被告。由于该种情形下反信息公开诉讼只针对超越法定权限范围作出决定的联邦官员提起，因此不适用主权豁免的辩护。

（四）有关诉讼时机问题

对于反信息公开诉讼来说，一个关键问题是如何准确把握诉讼的时机。从理论上说，反信息公开诉讼属于预防性诉讼，应该在申请信息被公开前提出。但是，反信息公开诉讼作为一种权利救济途径，应该既可以在信息公开后提出，也可以在信息公开前提出。对于在信息公开前提起诉讼的，又可以分为两种情况：一是行政机关尚未公开信息，准备公开，但是没有征求信息提供者的意见。作为信息提供者的第三方，还不知道涉及自己商业机密或者个人隐私的信息将要被公开，这时第三方当然不可能提起诉讼。如果第三方通过其他途径获悉行政机关将要公开与自己有关的信息，由于此时还不能确定行政机关一定会公开信息，所以根据"成熟原则"① 第三方此时还不能向法院提起诉讼。二是行政机关尚未公开信息，但是已经通过书面方式征求第三方的意见。在征求第三方意见的过程中，行政机关并没有立即公开信息，此时没有侵犯第三方的权利，第三方不具备提起反信息公开诉讼的条件；反之，在书面征求意见的过程中，在第三方还没有同意的时候，行政机关已经决定公开信息，这种情况下，行政机关的信息公开行为已经具备了侵权条件，第三方就可以向法院提起反信息公开诉讼，阻止行政机关公开信息。对于信息公开后提起诉讼的，也可以分为两种情况：一是申请公开的信息已经公开，信息提供者的第三方并没有收到行政机关公开前的书面征求意见，从社会上广为传播的被公开的信息，第三方才发现行政机关侵犯了自己的个人隐私或者商业秘密的合法利益。此时在诉讼期限之内第三方可以直接提起反信息公开诉讼。二是申请公开的信息已经公开，在信息公开之前第三方就收到了行政机关的书面征求意见。按照政府信息公开的程序，通常是行政机关先书面征求意见，经过协商后行政机关再决定是否公开，虽然行政机关经过书面征求意见，但是在第三方没有同意的情况下直接向申请人公开了申请信息，说明行政机关已经侵犯了第三方的合法权益，在此情况下，第三方可以直接向联邦法院提起提起反信息公开诉讼。

三、美国反信息自由法诉讼的举证责任和审查标准

（一）举证责任

反信息自由法诉讼与政府信息公开诉讼不同，在反信息自由

---

① 美国1967年的艾博特制药厂案件，确立了判断是否成熟的标准，即以最后决定作为问题适宜于法院裁判的标准。因为没有最后决定的行政行为是不会对当事人行为产生实际影响的，而对这种行为提起诉讼则会导致法院过早地卷入行政决定的程序，有可能对行政机关的职权产生侵犯。王名扬. 美国行政法 [M]. 北京：中国法制出版社，2005：637－642.

法诉讼中，由原告承担举证责任，证明该情形下不予公开的正当性。① 最初，美国法院和学术界都认为，在反信息自由法诉讼中，原告应该承担举证责任。但是近年来也有不少人认为，这类案件应该由原告、被告共同分担举证责任。因为行政机关与公民存在着信息不对称，行政机关应该承担相应的证明责任，证明自己行为的合法性。因此，在美国反信息自由法诉讼中，应该按照原告和被告各自的诉讼主张，承担各自主张的证明责任。在反信息自由法诉讼中，寻求阻止行政机关公开政府信息的个人必须证明，该信息属于《信息自由法》某个免除公开条款的范围。如果行政机关已经把信息公开，那么，原告没有责任证明该信息没有向公众公开，原告可以直接利用信息被公开的事实，对被告提出诉讼主张。宣称该信息已被公开的行政机关承担举证责任，证明信息已经被公开。

向行政机关提供信息的组织和个人向法院起诉反信息自由法诉讼寻求司法保护的，必须通过提交证实性的宣誓书支持其要求对信息进行保密保护的诉讼请求，该宣誓书应该能够初步证明，文件中涉及的保密权益根据宪法和法律所规定的法定程序规定是受到保护不予公开的；原告的证明不能仅仅是推断性的，其证明必须足够具体，以便使行政机关、持反对意见的当事人以及司法审查机关清楚理解其保密主张的性质和依据。

如果行政机关的调查程序是充分的，反信息自由法诉讼的原告没有权利要求法院进行重新审查。通常当事人没有权利向负责审查公开问题的联邦地区法院提交要求重新审查的证据。然而，不排除当事人对重新审查程序适当性问题提供证据。即如果重新审查被拒绝，这些证据只适用于对行政机关调查程序的充分性的质疑，不能适用于证明信息公开的实质性问题。

---

① Artesian Industries, Inc. v. Department of Health and Human Services, 646 F. Supp. 1004 (D. D. C. 1986).

（二）审查标准

尽管《信息自由法》规定了政府信息公开诉讼的重新审查标准，但是，在反信息自由法诉讼中适用什么样的司法审查标准，该法中并没有作出规定，美国联邦法院对此也存在争议。有的法院认为应适用重新审查标准。理由：一是美国法律规定政府信息公开诉讼适用重新审查标准，反信息自由法诉讼应该适用与政府信息公开诉讼相同的审查标准；二是行政机关对保护私人利益不是很感兴趣，法院必须加强对企业或者个人等信息所有者的保护。但是，大多数法院不赞成在反信息自由法诉讼中适用重新审查标准。因为，提起反信息自由法诉讼所适用的法律是《行政程序法》，而不是《信息自由法》，该法律和《信息自由法》属于两个不同的法律范畴，司法审查要求的强度不一样，后者通常采用重新审理标准。《行政程序法》中规定的司法审查标准，在一般情况下适用实质性证据标准，以及专横任性和滥用自由裁量权标准，除非有特殊情况，才能适用重新审理标准。所以确定司法审查标准，应该根据执法记录来判断，当行政机关的执法记录不符合规范要求或者存在严重缺失时，才适用重新审理标准。①

因为，反信息自由法诉讼中的行政决定具有非正式裁决性质，并且这样的决定根据《行政程序法》有关条款的规定是可以进行司法审查的。根据《行政程序法》有关条款的规定，法院审查行政机关非正式裁决，制止不合法的行为，并且对行政机关在调查、裁决和作出行政行为时存在任意、专断或者滥用自由裁量权或其他违法情形的予以撤销。在考虑行政机关的行为是否存在任意、专断、或者滥用自由裁量权时，法院必须考察行政机关的决定是否基于考虑相关因素而作出，包括对公共利益有利或者有

---

① 5 U. S. C. A. §552（b）.

害的大小，对信息提交者利益的损害以及公开对行政机关管理功能的影响。在反信息自由法案件中，行政机关不顾原告异议公开申请文件的行为是可诉的，通过诉讼确定其是否是《美国法典详解》第5篇第702（2）（A）条款含义中"专横、任意、滥用自由裁量权或其他违法行为"。

在反信息自由法诉讼案件中，明显错误标准也可以用于联邦地区法院对有关行政记录的裁决进行的审查。反信息自由法诉讼案件中的审查必须基于整个行政记录，整个记录是指行政机关在诉讼前编辑的行政记录，而不是之后在法院审查过程中形成的记录。"明显错误"标准禁止行政机关运用诉讼宣誓书来补充行政记录。在证明必要的情况下，行政机关可以对行政记录进行补充以补充说明行政机关决定的理由，如背景信息或者行政机关是否审查了所有相关因素的证据，但是行政机关补充提供的信息不能包括新的解释。如果行政机关的记录不充分，不足以使法院在反信息自由法诉讼案件中进行有效的审查，那么，法院通常作出发回重审的决定，以进一步补充行政记录。

虽然政府信息公开诉讼可以通过法院的重新审查来裁决，但是，根据《行政程序法》提起的诉讼一般情况下不适用重新审查标准。《行政程序法》规定了在反信息自由法诉讼中法院的审查标准。由于信息提供者提起反信息自由法诉讼的根据是《行政程序法》而不是《信息自由法》，根据《行政程序法》的规定，信息提供者有权对行政机关公开信息的决定提起司法审查，但是信息提供者没有权利要求重新审查。司法审查的重点是已经存在的行政记录，即在行政过程中产生的记录，而不是在法院审查过程中行政机关产生的新的记录，除非行政机关的程序存在严重缺陷。

在反信息自由法诉讼中，重新审查只有在两个情形下是正当的：（1）诉讼在性质上是裁决性的并且行政机关的调查程序不充分；（2）在诉讼程序中提出行政机关没有考虑的问题以强制实施非裁决性的行政机关行为。① 根据以上规则，行政机关不顾向其提交信息的当事人的反对，根据《信息自由法》作出公开信息的决定，该决定在性质上是裁决性的。但是，从本质上看，对行政机关公开信息决定提供了申诉的机会，这说明行政机关的调查程序是充分的。如果没有程序缺陷，就不存在进行重新审查的例外情形。

在司法实践中，有的行政机关已经制定发布行政规章，当反信息自由法诉讼中的申请人提出申请时，该规章要求通知商业信息的提交者，对于这些行政机关，重新审查是没有必要的。这些规章特别允许提交者主张保密待遇，并要求行政机关说明公开的理由。因为这些程序建立了对行政机关档案的充分审查，联邦地区法院没有必要进行重新审查。

四、美国反信息自由法诉讼的审理方式和判决方式

（一）审理方式

反信息自由法诉讼的审理方式通常采用秘密审查，即不公开单方审理，也有学者称之为法官私人办公室内审查。这种秘密审查与政府信息公开诉讼的秘密审查有些不同，政府信息公开诉讼的秘密审查原告（信息申请人）不能参加诉讼。而反信息自由法诉讼的秘密审查是指对原告（信息提供者）和被告（行政机关）之外的人（如申请信息公开的申请人）不公开审理，对于原告和被告是公开的，在审理过程中，原告和被告应该尽可能参与审理过程。因为反信息自由法诉讼审理的信息可能涉及个人隐私或者商业秘密，所以进行不公开审理，以防止信息的泄露，保护当事人的合法权益。在反信息自由法诉讼中，法院进行不公开单方审

---

① Acumenics Research & Technology v. U. S. Dept. of Justice，843 F. 2d 800（4th Cir. 1988）.

理必须符合以下条件。

第一，审查信息涉及个人隐私。美国国会早在 1974 年就制定颁布了《隐私权法》，该法的制定主要是为了加强对公民隐私权的保护。在行政机关进行行政管理的过程中，行政机关掌握的涉及公民个人隐私的信息更需要特别保护。① 隐私权法除了保障公民个人隐私权不受侵犯外，也保障行政机关正确地记录公民个人信息。《隐私权法》明确规定，公民个人可以随时随地向保存其个人信息的行政机关要求查阅有关自己的个人信息记录，除非存在法律规定的免除使用个人信息的状况外，对于公民查阅自己个人信息的申请，保存其信息的行政机关无权拒绝。如果发现行政机关保存的个人信息记录有错误、已经过时、有缺失等，都随时可以向行政机关申请更正。

第二，审查信息涉及商业秘密。美国国会于 1985 年修订出台了《统一商业秘密法》。该法的立法目的主要是为了加强对商业秘密的保护，保护市场经营者的合法权利，并确保其权利受到侵害时有法律救济途径。《统一商业秘密法》在美国得到了广泛适用，已经有 46 个州在适用该法律。这部法律为了保护商业秘密，对市场主体的商业行为进行全面约束。但是，该法不适用于一般民事主体之间的秘密。该法特别对行政机关管理过程中可能侵犯企业商业秘密进行了规范，明确规定行政机关在行政管理过程中掌握的商业秘密不能随意公开。在美国，商业秘密根据法律规定必须符合三个条件：一是该信息必须具有商业价值；二是该信息必须具有秘密性；三是该信息客体必须明确受到法律的保护。只有完全满足了以上三个条件，才能构成受到法律保护的商业秘密。

只要行政机关拟公开的信息涉及公民个人隐私或者企业商业秘密，信息提供者就可以以原告身份向联邦法院提起反信息自由

---

① 5 U. S. C. A. §552（b）.

法诉讼，提出保护个人信息的保密主张，诉讼的目的是阻止行政机关公开信息。这样对于反信息自由法诉讼的审理方式也提出了特别要求。与政府信息公开诉讼一样，不能进行公开开庭审理，如果公开开庭审理，涉及公民个人隐私或者企业商业秘密的信息就会被泄露，这就违背了原告起诉的初衷，反信息自由法诉讼就失去了其存在的意义。

（二）判决方式

在反信息自由法诉讼中，申请信息的公开可能造成商业秘密或者个人隐私的侵害，如何避免这种侵害的发生？根据美国的经验，在信息提供者向法院提起诉讼时，就可以提出确认判决和预先禁止令申请，要求行政机关停止公开信息，以免造成难以弥补的损失。即反信息自由法诉讼案件的审理法院有权裁决准予原告提出的确认救济和禁止令救济，以阻止行政机关公开那些根据政府信息公开法律免除公开的信息。[①] 如果证明存在实质性的可能——即信息公开将违反贸易秘密损害原告的利益，并且存在实质性的可能——即原告将胜诉，则法院可以依原告请求发出预先制止令，命令行政机关在诉讼期间，暂时不向第三方提供文件。因为，一旦有管辖权的法院禁止公开信息，则该信息在《信息自由法》含义内就不是"不适当地"拒绝公开。法院是否发出预先制止令取决于以下因素：一是原告提出的理由是否有很大的胜诉希望；二是原告是否因法院不发出预先制止令而可能受到不可弥补的损害；三是发出预先制止令是否会损害第三者的利益或公共利益。

在反信息自由法诉讼的司法审查中，法院也可以适用确认判决。确认判决体现了美国司法审查制度的特色，是一种补充性和辅助性判决。根据美国联邦行政程序法的有关规定，在对行政机

---

① Westinghouse Elec. Corp. v. Schlesinger, 542 F. 2d 1190（4th Cir. 1976）.

关行政行为的司法审查中，联邦法院的主要判决种类有：驳回原告诉讼请求的判决、撤销判决、履行判决、变更判决、责令赔偿判决。对司法审查的判决方式，美国通过1934年颁布的《确认判决法》对其重新作了规定，增加了一种司法审查的判决方式：确认判决。[①] 确认判决是联邦法院确定行政法律关系是否存在、行政机关行使公权力的行为是否合法有效的判决类型。在反信息自由法诉讼中，适用确认判决的情形主要有以下两种：第一，行政机关公开信息的行为违法，造成了对信息提交者的隐私权或者商业秘密合法权益的侵犯，且危害后果无法恢复和挽回；第二，行政机关作出的信息公开决定已经无法撤销，或者即使撤销该决定也没有任何实际意义。

第四节　我国反信息公开诉讼制度的发展和完善

我国《信息公开案件规定》对反信息公开诉讼的受案范围、举证责任、判决方式作了规定，这些规定为我国反信息公开诉讼制度确立了基本框架。但是，如前所述，这些规定还存在以下缺陷，加上该司法解释没有对反信息公开诉讼的适格当事人、起诉时机、审理方式、审查标准等问题进行规定，因此，在我国真正要建立起反信息公开诉讼制度，还需要从各方面进行系统完善。

---

① 解志勇. 行政法与行政诉讼法 ［M］. 北京：对外经贸大学出版社，2009，4：380.

一、起诉条件的完善

（一）受案范围

关于反信息公开诉讼的受案范围，我国目前的规定比较全面，基本能够满足司法实践的需要。但是，行政机关主动公开政府信息的行为是否是行政行为？从传统的行政法理论看，行政行为是行政主体在行政管理过程中针对特定对象对外作出的具有行政法效果的单方行为。行政行为的职权性、特定性、外部性、处分性、单方性是其基本特征，虽然新《行政诉讼法》在特定性、单方性上有所突破，但是，抽象行政行为也只是部分可诉，而且不能单独起诉。行政机关主动公开政府信息的行为没有特定对象，没有通过该行为给特定行政相对人确定行政法上的某种权利义务关系，因此，主动公开政府信息的行为具有抽象行为和事实行为的特点。但是，行政机关主动公开政府信息的行为又有其特殊性，其违法公开政府信息所侵犯的个人隐私或者商业秘密的对象是特定的，其违法公开政府信息确实对特定对象的个人隐私或者商业秘密这种行政法上的权益造成了侵害。因此，将行政机关主动公开政府信息的行为纳入诉讼范围，具有其合理性，也是对传统行政行为理论的一种创新。

（二）原告适格

政府信息公开诉讼的原告是申请公开政府信息的申请人，拟公开的政府信息涉及其商业秘密或者个人隐私的信息提供者可以作为第三人参加诉讼；与政府信息公开诉讼的原告不同，反信息公开诉讼的原告不是申请公开政府信息的申请人，而是拟公开的政府信息涉及其商业秘密或者个人隐私的公民、法人和其他组织，申请公开政府信息的申请人在反信息公开诉讼中可以作为第三人参加诉讼。如果申请政府信息公开的申请人提起了政府信息公开诉讼，拟公开的政府信息涉及他人商业秘密或者个人隐私的，信息相关人没有必要提起反信息公开诉讼，只需要以行政诉讼第三人的身份参加诉讼，独立提出自己的诉讼主张就可以了；如果行政机关拟决定公开政府信息，拟公开的政府信息侵犯其商业秘密、个人隐私的公民、法人和其他组织就可以提起反信息公开诉讼，维护自己的合法权益。有观点认为反信息公开诉讼的原告有三种情形：一是申请政府信息公开的申请人；二是依申请公开的政府信息涉及他人商业秘密或者个人隐私，行政机关决定公开侵犯其合法权益的公民、法人和其他组织；三是认为行政机关主动公开政府信息侵犯其商业秘密、个人隐私的公民、法人和其他组织。① 笔者认为，由于政府信息对信息提供者本人不存在隐私权或者商业秘密，向申请人公开申请信息不可能侵犯其本人的个人隐私或者商业秘密，所以，申请政府信息公开的申请人没有必要、也不能提起反信息公开诉讼。因此，反信息公开诉讼适格的原告只能是依申请公开政府信息时侵犯其个人隐私或者商业秘密的公民、法人和其他组织，或者认为行政机关主动公开政府信息时侵犯其商业秘密或者个人隐私的公民、法人和其他组织。另外，原告是否必须是政府信息的提供者？笔者认为，虽然多数情况是信息提供者，但是不要求必须是信息提供者。因为，行政机关拟公开的信息有可能是行政机关在行政管理过程中自己搜集编制的。美国在反信息公开诉讼原告资格的认定方面，遵守"在行政机关公开信息的行为中利益受到了损害的个人或者组织"的标准，并没有一定要求是政府信息的提供者。

（三）被告适格

反信息公开诉讼的被告与政府信息公开诉讼的被告没有什

---

① 江必新. 最高人民法院关于审理政府信息公开行政案件若干问题的规定解释与适用［M］. 北京：中国法制出版社，2011：151.

么区别。反信息公开诉讼适格被告就是政府信息公开的义务主体——决定公开政府信息的国家机关。我国政府信息公开制度是在国务院颁布的行政法规中确立的，全国人大及其常委会目前还没有相关立法，所以，我国政府信息公开的义务主体不包括立法机关的各级人大及其常委会和司法机关的各级人民法院，只包括各级政府及其部门。[①] 只要相关义务主体：行政机关拟公开政府信息侵犯公民个人隐私或者企业商业秘密的，该义务主体就是反信息公开诉讼的适格被告。无论是主动公开政府信息还是依申请公开政府信息，反信息公开诉讼的被告可以分为三类。

第一类是行政机关。包括各级政府、各级政府的工作部门以及政府的派出机关。其基本原则是谁公开谁被告，书面形式的以署名为准，非书面形式的以实际作为者为准。

第二类是授权组织。也就是《信息公开条例》第 54 条规定的情形，包括授权的企事业单位、社会组织以及行政机关的内设机构。

第三类是公共服务组织。也就是《信息公开条例》第 55 条规定的情形。即行政法中不具有行政主体资格，但在提供社会公共服务过程中可能制作、获取和公开某些政府信息的公共服务组织。

（四）诉讼时机

传统的行政诉讼理论和政府信息公开诉讼的起诉条件必须坚持行政行为"成熟原则"。《最高人民法院关于执行中华人民共和国行政诉讼法若干问题的解释》第 1 条规定："对公民、法人或者其他组织权利义务不产生实际影响的行为"不属于行政诉讼的受案范围就体现了"成熟原则"。只有行政行为对行政相对人的权利义务产生了实际影响，该行政行为才属于行政诉讼的受案范

---

① 李广宇. 政府信息公开行政诉讼的受理问题 [N]. 人民法院报，2008 – 07 – 06 (25).

围，不产生实际影响就不可诉。产生了实际影响就说明该行政行为对行政相对人确立了某种权利义务关系，或者说处分了行政相对人的某种权利义务。反信息公开诉讼属于典型的预防性诉讼，属于成熟原则的例外。对于权利人而言，只要认为行政机关主动公开或者依他人申请公开政府信息可能侵犯其个人隐私或者商业秘密的合法权益，都可以依法向人民法院提起反信息公开诉讼。一般情况下，反信息公开诉讼原告起诉的时间点主要有以下几种情形。

一是申请人申请公开，行政机关决定不公开。这种情形可能没有以书面的形式来征求第三人的意见，行政机关自行决定不公开。在这种情形下，如果第三人从其他渠道得知行政机关的信息被申请公开，由于行政机关已经决定不公开，不可能存在侵犯第三人商业秘密或者个人隐私的情形，所以根据成熟原则，第三人不能提起反信息公开诉讼。

二是行政机关决定公开，而且相关信息已经公开。如果第三人认为行政机关依申请公开或者主动公开的政府信息侵犯了其个人隐私或者商业秘密的，第三人可以在法律规定的诉讼期限内提出反信息公开诉讼，可以依法要求人民法院确认行政机关公开政府信息的行为违法，并可以同时提起行政赔偿要求。

三是行政机关在采用书面形式征求第三人的意见后决定公开，在信息还没有公开之前提起反信息公开诉讼。此时，第三人为了保护自己的合法权益，防止行政机关公开涉及其商业秘密或者个人隐私的政府信息，可以提起反信息公开诉讼，要求法院裁定停止执行公开行为，并撤销公开决定。

四是行政机关在采用书面形式征求第三人的意见，行政机关还没有决定公开前，第三人是否可以提起反信息公开诉讼。关于在这种情形下的反信息公开诉讼存在争议。有的观点认为不符合成熟原则，不能起诉。笔者认为，应该可以提起反信息公开诉讼，这就是预防性诉讼的特点，行政机关是否公开、何时公开政府信息难以预料，反信息公开诉讼的目的是预防行政机关公开政府信息，因此，原告不能等到行政机关已经公开了政府信息以后才向法院提起诉讼。在行政机关尚未公开政府信息的情况下，第三人应该可以提起反信息公开诉讼，申请人民法院判决行政机关不得公开该政府信息。

二、举证责任的完善

从《信息公开案件规定》第 5 条的规定可以看出，被告对"认定公共利益以及不公开可能对公共利益造成重大影响"和"书面征求原告的意见"两方面承担证明责任。但是，对于另外两个方面：即决定公开的政府信息是否涉及反信息公开诉讼原告的个人隐私或者商业秘密，决定公开的政府信息是否损害反信息公开诉讼原告的合法权益等由谁承担证明责任还不够明确。第一个方面：政府信息公开诉讼的举证责任主要由被告承担，但是，这主要是指被告拒绝向原告提供政府信息的情形。被告主张不公开政府信息，由被告举证；在反信息公开诉讼中，被告主张公开信息，所以由被告进行举证。但是，对于决定公开的信息是否涉及原告的商业秘密或者个人隐私，从行政机关的角度说，行政机关之所以决定公开信息，说明其认为决定公开的政府信息不涉及反信息公开诉讼原告的个人隐私或者商业秘密，因此，行政机关只能证明决定公开的政府信息不涉及反信息公开诉讼原告的个人隐私或者商业秘密；但是，从原告的角度说，其主张决定公开的政府信息涉及其个人隐私或者商业秘密，行政机关应该免除公开，因此，应该由原告证明决定公开的政府信息涉及其商业秘密或者个人隐私。更何况有时行政机关还没有作出公开决定时，原告就提起反信息公开诉讼。因此，笔者认为，对于决定公开的信息是否涉及原告的商业秘密或者个人隐私，原被告双方都有证明责任。对于第二个方面：决定公开的政府信息是否损害原告的合法权益，笔者认为应该由原告承担证明责任。我国《行政诉讼法》第 38 条对行政行为对原告造成损害要求赔偿的，应该由原告提供证据作了规定。政府信息公开是否损害原告的合法权益，损害程度有多大，是原告的主张，应该由原告负责证明。所以，应该对反信息公开诉讼的证明责任进行进一步细化，明确规定原被告举证责任的各种情形。

三、明确审理方式和审查标准

（一）明确审理方式

在审理方式上，反信息公开诉讼与政府信息公开诉讼有相同之处，也有不同的地方。一般情况下，政府信息公开诉讼的标的是申请公开的政府信息，在诉讼过程中争议信息本身是需要保密的，对争议信息不便开庭质证、辩论，因此，应该通过不开庭的秘密审查方式，即书面审查的方式，或者行政机关单方参加的秘密审查方式进行。但是，反信息公开诉讼与政府信息公开诉讼不一样，参与诉讼的原被告不同，政府信息公开诉讼的原告是申请政府信息公开的申请人，政府信息在诉讼过程中对原告应该绝对保密；而反信息公开诉讼的原告是涉及其个人隐私或者商业秘密的第三人，该政府信息对于原告并不需要保密，只要求对申请人和其他公民、法人和组织保密。因此，反信息公开诉讼的审理方式应该是不公开的开庭审理。我国《行政诉讼法》第 54 条对人民法院公开审理与不公开审理行政案件的具体情形作了规定。这里的"公开审理"是指公开开庭审理，"不公开审理"是指不公开开庭审理，并不是不开庭审理：即书面审查、秘密审查。在反信息公开诉讼中，笔者认为可以使用不公开开庭审理方式。在此类案件中，争议的是拟公开的政府信息，该政府信息为行政机关的被告所熟悉和掌握，因为该信息是信息所有人自己的信息，信息对原告不具有秘密性。因此，在信息申请人不到庭的情况下，原被告双方可以就诉讼标的：争议的政府信息进行质证、辩论，争议信息不存在泄密问题。相反，反信息公开诉讼的第三人：即申请政府信息公开的申请人，其向行政机关提出申请的目的就是为了获得该信息，因此，在反信息公开诉讼中第三人不能出庭参与诉讼。所以，反信息公开诉讼的审理方式应该是排除第三人参与的不公开开庭审理。

（二）明确审查标准

我国行政诉讼法确立的行政诉讼的审查标准是以合法性审查为原则，以合理性审查为例外。即一般情况下人民法院对行政行为进行合法性审查，在"行政处罚明显不当"或者"滥用职权"时进行合理性审查。我国法律没有明确规定人民法院对政府信息公开诉讼或者反信息公开诉讼适用何种司法审查标准。美国在政府信息公开诉讼中明确了重新审查标准，即一种最严格的司法审查标准，法院可以用自己对问题的判断和决定取代行政机关的判断和决定。但是，在反信息公开诉讼中适用何种司法审查标准，美国法律也没有明确，美国联邦法院对此也存在争议。有的法院认为应该适用重新审查标准，但是，大多数法院不赞成在反信息公开诉讼中适用重新审查标准。笔者认为，反信息公开诉讼涉及商业秘密、个人隐私、公共利益的判断，涉及个人利益、公共利益大小的权衡，没有法律明确规定的、固定不变的衡量标准，因此，应该适用合理性审查标准，而不是合法性审查标准。

四、判决方式的完善

首先，我们分析判决确认公开信息的行为违法，责令采取相应的补救措施的判决方式，该判决方式存在的问题是判决责令被告采取相应的补救措施是否有意义？无论是行政机关主动公开信息还是依申请公开信息，只要信息公开，就不可逆转。这里的责令采取相应的补救措施是什么呢？收回信息？删除信息？赔礼道歉？这些补救措施还有意义吗？信息公开以后，还存在个人隐私和商业秘密吗？笔者认为，政府信息公开是无法补救的，因此，只需判决确认公开政府信息行为违法就可以了，为接下来的国家赔偿提供法律依据。

其次，对于判决被告承担赔偿责任，笔者认为该规定没有明确赔偿诉讼是包括所有的政府信息公开诉讼还是只针对反信息公开诉讼。美国的信息公开诉讼不存在赔偿诉讼，只有反信息公开诉讼才有赔偿诉讼。原因是只有政府信息公开涉及个人隐私或者商业秘密时才有可能侵犯信息所有人的"人身权、财产权"；一般的政府信息公开只可能侵犯申请人的知情权、监督权，即便不公开侵犯申请人的使用权，一般也不会"直接"侵犯申请人的人身权、财产权。因此，美国在政府信息公开诉讼中规定不能提起赔偿诉讼，原告胜诉的，可以申请法院裁决行政机关承担律师费和其他诉讼费用；而在反信息公开诉讼中明确规定了赔偿诉讼。我国在规定赔偿诉讼时应该要进行区分，否则，政府信息公开诉讼如何赔偿呢？另外一个问题是如何认定反信息公开诉讼的赔偿责任。司法解释规定"根据原告请求"依法判决被告承担赔偿责任，这里的"根据原告请求"并不是原告请求多少就赔偿多少，笔者认为，应该是指人民法院根据原告的请求，综合考虑信息公开给原告个人隐私或者商业秘密造成的实际损害进行判决。给原告个人隐私或者商业秘密造成的实际损害是否限于"人身权、财产权"？笔者认为，对于因政府信息公开侵犯原告个人隐私，造成原告精神损害的，也应该纳入赔偿的范围。反信息公开诉讼给原告个人隐私或者商业秘密造成的实际损害应该限于直接损害，否则，这种损害将无法计算。

最后，对于判决行政机关不得公开和裁定暂时停止公开的判决方式，其存在的不足表现为，该判决方式没有将判决行政机关不得公开与裁定暂时停止公开的适用情形明确区分开来。笔者认为，对于行政机关已经决定公开被申请的政府信息，在政府信息尚未公开之前，原告提起诉讼并申请停止公开，法院裁定暂时停止公开，并在审理后根据审查情况作出判决：撤销判决或者驳回诉讼请求的判决；对于行政机关可能决定公开但是还没有最终作出公开决定，原告提起诉讼并要求行政机关不得公开的，判决行政机关不得公开。或者将前者这种目前的程序性处理措施变成一种实体性判决方式，增加一种预先禁止信息公开命令的判决方式，但是，也应区别判决行政机关不得公开的适应情形。对于公共利益的权衡问题，确实是一个难题，笔者在第四章政府信息公开诉讼中的利益权衡原理中对公共利益的权衡进行了专门研究，在此不再赘述。

参考文献

一、著作部分

（一）中文著作

[1] 王名扬. 美国行政法 [M]. 北京：中国法制出版社，1997.

[2] 郭济. 政府建设与政务公开研究 [M]. 北京：知识出版社，2001.

[3] 李步云. 信息公开制度研究 [M]. 长沙：湖南大学出版社，2002.

[4] 杨解君. 行政契约与政府信息公开——2001 年海峡两岸行政法学术研讨会实录 [M]. 南京：东南大学出版社，2002.

[5] 周汉华. 政府信息公开条例专家建议稿——草案、说明、理由、立法例 [M]. 北京：中国法制出版社，2003.

[6] 周汉华. 我国政务公开的实践探索 [M]. 北京：中国法制出版社，2003.

[7] 周汉华. 外国政府信息公开制度比较 [M]. 北京：中国法制出版社，2003.

[8] 张明杰. 开放的政府——政府信息公开法律制度研究 [M]. 北京：中国政法大学出版社，2003.

[9] 方向. 信息公开立法 [M]. 北京：中国方正出版社，2003.

[10] 应松年. 外国行政程序法汇编 [M]. 北京：中国法制出版社，2004.

[11] 刘恒. 政府信息公开制度 [M]. 北京：中国社会科学出版社，2004.

[12] 张新宝. 隐私权的法律保护 [M]. 北京：群众出版社，2004.

[13] 曲直. 知情权：阳光下的觉醒 [M]. 北京：中华工商联合出版社，2004.

[14] 刘杰. 知情权与信息公开法 [M]. 北京：清华大学出版社，2005.

[15] 王勇. 透明政府 [M]. 北京：国家行政学院出版社，2005.

[16] 周汉华. 中华人民共和国个人信息保护法（专家建议稿）及立法研究报告 [M]. 北京：法律出版社，2006.

［17］杨霞. 政府信息公开实现条件研究［M］. 北京：首都师范大学出版社，2006.

［18］刘飞宇. 转型中国的行政信息公开［M］. 北京：中国人民大学出版社，2006.

［19］王芳. 阳光下的政府：政府信息行为的路径与激励［M］. 天津：南开大学出版社，2006.

［20］向佐. 政府信息公开制度研究［M］. 北京：知识产权出版社，2007.

［21］赵正群. 信息法概论［M］. 天津：南开大学出版社，2007.

［22］徐绍敏. 信息法框架与体系研究［M］. 杭州：浙江大学出版社，2007.

［23］董关鹏. 政务公开理论与实务［M］. 北京：新华出版社，2007.

［24］莫于川. 中华人民共和国政府信息公开条例释义［M］. 北京：中国法制出版社，2008.

［25］莫于川. 政府信息公开条例实施指南［M］. 北京：中国法制出版社，2008.

［26］刘文静. WTO 透明度原则与我国行政公开制度［M］. 北京：法律出版社，2008.

［27］齐爱民，张万洪. 电子化政府与政府信息公开法研究［M］. 武汉：武汉大学出版社，2008.

［28］颜海. 政府信息公开理论与实践［M］. 武汉：武汉大学出版社，2008.

［29］吕艳滨，CARTER M P. 中欧政府信息公开制度比较研究［M］. 北京：法律出版社，2008.

［30］郎庆斌，孙毅，杨莉. 个人信息保护概论［M］. 北京：人民出版社，2008.

［31］张杰，耿玉娟，王喜珍，等. 政府信息公开制度论［M］. 长春：吉林大学出版社，2008.

［32］祝磊. 美国商业秘密法律制度研究［M］. 长沙：湖南人民出版社，2008.

［33］蔡伟民，等. 政务公开理论与实务［M］. 北京：中国农业出版社，2009.

［34］李广宇. 政府信息公开诉讼：理念、方法与案例［M］. 北京：法律

出版社，2009.

［35］孔令杰. 个人资料隐私的法律保护［M］. 武汉：武汉大学出版社，2009.

［36］张龙. 行政知情权的法理研究［M］. 北京：北京大学出版社，2009.

［37］唐晋. 信息公开与政治安全［M］. 北京：人民日报出版社，2009.

［38］林来梵. 宪法审查的原理与技术［M］. 北京：法律出版社，2009.

［39］李飞. 中华人民共和国保守国家秘密法解读［M］. 北京：中国法制出版社，2010.

［40］杨开湘. 宪法隐私权导论［M］. 北京：中国法制出版社，2010.

［41］王少辉. 迈向阳光政府——我国政府信息公开制度研究［M］. 武汉：武汉大学出版社，2010.

［42］江必新. 最高人民法院关于审理政府信息公开行政案件若干问题的规定理解与适用［M］. 北京：中国法制出版社，2011.

［43］李广宇. 政府信息公开司法解释读本［M］. 北京：法律出版社，2011.

［44］许莲丽. 保障公民知情权——政府信息诉讼的理论与实践［M］. 北京：中国法制出版社，2011.

［45］石国亮. 国外政府信息公开探索与借鉴［M］. 北京：中国言实出版社，2011.

［46］李广宇. 政府信息公开判例百选［M］. 北京：法律出版社，2013.

［47］王万华. 知情权与政府信息公开制度研究［M］. 北京：中国政法大学出版社，2013.

［48］杨伟东. 政府信息公开主要问题研究［M］. 北京：法律出版社，2013.

［49］段尧清. 政府信息公开：价值、公平与满意度［M］. 北京：中国社会科学出版社，2013.

［50］赵正群. 政府信息公开法制比较研究［M］. 天津：南开大学出版社，2013.

［51］梁玥. 政府信息公开诉讼研究［M］. 济南：山东人民出版社，2013.

［52］黄伟群. 政府信息公开保密审查制度研究［M］. 北京：人民出版社，2014.

［53］董妍. 政府信息公开例外规则及其司法审查［M］. 北京：经济日报

出版社，2015.

[54] 余凌云. 开发政府的中国实践——政府信息公开条例实施的问题与出路 [M]. 北京：清华大学出版社，2016.

[55] 王敬波. 政府信息公开：国际视野与中国发展 [M]. 北京：法律出版社，2016.

[56] 申静. 政府信息公开的例外研究 [M]. 北京：法律出版社，2016.

[57] 李洋，刘行. 行政机关信息公开败诉案例判解研究 [M]. 北京：中国法制出版社，2016.

[58] 叶必丰. 政府信息公开条例评估报告 [M]. 北京：中国法制出版社，2017.

[59] 郭育艳. 社会管理创新视角下政府信息公开问题研究 [M]. 北京：中国财经经济报出版社，2017.

[60] 中国社会科学院国家法治指数研究中心. 政府信息公开工作年度报告公布情况评估报告 [M]. 北京：中国社会科学出版社，2017.

[61] 肖卫兵. 政府信息公开热点专题实证研究：针对条例修改 [M]. 北京：中国法制出版社，2017.

[62] 樊长春. 政府信息公开纠纷诉讼指引与实务解答 [M]. 北京：法律出版社，2017.

[63] 赵需要. 中国政府信息公开保密审查体系研究 [M]. 北京：人民出版社，2017.

[64] 孙宝云. 政府信息公开视角下保密管理机制研究 [M]. 北京：中国社会科学出版社，2018.

[65] ［美］奥托·妞曼，理查德·德·左萨. 信息时代的美国梦 [M]. 凯万，等，译. 北京：社会科学出版社，2002.

[66] ［美］凯斯·桑斯坦. 网络共和国：网络社会中的民主问题 [M]. 黄维明，译. 上海：上海人民出版社，2003.

[67] G. 戴维·加森，等. 公共部门信息技术：政策与管理 [M]. 刘五一，译. 北京：清华大学出版社，2005.

[68] 史蒂芬·布雷耶. 打破恶性循环：政府如何有效规制风险 [M]. 宋华琳，译. 北京：法律出版社，2009.

[69] 德博拉·L. 罗德. 为了司法/正义：法律职业改革 [M]. 张群，等，译. 北京：中国政法大学出版社，2009.

［70］道格拉斯·沃尔顿. 法律论证与证据［M］. 梁庆寅，等，译. 北京：中国政法大学出版社，2010.

［71］H. W. 佩里. 择案而审：美国最高法院案件受理日程表的形成［M］. 傅郁林，等，译. 北京：中国政法大学出版社，2010.

（二）英文著作

［1］JOHN ANDELIN. Federal Government Information Technology：Management，Security，and Congressional oversight［M］. ed. U. S. Government Printing Office，1986.

［2］JUSTIN D. Frenklin and Robert E. Bouchard. Guidebook to the Freedom of Information Act and the Privacy Act［M］. 2d ed. Clark Boardman Company，Ltd. 1986.

［3］ARTHUR EERL BONFIELD. State and Federal Administrative Law［M］. West Publishing co. ，1989.

［4］HERBERT N. FOERSTEL. Freedom of Information and the Right to Know：The Origins and Applications of the Freedom of Information Act［M］. ed. Greenwood Press，1999.

［5］MARTEN BOTTERMAN. Public Information Provision in the Digital Age［M］. ed. RAND Europe，2000.

［6］J. E. J. PRINS. Designing E－government［M］. ed. Kluwer Law International，2002.

［7］STEVEN J. CANN. Administrative law：princple and cases［M］. ed. Sage publication，Inc. ，2002.

［8］ALLAN ROBERT ADLER. Litigation under the Federal open government laws［M］. ed. American Civil Liberties Union Foundation，1995.

［9］JOHN H. REESE. Administrative Law Principles and Practice［M］. ed. West，A Thomson Business，2003.

［10］HEATHER BROOKE. Your Right to Know：A Citizen's Guide to the Freedom of Information Act［M］. ed. Pluto Press，2005.

［11］TERRY L. MASHAW. Administrative Law the American Public Law System［M］. ed. West，A Thomson Business，2006.

［12］DAVID BANISAR. Freedom of Information Around the World 2006［M］. ed. Privacy international，2006.

［13］STEPHEN G. Breyer, Administrative Law and Regulatory Policy：Problems, Text, and Cases［M］. ed. Aspen Publishers, 2006.

［14］GARY LAWSON. Federal Administrative Law the American［M］. ed. West, A Thomson Business, 2007.

［14］TOBY MENDEL. Freedom of Information a Comparative Legal Survey United Nations Educational［M］. ed. Scientific and Cultural Organization, 2008.

［16］JAMES T. O'REILLY. Federal information disclosure［M］. 2 vols. , 3d ed. West Group, 2009.

［17］JACQUELINE KLOSEK. The Right to Know：Your Guide to Using and Defending Freedom of Information Law in the United States［M］. ed. Praeger an imprint of ABC – CLIO, LLC, 2009.

［18］WILLIAM R. ANDERSEN. Mastering Administrative Law［M］. ed. Carolina Academic Press, 2010.

二、论文部分

（一）中文论文

［1］杨伟东. 美国情报自由诉讼评述［J］. 政治与法律, 1999（4）.

［2］黄德林. 略论美国情报自由法之形成与发展［J］. 法学评论, 2000（1）.

［3］周汉华. 美国政府信息公开制度［J］. 环球法律评论, 2002（秋季号）.

［4］刘飞宇. 行政信息公开与个人资料保护的衔接——以我国行政公开第一案为视角［J］. 法学, 2005（4）.

［5］章志远. 政府信息公开诉讼运作规则研究［J］. 苏州大学学报, 2006（3）.

［6］章剑生. 知情权及其保障——以政府信息公开条例为例［J］. 中国法学, 2008（4）.

［7］叶必丰. 具体行政行为框架下的政府信息公开——基于已有争议的观察［J］. 中国法学, 2009（5）.

［8］林鸿朝. 论政府信息公开诉讼的证明责任［J］. 证据科学, 2009（1）.

［9］刘颖. 政府信息公开诉讼对我国行政审判的理论及实践意义［J］. 法学论坛, 2009（4）.

［10］王振清. 政府信息公开诉讼原告资格问题研究［J］. 行政法学研究，2009（5）.

［11］张传毅. 政府信息公开行政行为司法审查若干问题［J］. 行政法学研究，2009（2）.

［12］赵正群，宫雁. 美国的信息诉讼制度及其对我国的启示［J］. 法学评论，2009（1）.

［13］黄维. 美国的政府信息公开诉讼制度及启示［J］. 云南行政学院学报，2009（5）.

［14］倪洪涛. 依申请信息公开诉讼周年年度调查报告——基于透明中国网刊载的40宗涉诉案的考察［J］. 行政法学研究，2009（4）.

［15］许莲丽. 政府信息公开中的秘密审查制度：美国的实践［J］. 环球法律评论，2011（3）.

［16］杨小军. 论政府信息公开的资格条件［J］. 国家行政学院学报，2011（2）.

［17］杨小军. 论政府信息公开范围［J］. 国家行政学院学报，2011（2）.

［18］杨小军. 过程性政府信息的公开与不公开［J］. 国家检察官学院学报，2012（2）.

［19］陈明湖. 政府信息公开诉讼中证明责任的失范与重构［J］. 法治研究，2011（1）.

［20］房朔杨，陈峰. 信息公开防御诉讼运作规则探析［J］. 云南行政学院学报，2011（2）.

［21］杨登峰. 论过程性信息的本质——以上海市系列政府信息公开案为例［J］. 法学家，2013（3）.

（二）英文论文

［1］ERWIN G. Government in Ignorance of the Law：A Plea for Better Publication of Executive Legislation［J］. HARV. L. REV. ，1934，48：200.

［2］DAVIS. The Information Act. A Preliminary Analysis［J］. U. Chi. L. Rev. 1967，34：786.

［3］DONALD C S. Administrative Law—Freedom of Information Act—Investigatory Files Exemption Remains Operative After Investigation and Law Enforcement Proceedings Concluded［J］. Tul. L. Rev. June，1973，47：1136.

［4］WAPLES, GREGORY L. The Freedom of Information Act：A Seven – Year

Assessment [J]. Colum. L. Rev. 1974, 74: 956.

[5] WAPLES, GREGORY L. National Security and the Amended Freedom of Information Act [J]. Yale L. J. 1976, 85: 406.

[6] MARNIE J C. Crooker V. Bureau of Alcohol, Tobacco & Firearms: a Result –oriented Approach to FOIA Exemption 2. [J]. Cath. U. L. Rev. Fall, 1982, 32.

[7] SUSAN M. Is The Privacy Act An Exemption 3 Statute And Whose Statute Is It Anyway? [J]. Fordham L. Rev. May, 1984, 52: 1334.

[8] JOHN M. A Symposium of Critical Legal Study: the Freedom of Information Act: A Fundamental Contradiction [J]. Am. U. L. Rev. Summer, 1985, 34: 1157.

[9] MICHAEL H. HUGHES. Cia V. Sims: Supreme Court Deference to Agency Interpretation of Folia Exemption 3 [J]. Cath. U. L. Rev. Fall, 1985, 35: 279.

[10] LISA A K, MARY E. LAFRANCE. Developments Under the Freedom of Information Act—1984 [J]. Duke L. J. September, 1985, 34: 742.

[11] RICHARD A, KABA. Threshold Requirements for the FBI Under Exemption 7 of the Freedom of Information Act [J]. Mich. L. Rev. December, 1987, 86: 620.

[12] MARIA H B. Developments Under the Freedom of Information Act – 1987 [J]. Duke L. J. April, 1988/June, 1988: 566.

[13] KRISTI A M. The Freedom of Information Act: Shielding Agency Deliberations From FOIA Disclosure [J]. Geo. Wash. L. Rev. May 1989, 57: 1326.

[14] PAUL A R. Applying The Freedom Of Information Act's Privacy Exemption To Requests For Lists Of Names And Addresses [J]. Fordham L. Rev. April, 1990, 58: 1033.

[15] SEAN E A. The Freedom Of Information Act In 1990: More Freedom For The Government; Less Information For The Public [J]. Duke L. J. June, 1991, 41: 753.

[16] TRINA J. Collective Bargaining in the Federal Public Sector: Disclosing Employee Names and Addresses Under Exemption 6 of the Freedom of Infor-

mation Act [J]. Mich. L. Rev. February, 1991, 89: 980.

[17] RICHARD L. RAINEY. Freedom of Information Act: Stare Decisis And Statutpry Information: An Argumeny For A Complete Overruling Of The National Parks Test [J]. Geo. Wash. L. Rev. June, 1993, 6 1: 1430.

[18] MATTHEW J S. Exemption 7 (D) of the Freedom of Information Act – the Evidentiary Showing the Government Must Make to Establish That a Source is Confidential [J]. J. Crim. L. & Criminology Winter, 1994, 84: 1041.

[19] AMY E R. Recent Developments Regarding the Freedom of Information Act: a "Prologue to a Farce a Tragedy; or, Perhaps Both" [J]. Duke L. J. April, 1995, 44: 1183.

[20] MARK H G. Freedom of Information and Confidentiality Under the Administrative Dispute Resolution Act [J]. Admin. L. J. Am. U. Winter, 1996, 9: 985.

[21] CHRISTOPHER P B. The Exaltation Of Privacy Doctrines Over Public Information Law [J]. Duke L. J. April, 1996, 45: 1249.

[22] RONALD B. Freedom Information, Security [J]. Seton Hall Const. L. J. Summer, 2000, 10: 927.

[23] CHARLES N D. A Dangerous Precedent: The Influence of Critical Mass III on Exemption 4 of the Federal Freedom of Information Act [J]. Comm. L. & Pol'y Spring, 2000, 5: 183.

[24] SHANNON T W. Trust in the Balances: the Interplay of FOIA'S EXEMPTION 5, Agency – Tribal Consultative Mandates, and the Trust Responsibility [J]. Vt. L. Rev. Fall, 2001, 26: 149.

[25] MICHAEL H, MARTIN E. HALSTUK, BILL F. Chamberlin. Privacy Rights Versus FOIA Disclosure Policy: The "Uses And Effects" Double Standard In Access To Personally – Identifiable Information In Government Recorde [J]. Wm. & Mary Bill of Rts. J. December, 2003, 12: 1.

[26] ALEXANDER J G. June 2001 – May 2002: Survey Article: Administrative Law [J]. Tex. Tech L. Rev. 2003, 34: 443.

[27] KRISTEN E U. The Freedom of Information Act Post – 9/11: Balancing the Public's Right Know, Critical Infrastructure Protection, and Homeland Se-

curity [J]. Am. U. L. Rev. October, 2003, 53: 2 61.

[28] MARTIN E H. Holding the Spymasters Accountable After 9/11: A Proposed Model for CIA Disclosure Requirements Under the Freedom of Information Act [J]. Hastings Comm. & Ent. L. J. Fall, 2004, 27: 79.

[29] BRADLEY P. FOIA Frustration: Access to Government Records Under the Bush Administration [J]. Ariz. L. Rev. Winter, 2004, 46: 815.

[30] DAVID E P. The Mosaic Theory, National Security, and the Freedom of Information Act [J]. Yale L. J. December, 2005, 115: 628.

[30] DAVID B M. The Statutory and Executive Development of the National Security Exemption to Disclosure Under the Freedom of Information Act: Past and Future [J]. N. Ky. L. Rev. 2005, 32: 67.

[31] CARA M. Terrorists and Tennis Courts: How Legal Interpretations of the Freedom of Information Act and New Laws Enacted to Prevent Terrorist Attacks Will Shape the Public's Ability to Access Critical Infrastructure Information [J]. U. Fla. J. L. & Pub. Pol'y April, 2005, 16: 149.

[32] JANENE B. Disclosure of Clinical Trial Data: Why Exemption 4 of the Freedom of Information Act should be Restored [J]. Duke L. & Tech. Rev. , 2005: 3.

[33] CHARLES N D. Expanding Privacy Rationales Under the Federal Freedom of Information Act: Stigmatization as Talisman [J]. Soc. Sci. Computer Rev. , Winter 2005, 23: 456 – 57.

附录　美国《信息自由法》（译文）*

552. 公共信息、行政规则、裁决意见、裁决、档案和程序

（a）行政机关应当向公众提供如下信息：

（1）为了指导公众，行政机关应当在《联邦公报》上及时公布并分别说明：

（A）该行政机关的总部及其基层机构和所在地的说明，公众获取信息、提交材料和申请、领取决定文件的人员（如果是穿制服的行政机关则为成员）和方式的说明；

（B）该行政机关职能的运行和决策的一般过程和方法的说明，包括可获得的所有正式和非正式程序的性质和要求的说明；

（C）程序规则，对可使用的表格和获得表格地点的说明，对所有文件、报告、调查的范围和内容的说明；

（D）法律授权制定的普遍适用的实体性规则，以及行政机关制定和通过的普遍适用的一般政策或解释的说明；

（E）上述各项的修改、修订和废止。

除非当事人已经实际上被及时告知文件的内容，不得以任何方式要求当事人遵守应当在《联邦公报》上公布而未公布的文件，或受到该文件的不利影响。为本条款之目的，如果经《联邦公报》主任批准，该文件以参考文件的方式编入《联邦公报》，受该文件不利影响的人可以合理获得该文件，则该文件被视为在

* 该文本是美国《信息自由法》2007 年修订后的最新版本，载于《公法》第 110 – 175 卷，法令第 121 期第 2524 页。该译文是在参考王名扬先生《美国行政法》附录一、伯纳德·施瓦茨著，徐炳译《行政法》附录、应松年主编的《外国行政程序法汇编》中的美国《联邦行政程序法》第 552 条三个版本基础上重新翻译整理而成。本翻译版本增加了前述三个版本之后（1986 年之后）修订的新内容。

《联邦公报》上公布。

（2）根据已经公布的规则，行政机关应当提供以下文件供公众查阅和复制：

（A）在裁决案件时作出的最终裁决意见，包括附议意见、反对意见和裁决书；

（B）行政机关制定的没有在《联邦公报》上公布的政策说明和解释；

（C）影响社会公众的行政机关员工手册和指示；

（D）已经向条款（3）的申请人公开的，并且由于文件主题的性质，行政机关确定成为或有可能成为与随后申请基本相同文件主题的所有档案的副本，无论形式或格式；以及

（E）在条款（D）中所规定的档案的总索引；

对于 1996 年 11 月 1 日之后制作的档案，在之后一年内，行政机关应当以包括计算机电子方式在内提供这些档案，如果行政机关还没有建立计算机电子方式，则以其他电子方式。已及时出版并有副本出售的文件材料除外。为了防止对个人隐私构成明显不当侵犯，行政机关在提供或出版裁决意见、政策说明、解释、员工手册、指示或（D）条款规定的档案副本时，可以删除个人身份识别细节，但必须以书面形式详细说明删除的理由。并且被删除的内容应当尽可能在提供或公开的档案的相应部分标明，除非这种对删除的标明将损害本法（b）免除公开条款所保护的利益。如果技术上可行，删除的内容应当在档案中删除的位置标明。行政机关还应当备有一份现行索引，供公众检索和复制。此索引应当为公众标明自 1967 年 7 月 4 日以来发布、通过、颁布的根据本法规定应予提供或公布的所有文件。行政机关应当按季度或在更短周期内及时出版，并（通过出售或其他方式）发行每期索引及其补编的副本。除非在《联邦公报》上公布的命令决定这种出版没有必要或不可行，在此情况下，行政机关可以以不超过复制直接成本的费用提供索引的副本。各行政机关应当于 1999

年 12 月 31 日通过计算机电子方式向公众提供本条款（E）中规定的索引。只有在下述情况下，行政机关才可以依据、使用或作为先例引用最终裁定、裁决意见、政策说明、解释，或影响社会公众的员工手册或指示来对抗非行政机关一方当事人；

（i）该文件已被编入索引，并且已按本条款的规定向公众提供或出版；或

（ii）当事人实际上已经及时知悉这些文件的内容。

（3）（A）除按照本法（a）（1）条款和（2）条款的规定已向公众提供的文件、以及上述（E）条款规定的文件外，行政机关在收到公民要求获得档案的申请时，应当及时提供所需的档案。但该申请应当：（i）恰当的说明所需的档案；并（ii）依照已经公布的规则所表明的时间、地点、费用（如果有的话）以及应当遵守的程序规则提出申请。

（B）在根据本条款向公众提供档案时，如果行政机关很容易以申请人要求的形式或格式复制该档案，那么，行政机关应当以该形式或格式提供档案。为达到本条款之目的，各行政机关应当作出合理努力，以可复制的形式或格式维护其档案。

（C）在根据本条款答复档案申请时，行政机关应当作出合理的努力以电子形式或格式检索档案，除非这种操作将严重妨碍行政机关自动化信息系统的运行。

（D）为了本款之目的，术语"检索"是指为查找回复申请信息之目的，以人工或自动方式查阅行政机关的档案。

（E）作为情报部门的行政机关或行政机关的内部机构不应向下列组织提供任何信息：

（i）除美国的州、领地、联邦或地区，或前述任何组成部分的任何政府组织；

（ii）在上诉（i）条款中规定的政府组织的代表。

（4）（A）（i）为执行本法之规定，行政机关应当在征求公众意见的基础上制定规章，具体规定适用于根据本法申请信息的

收费一览表，并且制定确定该项收费在何时应当减少或免除的程序和指南。该收费一览表必须符合管理和预算局局长在征求公众意见的基础上制定的指南。该指南应当为所有的行政机关规定统一的收费标准。

（ii）该行政机关制定的规章必须规定：

（I）当申请档案是用于商业目的时，收费限于文件检索、复制和审查的合理收费标准。

（II）当申请档案是由一个教育的，或以科研或学术为目的的非商业性科学机构提出时，或者由新闻媒体的代表提出时，收费应当限于文件复制的合理收费标准。

（III）任何申请档案不属于上述（I）或（II）规定的情形时，收费应当限于文件的检索和复制的合理收费标准。

在该条款中，术语"新闻媒体的代表"是指收集部分公众感兴趣的信息，使用其编辑技术将这些素材编辑成不同种类的作品，并向受众传播的任何个人或组织。在该条款中，"新闻"是指新闻动态信息或当前公众感兴趣的信息。新闻媒体组织具体包括：面向普通公众的传媒如电视或广播电台，以及其作品可以为公众购买、订阅、免费赠阅的期刊杂志出版商（但仅限于具有"新闻"传播资格的组织）。这里并没有完全列举。还有像新闻传播发展的新方法（例如，通过电信业务对报纸进行电子传播方法的采用），这种替代媒体也被认为是新闻媒体组织。如果自由记者可以证明存在预期通过新闻媒体组织发表其作品的可靠依据，无论该记者是否被该组织雇用，那么该记者应当被视为为该新闻媒体组织工作。发表合同就可以提供这种预期的可靠依据；政府在做该决定时，也可以考虑申请人过去的作品发表记录。

（iii）如果信息的公开是为了公共利益，因为它可能极大地促进公众对政府运行或活动的了解，而不是为了申请人的商业利益时，文件的提供不应收取任何费用，或者减少到上段（ii）中规定的收费标准。

（iv）收费标准应当规定只收取检索、复制和审查所需的直接费用。审查费用只能包括为确定某一文件根据本法规定应当公开，或者根据本法规定应当拒绝公开任何免除公开的部分而初次审查该文件所产生的直接费用。审查费用不能包括在解决因处理依本法申请过程中引起的法律或政策问题所产生的任何费用。根据本法，行政机关在下述情况下不得收取任何费用：

（I）如果通常的收取和处理费用的开支可能等于或超过该费用的数额；或者

（II）依本条款（ii）中（II）或（III）规定所申请的最初2小时的检索费和最初100页的复制费。

（v）行政机关不得要求预先支付任何费用，除非申请人曾经没有及时付费，或者行政机关确定收费可能超过250美元。

（vi）本款的规定不能代替某一法律为特定类型的档案特别规定的收费标准而收取的费用。

（vii）对申请人根据本条款的减免费规定所提起的诉讼，法院应进行重新审查。但是，法院对该问题的审查仅限于该行政机关前述档案的范围。

（viii）根据该条款，如果行政机关没有遵守条款（6）规定的期限，也没有例外或特殊情况（如条款（6）（B）和（C）所分别规定的情形）适用于该申请的处理，那么，行政机关不得收取检索费（或条款（ii）（II）中所规定的申请人的复制费）。

（B）起诉时，原告居住地，或其主要营业地，或行政机关文件所在地的联邦地区法院，或哥伦比亚特区的地区法院有管辖权，有权制止行政机关拒绝公开文件或责令行政机关向原告提供其不当拒绝公开的文件。在这类案件中，法院应当重新审查决定有关事宜，并可以秘密审查该文件的内容，以决定该文件或其中任何部分是否属于本法（b）中免除公开条款所规定的可以拒绝公开的文件。行政机关应当对其行为的正当性承担证明责任。除法院给予实质性尊重的其他事项外，对于行政机关根据条款（2）

（C）和条款（b）决定的技术可行性和根据条款（3）（B）决定的可复制性的宣誓书，法院应当给予实质性尊重。

（C）不论法律有何其他规定，被告应当在收到原告根据本条款提出之控告 30 日内，提交答辩状和其他辩护，除非法院基于其出示的正当事由而另有指示。

〔（D）已废除〕

（E）（i）在根据本法提起的诉讼中，如果原告已经实质上胜诉，法院可以裁定联邦政府承担该案发生的合理的律师费和其他诉讼费用。

（ii）为本条款之目的，如果原告通过如下方法获得了救济，那么就认为原告已经实质上胜诉：

（I）司法裁决令、可强制执行的书面协议或和解协议；

（II）即使原告的诉讼主张是非实质性的，行政机关自愿或单方面改变立场。

（F）（i）每当法院责令行政机关向原告提供不当拒绝公开的文件，并裁定联邦政府承担合理的律师费和其他诉讼费时，法院还应当附带发布一个书面裁定指出，围绕拒绝公开的问题，行政机关工作人员是否在拒绝公开上存在专横或任意性的行为。特别律师应当迅速启动一个程序，以确定对于拒绝公开负主要责任的官员或职员是否需要给予纪律处分。在对所提交的证据进行调查核实后，特别律师应当向有关行政机关的主管部门提出自己的调查结论和建议，并将该结论和建议的副本送达负有责任的官员或职员或其代理人。主管部门应当按照特别律师的建议采取纠正措施。

（ii）美国司法部长应该：

（I）将根据条款（i）第一句规定所提起的政府信息公开诉讼通知特别律师；

（II）每年向国会提交一份有关上一年度政府信息公开诉讼案件数量的报告。

（iii）特别律师应当每年向国会提交一份有关其根据条款
（i）采取行动的报告。

（G）一旦发生不遵守法院裁定的情况，联邦地区法院可以以
藐视法庭罪处罚负有责任的雇员，如果是穿制服的行政机关，则
为负有责任的成员。

（5）凡由两人以上组成的行政机关都应当保留一份每一成员
在行政程序中最后表决的记录供公众查阅。

（6）（A）在接到根据本条款之（1）（2）和（3）规定要求
提供文件的任何申请时，行政机关应当：

（i）自收到申请书之日起 20 日内（星期六、星期日和法定
公共假日除外），决定是否批准该申请，并应当立即将此决定、
作出决定的理由以及申请人享有的对不利决定向该行政机关负责
人申请复议的权利通知申请人。

（ii）自接到复议申请之日起 20 日内（星期六、星期日和法
定公共假日除外），对复议申请作出裁决。在复议时，如果原来
拒绝提供文件的决定得到全部或部分维持时，行政机关应当通知
复议申请人可以依据本条款之（4）的规定就该决定提请司法
审查。

上述（i）条款规定的 20 日期限应从行政机关有关部门首次
收到申请书之日起计算，但无论如何，行政机关根据该条款制定
的规章所规定的有关部门首次收到申请书的时间最晚不迟于 10
日。行政机关不得中止 20 日期限，除非：

（I）行政机关可以根据本法要求申请人提供某些信息，在等
待合理要求申请人提供该信息时，要求中止 20 日的期限；或

（II）有必要向申请人说明有关费用计算问题。无论属于哪种
情况，行政机关收到了要求申请人提供的信息或说明了有关费用
计算问题后，结束中止期限。

［自颁布之日起一年后生效］

（B）（i）在本项规定的特殊情形下，（A）（i）或（ii）条款

所规定的时限都可以书面通知申请人予以延长，同时阐明延长期限所依据的特殊情形和期望作出决定的日期。但是，除了（ii）规定的情形外，该通知书所确定的延长期限不得超过 10 个工作日。

（ii）对于根据上述（i）条款书面通知申请延长（A）（i）条款所规定的时间期限的，如果申请不能在本条款规定的期限内处理，行政机关应当通知申请人，并提供申请人机会缩小申请范围，以便其能在规定的期限内处理，或允许行政机关安排另一时间处理申请或修改了的申请。为了协助申请人，行政机关应当提供《信息自由法》公众联络员，协助解决申请人与行政机关之间的纠纷。［自颁布之日起一年后生效］申请人拒绝合理修改其申请或安排另一时间处理的，为达到下述（C）条款之目的，该拒绝应当被视为确定是否存在特殊情形的一个因素。

（iii）本条款所说的"特殊情形"是指仅为了适当处理特定申请所需要的情形：

（I）需要从远离处理申请的行政机关的设备设施或其他机构检索和收集所申请的档案；

（II）需要检索、收集和适当检查在一个单独的申请中所要求的大量分散的和不同的档案；

（III）需要与另一同申请决定有实际利害关系的行政机关或本行政机关内有实际利害关系的两个或两个以上的机构协商，这种协商应当尽快进行。

（iv）如果行政机关有理由相信，由相同的申请人或一群共同行动的申请人提出的申请实际上构成了一个申请，该申请在其他方面符合本条款规定的特殊情形，并且该申请明显涉及相关事项，那么，行政机关可以在征求公众意见的基础上制定规章，规定这些申请的集中处理。但是，多个涉及不相关事项的申请不得集中处理。

（C）（i）如果行政机关未能遵守本法所适用的时间期限条

款，对于依据本条款（1）（2）或（3）向行政机关提出档案申请的个人应当视为穷尽了行政救济。如果政府能够证明存在特殊情形，并且证明行政机关对于答复申请作出了应有的努力，法院可以保留司法管辖权并给予行政机关额外的时间来完成对档案的审查。根据行政机关作出的按期提供申请档案的决定，申请人可以快速获得这些档案。依据本条款对要求提供档案申请予以拒绝的通知，应当说明对拒绝负有责任的人员的姓名、职称或职务。

（ii）为本条款之目的，术语"特殊情形"不包括因行政机关处理根据本法申请的可预见的工作量的拖延，除非行政机关证明其采取了合理措施以减少其待处理申请的积压。

（iii）在行政机关提供申请人机会根据条款（ii）合理修改申请的范围或安排另一时间处理申请（或修改了的申请），而申请人拒绝这样做以后，为达到本条款之目的，该拒绝应当被视为确定是否存在特殊情形的一个因素。

（D）（i）行政机关可以在征求公众意见的基础上制定规章，根据涉及处理申请的工作量和时间，规定申请信息的多渠道处理程序。

（ii）依据本条款制定的规章，可以给予不符合快速多渠道处理程序条件的申请人机会限定申请的范围，以便有资格者快速得到处理。

（iii）本条款不得被认为是对根据条款（C）谨慎处理规定的影响。

（E）（i）行政机关应当在征求公众意见的基础上制定规章，规定信息申请的快速处理程序：

（I）信息申请人证明存在紧急需要；

（II）行政机关确定的其他情形。

（ii）尽管有（i）条款的规定，依据本条款制定的规章必须确保：

（I）在申请后10日内决定是否应当提供快速处理，并将快速处理决定告知申请人；

（II）对是否提供快速处理决定所引起的行政复议予以快速处理。

（iii）行政机关对其同意根据本条款快速处理的申请应当尽快办理。对于根据本条款所申请的快速处理，行政机关予以拒绝或维持拒绝的，以及行政机关对于快速处理申请没有及时答复的，应当依据条款（4）的规定予以司法审查，除非该司法审查是基于行政机关决定之前档案的基础之上。

（iv）在行政机关对快速处理申请提供了完整的答复后，联邦地区法院对拒绝快速处理申请不具有司法管辖权。

（v）为本条款之目的，术语"紧急需要"的意思是：

（I）如果未能根据该条款获得快速处理，可以合理预期会对个人的生命或人身安全造成迫在眉睫的威胁；

（II）由主要从事传播信息的人提出的、急需告知公众有关联邦政府实际或声称的活动的申请。

（vi）申请适用快速处理程序的人作出有紧急需要的证明，应当由该人士签署声明书，证明依据其知识和信念该证明是真实而准确的。

（F）在全部或部分拒绝提供申请信息时，行政机关应当作出合理的努力对拒绝提供申请文件的的量进行评价，并将该评价结果提供给申请人，除非提供该评价将损害本法（b）免除公开条款所保护的利益。

（7）行政机关应当：

（A）建立一个系统，为收到的处理超过 10 日的每一个申请分配一个个性化追踪号码，为每一个要求配备追踪号码的申请人提供一个追踪号码；并且

（B）设立一个电话热线或网络服务系统，为申请人使用分配的追踪号码提供有关申请状态的信息服务，包括：

（i）行政机关最初收到申请的日期，以及

（ii）行政机关完成申请的预计日期。

［自颁布起一年后生效］

（b）本法的规定不适用于下列文件：

（1）（A）为了国防与外交政策策的利益，根据总统令规定的标准明确授权保密的文件；（B）根据总统令实际上已经恰当的归属于保密的文件；

（2）仅仅涉及行政机关内部人员的规则和习惯的文件；

（3）其他法律特别规定免除公开的文件（本法552b 即《阳光下的政府法》除外）。但该法律必须：

（A）对应当予以保密的文件规定得十分具体，不留任何自由裁量的余地；（B）规定了应当予以保密文件的特定标准或列举了应当予以保密文件的具体类型；

（4）贸易秘密和从个人获得的、具有特权性或机密性的商业或金融信息；

（5）在行政机关作为一方当事人的诉讼中，法律规定不得向非行政机关一方当事人提供的行政机关内部或行政机关之间的备忘录和信件；

（6）公开将构成明显不当的侵犯个人隐私权的人事的、医疗的和类似的档案；

（7）为执法目的而编制的档案和信息，但只有在下述情形之下才能免除公开该类执法档案和信息：

（A）可以合理预期会妨碍执法程序；

（B）有可能剥夺一个人获得公正审判或公平裁决的权利；

（C）可以合理预期构成不当侵犯个人隐私权；

（D）可以合理预期会暴露秘密信息提供者的身份，包括以保密为条件提供信息的州、地方政府、外国行政机关或机构、任何私人组织；由秘密信息提供者提供的、由刑事执法机关在刑事侦查过程中或者由国家安全情报调查机关编制的档案和信息。

（E）有可能泄露执法调查和追诉的技术和方法，或有可能泄露执法调查和追诉的指导方针，如果可以合理预期这种泄露会导致规避法律的风险。

（F）可以合理预期会危及个人的生命或人身安全；

（8）由负责管理或监督金融机构的行政机关制作、收到或供其使用的，包含或涉及检查、业务和财务状况的报告；

（9）有关油井的地质和地球物理的信息和资料，包括地图。

一份文件，在删除符合本条款规定的免除公开部分后，应当将其能够合理分割的部分提供给该文件的申请人。删除信息的数量和删除所依据的免除公开条款应当在提供的部分文件上标明，除非该标明将损害由删除所依据的本条款免除公开所保护的利益。如果技术上可行，删除信息的数量和删除所依据的免除公开条款应当在文件中删除的地方予以标明。

（c）（1）当申请的文件涉及申请获取本法（b）（7）（A）免除公开条款所规定的文件时，并且：

（A）该调查或追诉涉及可能违反刑法；

（B）有理由相信：（i）该调查或追诉的对象不知道调查或追诉正在进行，（ii）透露文件的存在可以合理预期会妨碍执法。只有在该情形持续存在期间，行政机关才可以将该文件视为不受本法规定限制的文件。

（2）当第三人根据信息提供者的姓名和身份认证标志申请由刑事执法机关以信息提供者的姓名和身份认证标志保存的信息提供者的文件时，该行政机关可以将该文件视为不受本法规定限制的文件，除非该信息提供者的身份已经得到官方的正式确认。

（3）当申请的文件涉及联邦调查局保存的有关外国情报、反间谍情报或国际恐怖主义的文件，而且该文件的存在已经根据本法（b）（1）免除公开条款的规定归属于保密时，在该文件仍归属于保密期间，联邦调查局可以将该文件视为不受本法规定限制的文件。

（d）除本法特别规定的情形外，本法不得拒绝或限制公众申请获取文件。本法不得作为拒绝向国会提供信息的根据。

（e）（1）行政机关应当于每年的 2 月 1 日之前向司法部长提交一份上一财政年度的报告，该报告应当包括如下内容：

（A）该行政机关决定不按照本法（a）条款的要求提供信息的次数，以及每次决定拒绝提供信息的理由；

（B）（i）当事人根据本法（a）（6）条款提出复议的次数、复议的结果以及复议拒绝提供信息所导致诉讼的理由；

（ii）行政机关所依据的授权其根据（b）（3）条款拒绝提供信息的所有法律的完整目录，依据每部法律拒绝公开的数量，法院是否根据上述法律支持行政机关拒绝提供信息决定的说明，以及拒绝提供信息的范围的详细说明；

（C）行政机关对上一年度 9 月 30 日以前还没有处理的申请的数量，以及行政机关对该日期之前没有处理的申请的中间天数和平均天数；

（D）行政机关收到的信息公开申请的数量以及行政机关已经处理的信息公开申请的数量；

（E）从收到申请之日起，行政机关处理不同类型申请的中间天数；

（F）从收到申请之日起，行政机关答复申请的平均天数、中间天数和天数范围；

（G）从最初收到申请之日起，根据答复申请所用的工作日计算：

（i）行政机关在 20 日以下（包括 20 日）决定答复申请的数量，以及 21 日以上 200 日以下决定答复申请的数量；

（ii）行政机关在 201 日以上 300 日以下决定答复申请的数量；

（iii）行政机关在 301 日以上 400 日以下决定答复申请的数量；

（iv）行政机关在 401 日以上决定答复申请的数量；

（H）从最初提交申请之日起，行政机关提供所获得信息的平均天数、中间天数和天数范围；

（I）从最初收到复议申请之日起，行政机关答复行政复议的中间天数和平均天数，行政机关答复行政复议所需工作日的最多天数和最少天数；

（J）关于行政机关待处理的最早提出的 10 个有效信息申请的数据，包括自行政机关最初收到申请之日起所使用的时间数量；

（K）关于上一年度 9 月 30 日之前行政机关待处理的最早提出的 10 个有效行政复议申请的数量，包括自行政机关最初收到申请之日起所使用的工作日数量；

（L）受理和拒绝快速审查申请的数量，裁决快速审查申请的平均天数和中间天数，以及在规定的 10 日期限内作出裁决的数量；

（M）同意和拒绝申请费用减免的数量，以及作出费用减免决定的平均天数和中间天数。

（N）行政机关为处理申请所收取的费用总额；

（O）行政机关负责处理根据本法申请信息公开的专职工作人员的数量，以及行政机关为处理申请所花费的经费总额。

（2）在根据上述（1）所提交的报告中的信息应当分别按照行政机关各主要机构和行政机关整体进行表述。

（3）行政机关应当以适当的方式向公众公开这些报告，包括以计算机电信方式。如果行政机关没有建立计算机电信方式，则以其他电子方式。此外，在公众需要时，行政机关还应将用于其报告中的原始统计数据以电子方式向公众公开。

（4）美国司法部长应当将每一份可以通过电子方式获得的报告以单独的电子接入点方式向公众公开。他还应当在每年 4 月 1 日以前发布报告，将该报告以电子方式向公众公开的情况通知众议院政府改革与监督委员会的主席和部分高级成员，以及参议院政府事务与司法委员会的主席和部分高级成员。

（5）美国司法部长经与管理和预算办公室主任协商，应当在1997 年 10 月 1 日以前制定与该条款要求的报告有关的报告和绩效指南，并且在司法部长认为有必要时，可以提出对该报告的补充要求。

（6）美国司法部长应当在每一财政年度的 4 月 1 日之前提交一份年度报告，该年度报告应当包括前一财政年度根据本法所产生的诉讼案件的目录，每个案件所涉及的免除公开情形，每个案件的处理情况，根据条款（a）（4）的（E）（F）和（G）所收取的律师费、诉讼费和罚金。该报告也应包括司法部为鼓励行政机关遵守本法所作努力的说明。

（f）为本法之目的，术语：

（1）本编第 551（1）条款定义的"行政机关"包括任何行政部门、军事部门、政府公司、政府控制的公司，或其他行政部门所属的机构（包括总统的办事机构），或其他独立规制机构。

（2）"档案"和在本法中使用的有关信息的任何其他术语包括：

（A）行政机关以任何形式包括电子格式保存的、符合本法要求的任何信息；

（B）为了档案管理的目的，通过政府合同，业务实体为行政机关保存的上述（A）条款所描述的任何信息。

（g）行政机关主要负责人应当按照第 552（b）条款的免除公开规定，制定并使公众通过申请获得为便于从行政机关申请档案和信息的参考资料或指南，包括：

（1）行政机关所有主要的信息系统的索引；

（2）行政机关管理的主要档案和信息检索系统的说明；

（3）根据第 44 编第 35 章和本法的规定从行政机关获取各种类型公共信息的手册。

（h）（1）在美国国家档案馆内设立政府信息服务办公室。

（2）政府信息服务办公室应当：

（A）根据本法的规定审查行政机关的政策与工作规程；

（B）审查行政机关遵守本法的情况；

（C）为国会和总统提出政策修改建议以促进本法的实施。

（3）政府信息服务办公室应当提供调解服务，以解决本法申请人与行政机关之间的非排他性替代诉讼的纠纷，如果调解不能解决纠纷，该办公室可以自由裁量提出咨询意见。

（i）美国政府问责办公室应当对行政机关实施本法的情况进行审计，并发布报告，详细说明该审计的结果。

（j）各行政机关应当指定本机关的一名高级官员作为《信息自由法》首席官员（作为助理部长或同等级别）。

（k）在服从行政机关主要负责人管理的基础上，各行政机关的《信息自由法》首席官员：

（1）对行政机关有效的和适当的遵守本法负全责；

（2）监督本法在整个行政机关的实施，使行政机关的主要负责人、行政机关的首席法律官员、司法部长等适时了解本法在实施过程中行政机关的绩效；

（3）向行政机关的主要负责人提出诸如行政机关的惯常作法、政策、人事和经费等可能对本法的实施起促进作用的必要调整建议；

（4）经行政机关主要负责人同意，按照司法部长指示的时间和方式，审查并向司法部长报告该行政机关在实施本法过程中的绩效；

（5）通过对根据本法（g）条款发布的行政机关手册和行政机关年度报告中的免除公开事项的简要说明，以及通过对行政机关信息提供一个适用于免除公开条款的一般类别的合理概述，帮助公众理解本法法定免除公开的目的。

（6）指定一名或几名《信息自由法》公众联络员。

（1）《信息自由法》公众联络员应当向行政机关的《信息自

由法》首席官员汇报并作为监督官员为申请人提供服务。已经从《信息自由法》申请中心得到服务的申请人，按照《信息自由法》申请中心工作人员的最初答复，可以根据本法对服务提出不满。《信息自由法》公众联络员有责任协助减少拖延、增加透明度和了解申请状态，并有责任协助解决纠纷。